The Amazing Life of JESSE LIVERMORE

世紀の相場師ジェシー・リバモア

リチャード・スミッテン　藤本 直＝訳
Richard Smitten

World's Greatest Stock Trader

角川書店

1929年、大恐慌直後のジェシー・リバモア。「伝説の投機王」「ウォール街のグレート・ベア」などと呼ばれ、絶頂期にあった。株価暴落を向こうに回し、空売りによって1億ドル以上の利益を得た。しかしこの時期を境に、彼の人生は坂道を転がるように輝きを失っていく。約10年後、自らの頭に銃口をあてた。

元ショー・ガールだったドロシー・リバモアの20歳のころの肖像画。装身具はいずれも最高級品。この絵に描かれている真珠のネックレスは8万ドル相当のもので、後年、宝石泥棒“ボストン・ビリー”によって強奪された。ドロシーは禁酒法下、自宅の地下室でビールを醸造し、ロールス・ロイスを駆って手ずから近隣の名士宅に配達して回った。

ロングアイランド州キングス・ポイントのリバモア邸。通称「エバーモア」。食堂には46人が座れる大テーブルが置かれ、地下にはお抱えの理髪師が詰める散髪室があった。屋敷の裏手にはリバモア所有の豪華ヨット、アニタ・ベネチアン号が停泊している。豪勢なパーティーがいく度となく開かれたが、1933年６月、競売にかけられた。

左から、ポール・リバモア、ドロシー・リバモア、ジェシー・ジュニア。兄弟は二人とも並はずれてハンサムな少年だった。兄のジェシー・ジュニアは、14歳のころには酒を飲み、母親に隠れて母の友人たちと性的関係をもつようになった。

世紀の相場師　ジェシー・リバモア

Translated by Naoshi Fujimoto
Published in Japan by
Kadokawa Shoten Publishing Co., Ltd.

父、ルイス・スミッテンに捧ぐ。
彼なくして本書が生まれることはなかった。
父は不可能を可能にし、物心両面において成功を手にした。

空売り

株取引において、空売りとは次のように定義される。すなわち、値下がりが期待される自らが保有していない株を、株式を供給するブローカーから借りて売る。その後、その株を市場で買い戻し、ブローカーに返せば取引は終了する。差額が利益または損失となる。空売りとは、安く買って高く売るという通常の株取引を逆手にとった手法である。

——ルイス・スミッテン（投機家）

世紀の相場師　ジェシー・リバモア●目次

謝辞

ポール・リバモアに深い感謝を捧げる。父について初めて重い口を開いてくれたこと、ときに苦痛に満ちた過去に遡《さかのぼ》り、細部まで詳細に記憶をたどって、執筆に力を貸してくれたことに感謝したい。

また、ポールの美しい奥方、心地よい時を過ごさせてくれたアンにも感謝したい。

そして、ジェシー・リバモア・ジュニアの妻として過ごした時期について語ってくれたパトリシアにも、過酷で悲劇的な日々を思い出させることとなった。感謝の念に耐えない。

若かりし日のわたしに、ジェシー・リバモアという人物について語ってくれ、執筆に際して的確な助言をしてくれた父に感謝したい。

トレーダーズ・プレスのエド・ドブソンの熱心な励ましがなければ、本書は誕生しなかったであろう。エドや、そのほかの多くの人々が、わたしと一緒になってリバモアの生涯とその時代に夢中になってくれた。

テレサ・ダーティー・アリグッドは、この複雑な構成の本を編集するにあたり、いかんなく能力を発揮してくれた。彼女のおかげで、この本のなかでリバモアは命をもち、息づいた。

そして、わたしの可愛い娘、ケリー・スミッテン。どんなときもわたしを支えてくれ、編集に力を貸してくれた。

パーム・ビーチ歴史協会のデビ・マーレーが貴重な資料を提供してくれたおかげで、二〇世紀初頭の華麗なるパーム・ビーチの姿をかいま見ることができた。

そして最後に、相場に勝つために生涯をかけて市場を理解しようと挑んだ男、不可能に挑戦し続けたジェシー・リバモアに、感謝する。

リチャード・スミッテン

はじめに

一三歳のころ、父はわたしに偉大なトレーダー、ジェシー・リバモアについて語ってくれた。その人物は、株取引に新しい手法を取り入れたという。わたしは座ったまま父の話にじっと耳を傾けた。そして一四になる前には、リバモアについて書かれたものを読むようになっていた。

四〇年後にふたたび、リバモアと宿命的な出会いをするとは、思いもしなかった。彼の生涯を調べるために一年以上もの月日を費やすことになろうとは。まして、彼のことをここまで深く、おそらくは誰よりも深く知ることになろうとは、考えもしなかった。

リバモアは極度に秘密主義で、謎めいていて、寡黙な人物だった。感情を抑制し、喜怒哀楽を表に出したがらなかった。そうすることで、人間であればだれもが陥る心理的もろさや感情の暴発を克服しようとした。彼は、なんとしても勝負に勝ちたかった。パズルを解きたかった。株式市場という敵を打ちのめしたかったのだ。

本書には、単純明快なテーマがいくつかある。

まず第一に、人の心はいつの世も変わらず、変わるのは人々の顔ぶれであり、財布の中身であり、カモにされる連中であり、株価を操ろうとする連中であり、戦争であり、天災であり、技術であるということだ。しかしそうした要素がいかに変化しようと、株式市場は変わらない。なぜか。人の心が変わらず、人の心こそが市場を動かすとすれば、市場もまたいつの世も変わらないのだ。市場の動きに理屈はない。経済学で動くわけでもないし、理論に従って動くものでもない。市場を動かすのは人間の感情にほかならず、なぜかといえば、人々はなし得るほとんどすべてのことを市場に持ち込むからだ。

第二に、物質的な成功や高い地位、あるいは野望を実現したからといって、必ずしも幸福な人生を手に入れたことにはならない、ということである。世俗的豊かさと精神的豊かさは比例しない。

第三に、人間が何事かを成し遂げるためには、強固な意志が必要だということだ。知性ではなく、意志が重要なのだ。才能だけでも十分ではないし、運だけでも心もとない。才能を持ち合わせた人間が、勤勉さと、意志の力と、信じがたいほどの忍耐力を発揮したときにはじめて、不可能が可能になる。

最後に、人類の偉大なる発明はつねに、集団によってではなく、たったひとりの個人によって成し遂げられてきたということだ。莫大な富を築くのも、画期的な技術革新も、政治の激変も、医学の発展も、すべてはただ一人の人間に帰せられる。そこに至る道のりがどんなに険しくても、近道はないし、楽な道もない。ことに、株式市場を相手に闘うとなれば、その過程は困難きわまりない。

株式市場へのアプローチは、何千何百とある。さまざまなセオリーやテクニック、システムや戦略が世にあふれている。本書で紹介するのはリバモアの手法である。謎につつまれていた彼の相場予測や投資理論、巨万の富を築いた過程などをまとめた最初の本であろう。本書を読めば誰しも、ジェシー・リバモアという人物を知ることができてよかった、と思うだろう。

そして、本書を読んでいただければ、ジェシー・リバモアが稀代《きだい》の相場師であることに異論を唱える人はいないと思う。

リチャード・スミッテン

第一章　一九二九年――「ウォール街のグレート・ベア」

「再度、混沌の到来だ」

――シェークスピア『オセロー』

一九二九年一〇月

「一九二九年一〇月二九日火曜日の早朝、ウォール街のビルの谷間はかたずを呑《の》む数千の群衆で埋まった。彼らは間近に迫った〝大虐殺〟の現場を見ようと集まってきていた。騎馬警察、制服姿の刑事巡査らがニューヨーク証券取引所の玄関口から群衆を排除しようとするが、無駄であった。いったんは通り道が開いても、そのすき間は大勢の人波ですぐ閉じられてしまうのである。

取引所の内部、関係者の集まったフロアは緊張と恐怖がみなぎっていた。そうした空気の中、大時計の針が午前一〇時をめざし、刻々と時を刻む。やがて、取引開始のゴングが鳴った。一週間と経過していないが、あの『暗黒の木曜日』、株式市場は未曾有《みぞう》の暴落に見舞われた。続く月曜日の午後にも、株価は泡立つ巨浪に翻弄《ほんろう》され、打ちのめされた。パニックの心理がせきを切ったように拡大していった。

アメリカ中の証券会社には投資家が不安な面持ちで詰めかけ、咳払《せきばら》いをし、うろうろと歩き回った。そして無言のストック・ティッカー（株価表示器）が打ち出す数字を催眠術にかかったように見つめた。金属の塊であるメッセンジャーは、全米のはかない望みを打ち砕き、完全な破滅を冷酷に告げようとしていた」

――ウィリアム・クリンガマン『一九二九年大恐慌の年』

その一〇月二九日の朝、七時一九分でも二一分でもなく、七時二〇分きっかりに、ジェシー・リバモアはロングアイランド州キングス・ポイントに構えた自宅、二九の部屋数を誇る大邸宅の前に立った。背後には重厚で堂々とした玄関が控えていた。男は黒のロールス・ロイスの先端を飾る「空飛ぶ妖精《ようせい》」が静かに近づくのを待った。運転手は主人の生き方をよく知っていた。迎えの車を屋敷の玄関前に乗り入れるのは、七時二〇分きっかりと決まっていた。ジェシー・リバモアはすべてにおいて、正確さを第一義とする男だった。

ロングアイランド海峡から微《かす》かな灰色の霧が忍び寄ってくる。その湿った空気は、季節の変わり目の冷気を際立たせ、大気を一層不気味で冷え冷えとしたものにした。ロールス・ロイスは長く弧を描く車寄せの道をたどると、ちょうど七時二〇分、彼の前に止まった。運転手に無言のままかすかにうなずいた主人は、ドアを開け、後部座席に体をすべり込ませた。腋《わき》の下には新聞がはさまれていた。座席に身を預けた彼はいつものように、革張りのシートに新聞の束を置いた。ニューヨーク・タイムズ、ロンドン・タイムズ、ウォール・ストリート・ジャーナル――。彼はもう一度、見出しに視線を走らせた。どの見出しにも基本的に同じ意味の言葉が見て取れた。「株式市場全世界で急落」と。

車が屋敷の車道を降り切ると、彼は読書灯を点け、サイド・ウィンドウのカーテンを引いた。暗い静寂の中で新聞の内容を吟味したいと思った。ジェシー・リバモアにとって新聞の報道は驚くにあたらなかった。否、ほとんど一年間待ち望んだ見出しがやっと現実のものになったとすら思っていた。彼はこの日のために、綿密な計画を練り、想をめぐらせてきた。それは忍耐なくして実現できる作業ではなかった。

車がマンハッタン地区に入ると、運転手は主従をさえぎる車内の仕切りを降ろさないまま、マイクで主人に呼びかけた。「リバモア様、ただいまマンハッタンに入ったところでございます。その旨のおおせがございましたので、申し上げます……」

リバモアは厚手の黒いカーテンを押し開くと、リムジン後部の闇《やみ》の空間に朝の光を招き入れた。そして運転手に、ウォール街に車を向けるよう命じようかと一瞬思った。そうすればウォール街の谷間の様子を自分の目で見、感じることができる……。

しかし、そうした振る舞いは、その後の彼の行動に何らかの影響を及ぼすおそれがあった。彼の情動、彼の客観性に曇りをもたらす心配があった。現在の状況はすべてが行き着くところまで行った大底なのか、あるいは新たな大暴落への踊り場にあるだけなのか、市場に対する投資家の信認は戻ってくるのか、奈落への転落は果たしてやむのか？　売り残を今すぐ買い戻すべきだろうか？　彼の運命はこれらの問いへの答え方一つにかかっていた。そして、こうした場合の肝腎かなめは、相場に対して現実に人がどう行動し、どう対処するかであって、どうこうするつもりだなどという口先の思いつきなどでないことを、彼は身にしみて知っていた。

一部の世人が、怖いもの見たさの心情から人の世の混沌《こんとん》を目にしてみたい、金銭にまつわる絶望、救いのない修羅場に遭遇してみたいと思ったとしても不思議はない。現に突如として強大無比、邪悪なモンスターが立ち上がり、強固にして不滅と見られた貪欲《どんよく》の神、長年にわたって繁栄をもたらし、支配のタクトを振ってきた札束の世界を一撃のもとに粉砕したのである。

しかし、リバモアは違った。そのような極めて人間くさい衝動とは距離を置くべきだと、つねに思ってきた。彼はこれまで、あらゆる問題について明晰《めいせき》な判断を下すことができた。後手を踏むことはなかった。市場で取引が始まれば、事務所でティッカーの単調な音に耳を傾けるのがつねだった。

彼は再びカーテンを引くと、暗闇の中で新聞の内容に改めて思考を集中させた。そして顔を上げずに短く言った。「ハリー、事務所に行ってくれ」

五番街七三〇番地ヘックシャー・ビルで車を降りたリバモアは、専用のエレベーターに足を踏み入れた。エレベーターは途中の階を通過し、一八階まで、つまりそのビルの最上階へと一気に上昇した。彼は事務所に直行することを強く望んだ。だれとも口を利かずにすめば、それに越したことはないと思っていた。

道路信号が自動化されるまで、ニューヨーク市警察は信号ごとに交通巡査を配置し、手動による信号操作をおこなっていた。交通巡査はリバモアのリムジンが接近すると、「ジェシー・リバモア」一人のために信号を青に変える。おかげで、ロングアイランドのキングス・ポイントからニューヨークにいたるまで、ノンストップで車を走らせることができた。

一週間に一度、運転手のハリーは主人の事務所からルートを逆走し、信号ごとに車を止めると勤務中の巡査に心付けをわたした。もちろん、リバモアが通過するたびに青信号を確保してくれる配慮への謝礼であった。ジェシー・リバモアは正確を旨とする男、律義の人であった。

リバモアは事務所に入っていった。ドアには表札はなかった。彼は自分のキーでドアを開け、小さな控えの間に足を踏み入れた。勤務時間のあいだハリー・エドガー・ダシェが控えている場所である。彼のわきを抜けて奥へ進むのは並大抵ではない。ハリーの身長は一メートル九五センチ、体重は一五〇キロ、その体軀《たいく》と無愛想な応対ゆえに、記者連中からは〝鬼がわら〟とあだ名されていた。

事務所は無人であった。朝一番に出勤するのはいつもリバモアと決まっている。部屋の金庫から特製のキーを取り出すと、彼は二番目の部屋を開けた。金庫のダイヤルの組み合わせ番号を知っているのは彼とハリーだけである。ハリーの監視の目は、事務所の清掃人にさえ向けられた。リバモアの事務所はニューヨークで最も豪華な、贅《ぜい》を尽くしたオフィスと言ってよかった。木製の建材アーチは手彫りの逸品であったし、書棚は金に糸目をつけない特注品、マホガニーの美材で覆われた壁をオークの彫り物が一段と引き立てている――。以前イギリスに遊んだとき、元領主の居宅という古い屋敷の読書室で分厚いパネル板を見つけた。その材の重厚さにほれ込んだ彼は、それを購入して取り外し、ニューヨークに運ばせた。日々リバモアが対面している内装材がそれであった。

彼の事務所は、手前の控え室、次の間のトレーディング・ルーム、その向こうの会議室、一番奥の広々とした執務室、という間取りだった。トレーディング・ルームには巨大な壁面いっぱいに株価を掲示する黒板がしつらえられ、〝チョーク・マン〟を支える足場が組まれていた。この掲示板はどの部屋からも見通せる位置にある。

事務所には、彼の手足としていつも六人の男が詰めていた。五人のチョーク・マンとハリーである。チョーク・マンたちの主な仕事は、刻々と伝えられる株価を事務所全体にまたがる黒板に書き入れることだった。ハリー・エドガー・ダシェは、すべての業務に目を配り、監督し、指示を出した。また主人が命ずるあらゆる仕事を片付けていった。チョーク・マンたちは高給と引き換えに、口にチャックを誓わされた。また事務所内でのルールの第一は「市場が開いている間は私語厳禁」であった。リバモアは株価の値動きに全神経を注ぎ込まなければ気が済まなかったし、証券取引所から次々に伝えられる数字を即座に、そして正確に書き込むことを要求した。

どの部屋にもティッカー・テープ・マシーンが何台も据えられていた。どこにいても手の届く範囲にティッカーを置くことを彼が望んだからである。ヘビがくねるようなティッカー・テープはリバモアの血管から流れ出る血液のように見えた。それはまさに生命そのものであった。彼は自らの住まいのすべてにテープ・マシーンを設置していた。レークプラシッドの居宅、ロングアイランドの大邸宅、マンハッタンのアパートメント、パームビーチ・ブレーカーズ・ホテルのスイート・ルーム、さらに全長九〇メートルの自家用大型ヨットも例外ではなかった。

今回の大暴落が起きて以来、彼は非難の矢面に立たされていた。底なしの坂を転げ落ちるような株価下落の引き金を引いたのはリバモアだと名指しされ、罵声《ばせい》を浴びた。彼自身は、株取引はビジネスであり、戦争のようなものだと腹をくくっていた。戦場でミスを犯せば、即座に命を失う。リバモアが携わるビジネス戦争でも、一歩誤ればたちまちすべてを失い、丸裸にされる。経済的に息の根を止められるのである。

彼はきまじめな男であり、今日も誠心誠意仕事に取り組もうとしていた。そしてこれまでの毎日同様、今日もスキのない服装で身を固めていた。スーツはロンドンのサビル・ローであつらえた手縫いの上下であったし、ワイシャツは最高級エジプト綿を素材とする流行のスタイルで、そで口にはＪＬの文字を組み合わせた刺繍《ししゅう》がほどこされていた。非の打ちどころのないスーツに包まれたスリムな上背はすっと伸びている。ブロンドの髪は左サイドで分けられ、きれいにくし目が入れられていたし、かすかにストライプを織り込んだ絹のネクタイはスーツと見事に融け合っている。彼ははさみメガネを使っていたが、今日もそのメガネが鼻の上にバランスよくのっている。そしてベストには愛用の金鎖が両ポケットの橋渡し役を果たしている。その金鎖の先端には細い金のペンが固定され、もう一方の端には小さな金色のペンナイフがぶら下がっている。彼はよく、無意識のうちにこのペンかペンナイフをまさぐり、話しながらそのいずれかを手先でクルクルと軽く回した。

彼は最近のニューヨーク・タイムズから保存しておいたおびただしい切り抜きに目を通した。いずれの記事も彼をひどく非難していた。彼はウォール街の大物「ベア（売り方）」としてつとに有名であった。熊を意味する「ベア」は、買いより空売りを手掛ける投機師のことである。リバモアは非難を気にしなかった。株価というのは上がりもすれば、下がりもする。ただし下がるときに限って、上昇の倍の速さで下落するのである。現在市場で起きていることも、それであった。

現時点での取引は、株数で一〇〇万株、ゆうに一億ドルを越えていた。しかし、その仕込みは数カ月前すでに完了していた。彼は二〇〇人以上の株式ブローカーを使い、目立たないように、密かに、そして沈黙のうちに計画を進めていった。彼の動きを知る者は皆無であった。彼は株価の先行きを下落とにらみ、売り込んできた。「売り」から入り、株価が下がったところで「買い戻し」すれば、差額が利益となる。リバモアには「ウォール街のグレート・ベア」なる尊称がたてまつられていたが、今彼はその真骨頂を発揮しつつあった。

その日のリバモアは、極北のツンドラに獲物を求める一匹狼のように見えた。獲物を求めつつ、自分を餌食《えじき》とする敵の攻撃に細心の注意を払った。自分と同様、神経をとぎ澄まし、生死紙一重の世界を生きる〝生き物〟が大勢ウォール街に生存することを彼は知っていた。自分を含めただれもが、致命的一撃を食らえば、その場で金融生命を断たれるのである。

取り置きされたニューヨーク・タイムズの記事を一つ取り上げ、彼はその見出しに目をやった。頬《ほお》がゆるみかける自分を戒め、一喝した。株式市場で潮目が一瞬のうちに変化することを彼以上に知る者はいなかった。

一九二九年一〇月二〇日付　ニューヨーク・タイムズ
売り圧力強く、株価軒並み下落

「昨日のニューヨーク証券取引所は土曜日のため二時間で引けたが、史上まれに見る荒れ相場となった。終わり値で五ポイントから二〇ポイントの値下がり、株価総額で一、〇〇〇、〇〇〇、〇〇〇ドル（一〇億ドル）以上の下げとなった。

出来高は三四八万八一〇〇株、土曜日の取引としては同証券取引所開設以来二番目の取引高となった。取引開始後三〇分間の売買は、週日であれば一日八五〇万株以上の出来高を記録する勢いだった。一二時に取引終了の鐘が鳴ったが、終わり値が明らかにされたのはそれから一時間二三分もたってからだった。過大な負荷を余儀なくされたティッカーが〝機嫌〟を損ねた結果である」

優良株に打撃

「株式市場関係者の間で広く語られる情報によると、かつてアメリカで一、二を争う投機家と言われたジェシー・L・リバモアが売り方の総帥として、ここ数週間、活発な売りを展開している。すべてが彼によるものではないにしても、値がさ株、優良株の多くが大幅な株価下落を見せている。

他方、買い方を率いるシカゴ在住のアーサー・W・カトンは昨日、アトランティック・シティのホテルでティッカーを子細に検討した末、自らの相場予測を変更する材料は何一つない、優良株は必ず上昇に転じる、と関係者に語った。

この三、四日、相場の主導権をめぐるリバモアとカトンの確執がウォール街で取りざたされてきたが、そうした事実はない。リバモアが主要株を標的に、たたみ込むような売りを重ねてきたと推測されるのに対し、強気のカトンは同様の花形株を買いで押してきている。かつて売り方の雄として鳴らしたリバモアが、数年の空白をへて再び売りにまわり、華々しく登場してきた。深く興味を引かれるところである。

最近の株価下落の最大要因は仕手筋の売りにあるというのが市場関係者のほぼ一致した見方である。空売りがさらに売りをよぶ展開になり、そうした動きの蓄積がいくつかの銘柄の暴落につながっている。売り浴びせられた銘柄を組織的に買い支える動きは全くなかった。根強い人気をもつ銘柄であれば、これまでの例では自律反発するのが通例となっていた。

今回の株価下落は数カ月に及ぶジリ高の後に生じており、リバモアにとっては得意中の得意というパターンであった。金融筋の情報を総合すると、彼はこれまでUSスチール、モンゴメリー・ウォード、シモンズ社、ゼネラル・エレクトリック、アメリカン&フォーリン・パワー、その他半ダースほどの一流企業を軸に大量の売り注文を出している。その後、裏も表も知り抜いた株式市場の急所にクサビを打ち込み、相場をぐらつかせ、ついに大崩れを誘い出した。

他方、ウォール街の『ビッグ・テン』と呼ばれるカトン、フィッシャー兄弟、デュラントらは、先のような銘柄を大量に保有しており、今回の市場崩壊により巨額の損失をこうむることとなった。景気の先行き不安、加えて売り手筋の巧妙な策による株安をもろにかぶる結果となった。

昨日の金融筋の情報によれば、リバモアの空売り戦略の裏には、ウォルター・P・クライスラーの援助があったとされている。クライスラー・モータースの株価は今年に入って、最高値の一三五ドルから五五ドルにまで下落し、背後にはシカゴとデトロイトの仕手集団が動いていると報じられていた。

今回のまれに見る弱気相場の仕掛け人はどうやらリバモアのようであるが、入念に売り込んだ後、株価の破壊的下落に乗じてまたもや、莫大な富を手に入れた。リバモアは今回、少なくとも当面、相場の動きを見事に読み切った市場勝者と見なされている。穀物トレーダーから身を起こしたカトンは、過去三年続いた株価上昇の波に乗り、推定で一億の大台を越える利益をたたき出している。彼は強気筋の頂点に立つ人物であるが、今回は相場を見誤ったと、一時的にせよ評価を下げている。

ニューヨークに滞在中のカトンは、証券取引所理事長のオフィスから市場の動きを見守った。その後側近らに対し、下げ要因の大半は狼狽《ろうばい》売りであり、優良株は値を戻してくると語った。そして長期見通しの上に立つ自分の態度を、従来どおり維持していくとも述べた。現在の相場については一言も語っていない。自らの取引状況、あるいはここ数日の行動について、彼らが沈黙を守るのも理解できないわけではない」

同日付ニューヨーク・タイムズ

金融街にグレート・ベア・カムバックの声。ブル・カトンとの〝市場戦〟には疑問符

「これまで鳴りをひそめていたグレート・ベア、すなわちここ数年ウォール街で特にうわさされることもなかったジェシー・L・リバモアが颯爽《さっそう》と帰ってきた。華麗な相場師リバモアが再び甦《よみがえ》ったということは、ここウォール街に登場した今一つの驚異と言える。身一つでボストンに出たジェシー少年は、株式ブローカーの店でチョーク・マンとして働くようになった。ほどなくティッカー・テープの読み方を身につけて、わずかな手もち資金を元手に株売買を始めるようになった。しかしこの少年がニューヨーク、ボストンのすべての『バケット・ショップ』（素人相手の呑み屋）から出入り禁止を食らうのにそう長くはかからなかった。〝有名人〟となった少年はその後長く「ボーイ・プランジャー」（突撃小僧）と呼ばれるが、その由来はここにある。

ニューヨークに上り、浮き沈みをいく度となくくぐり抜けたリバモアは、やがて切れ者相場師として名を上げ、連勝街道を驀進《ばくしん》し始めた。資産も数百万、数千万ドルとウナギ登りに増えていった。伝えられるところでは、今回の強気相場を過熱と見、適正水準を超えていると読んだ彼は、値を飛ばすゼネラル・モーターズ、USスチール、ゼネラル・エレクトリックなどに売り攻勢をかけたが、資産のあらかたを失うところまで追い込まれた。繰り返し莫大な売り注文を出し、そのたびに損をこうむり手じまいを余儀なくされたのである。結局、景気のよい時期に自らと家族のために用意した何口もの巨額の解約不能年金に手をつけるまでになった。

東の勝負師リバモアに対する西の相場師アーサー・カトンは、田舎の商店主と見まがう木訥《ぼくとつ》な人物として知られる。身なりや社会習慣などにはお構いなし、飾らない人柄なのである。照れ屋で無口、間違っても出しゃばるなどということはない。プルマン型寝台列車の喫煙室で隅の席に身を沈め、他の乗客らが屈託なく自分のうわさに花を咲かせ、驚嘆の声を上げるのを、身分を明かすでなく聞き入っていたという逸話の持ち主である。しかもこんな彼の姿が目撃されているのは二度や三度ではない。

相場にかかわっていないときには、シカゴ近郊の広大な土地で農場経営のまねごとをしている。

　他方リバモアは、気難しさを道連れにりゅうとした身なりを身上とする、紛れもない大都会の名流紳士。極上仕立てのダーク・スーツがブロンドの髪、細身の体をいやがうえにも引き立てる。最新型ロールス・ロイス数台が移動の足で、身の回りの世話はすべて随員や使用人が片付ける。保有する不動産は片手に余り、ヘックシャー・ビルの最上階にある豪華なオフィスは、ニューヨーク屈指の贅沢《ぜいたく》な空間と言われている。

　気質的にも両雄は対極にある。もの静かなカトンはゆったりしたもの言いを特徴とし、感情の高ぶりとは無縁に見える。対してリバモアは性急で神経質、興奮を抑え難く、ゲンかつぎにものめり込みやすい。しかし、自分の相場観に誤りはないと信じた場合、最後の一セントをも惜しまない果敢さをもつ。リバモアがどん底に落ちたのは一度や二度のことではなく、軽く五度を数える。これに対しカトンの方は、少なくともここ数年の間、上げ相場にあって順風満帆できた。

　相場はこれから一カ月程度、激しいもみ合いが続くものと見られる。経済面で大きな好材料と悪材料が出てきて、綱引きが予想される。ほぼ確実に言えることは、株価が反騰し、上昇傾向が続けば、カトンが恩恵を受け、今後も下落が続くようなら、リバモアが生き残ることになる。いずれにしろ、両者の間に個人的軋轢《あつれき》があるとする見方は的はずれである」

「フン、そんなものは未来永劫《えいごう》あるはずがない！」――これが記事を読み終わり、切り抜きを机上に戻そうとするリバモアの口から吐き出された言葉だった。彼とカトンはここ数年、宿敵のごとく株式市場でまみえているが、すでにそれ以前、シカゴの商品相場を舞台に、若い二人は売りと買いに分かれ、因縁の対決の幕が切って落とされていた。

そのとき電話のベルが鳴った。リバモアは、ちょうど事務所に入ってきたハリー・エドガー・ダシェに、自分が出ると合図した。

「もしもし」

「ジェシー・リバモアかい？」

「そうだが」

「このクソばか野郎！　お前のためにおれはとんでもない目に遭《あ》わされたんだぞ。お前のおかげでおれはスッテンテンだ。いや、そんなもんじゃない。スッテンテンの上に証券会社に何千ドルも追い証を払わなきゃならないんだ。だがな、こっちには銃がある。お前の脳ミソをこいつで吹っ飛ばしてやるから覚悟しておけ！　お前がそこから一歩でも外へ出てみろ。そこにはおれが立っている。そしてお前は地獄の一丁目だ。お前には地獄があつらえ向きというもんだ。このおれの人生をメチャメチャにしてくれたんだからな」

リバモアはたたきつけるように受話器を置いた。すべて新聞記事のせいだった。アメリカ中の新聞が暴落の原因はリバモアにあると書き立てていた。そんなことできるわけがない！　そんな力は自分にはない。どんな人間にだってできはしない。あのモルガン一族にだって不可能なことだ――。しかし、そんなことをグチってみたところで、何も止めることはできない。社会全体が〝クラッシュ〟の引き金を引いたのは彼だと言い募り、下落の機に乗じて徹底した売りを浴びせ、暴落に拍車をかけ、自らは濡《ぬ》れ手に粟《あわ》とばかりに、巨万の富を手にしたとだれもが彼を指弾していた。この状況を改善すべく、打つ手は打った。ニューヨーク・タイムズに電話を入れ、取材に応じると伝えた。しかし事態は一向に好転しない。あらゆる方面の人間が彼を非難し、電話をよこし、脅し文句を口にした。彼は改めて記事に目を通した。

一九二九年一〇月二二日付ニューヨーク・タイムズ
リバモア、売り手集団との関係を否定——市場の支配は人間には不可能、と語る

「ジェシー・L・リバモアは今回の激しい下落局面で巨額の信用売りをおこない、辣腕《らつわん》をふるったとウォール街界隈《かいわい》でうわさされている。しかしリバモア自身は昨日、売り手筋とのつながりをきっぱり否定した。

同氏は五番街七三〇番地のオフィスでの会見で、次のように述べた。

『ここ二、三日、大規模なベア・シンジケート団が結成され、わたしがそれを主導して、各方面の著名な資本家から資金提供を受けているといった情報が新聞各紙や証券会社を通じ、まことしやかに流されている。しかし、わたしに関する限り、そうした事実は一切ないと断言ができる。また、そのような売り手集団が他のだれかによって組織されたという事実も全く知らない。

わたしが株式市場で展開しているビジネスは、あくまでも独力で遂行しているものであり、今後も現在の方針を変えるつもりはない。

アメリカの株式市場は、巨大国家の経済的繁栄の下で機能している。このような市場の下落を一個人が、あるいは個人の集まりが人為的に引き起こせると考えるのは、不合理としか言いようがない。確かにこの数週間、相場は激しい落ち込みを示している。しかしこの現象は、長期にわたる極端な市場操作が生み出した高値相場が必然的に行き着く先だったのだ。

今日株式市場で起きている事態に責を負うべきは、異常な株高をはやし立て、実際以上の価値があるかのように見せかけてきた張本人たちにほかならない。不幸なことに、こうした状況下で株式を購入した市民たち、本来なら健全な投資対象として推奨し得る優良株の購入者たちが、本来の価値に戻ろうとする調整局面に遭遇し、苦痛を強いられる結果となった。

もしどなたか、たとえばUSスチールの株価を、面倒だがちょっと分析してみようとお考えの方がおられたら、その株価を一株当たりの利益で割ってみていただきたい。得られた株価収益率は八倍から一〇倍に達しているはずである。ほかの多くの銘柄にしても、法外としか言いようのない高値をつけており、相場が以前から危機的水準に達していたのは明らかである。

これまでFRBや金融筋が、多様なルートで、またさまざまな発言の機会をとらえ、警鐘を鳴らしてきた。しかし株価の高騰を止めることはできなかった。こうした点から見ても常識的市民であれば、一個人が市場を動かし、価格を思うまま上下させるなど不可能なことと、明確に理解されるはずである』」

「ばか者が」リバモアは小さく毒づいた。「市場をねじ伏せるなどだれにできるというのだ。ばかも休み休み言うがいい」

引き金というか導火線というか、そういった役割の一端を彼は担ったかもしれない。しかしそれ以前に、風船が破裂する状況が刻一刻と迫っていた。相場が激しく〝跳ねる〟きっかけは、決まって派手な投機の動きである。彼は一四のときから株の売買で生きてきた。三五年の間に途方もない金が転がり込み、そしてあっという間に消えていった。一九二九年という時期、リバモアは人生の絶頂期にあった。

彼は状況を慎重に検討し、考えをまとめようとした。脅迫的言辞を吐きちらすような電話がこれまで彼の気持ちを動揺させていた。命の次に大事な金、財産を失った人間がどれほど深刻な心理的打撃を受けるものか彼はよく知っていた。何度となく自分もそんな目に遇ってきたからである。リバモアは再度声明を出す必要があると感じていた。それも即刻。自らだけでなく、家族も危険にさらされているのである。以前もそうだった。

こうしたもやもやした思いも、ティッカーの作動を静かに待つ間、彼の頭から抵抗もなく消え去っていった。ティッカーは巨大でがっしりした執務机の上に場を占めている。チリ一つないマホガニーのデスクには、真鍮《しんちゅう》でできたティッカー、メモ帳一つづり、鉛筆一本、そしてマホガニー製の「未決」と「既決」の書類箱があるだけだった。

スタッフの全員がそろった。足場に立ち、持ち場を固めたハリーと五人のチョーク・マンたちは皆アルパカの上着を着用している。この上着のおかげで、チョークの文字がかすれて不鮮明になる心配がない。そしていずれも、耳にイヤホンを、口に送話器を装着している。彼らの耳や口はニューヨーク証券取引所と直接つながっている。チョーク・マンはそれぞれ、担当する株や商品の銘柄が決まっている。ティッカーがカチャカチャと音をたて始めた。そして白いヘビの抜け殻のような紙テープを吐き出し始めた。その紙の帯には、アメリカ企業の大半の社名が記号化され、小穴として示されていた。この記号の集合体はアメリカの富そのものと言ってよかった。

リバモアにとって小穴の解読は、新聞記事を読み下すようなものだった。記号の意味がすべて脳細胞に刻まれているのはもちろん、卓抜な数理能力は呼び値のすべてをも記憶にとどめることができた。記憶力抜群のブリッジ・プレーヤーが、出てきた札を残らず暗記できるのと変わらなかった。ダメ押しとして彼は、ハリーの指揮下、チョーク・マンたちによって書き出される取引数字の羅列に目をやった。最近になって「リバモア銘柄」と称されるようになった取引対象に特に神経を集中させた。ボードの数字をちらりと見るだけで、リバモアは自らのポートフォリオの時価総額を瞬時のうちにはじき出すことができた。沈黙がオフィスを支配している。聞こえるのはチョークの乾いた音だけであった。市場が開いている間、リバモアのトレーディング・ルームはいつも静まり返っていた。無駄話の必要は全くなかったし、チョーク・マンもわきまえていた。

朝からの売買益と保有株式を合計すると、一億ドルに近づきつつあった。彼は何の反応も示さなかった。執務室の電話が再び鳴った。リバモアはハリーに出ないようにと合図した。相場が動いている今、また同じような脅し文句にさらされ、気を散らされてはたまらなかった。電話だけでなく、何かを話すのも、だれかから話しかけられるのも、神経集中の妨げになった。市場が鼓動を打つ間、彼は獲物を求めて徘徊《はいかい》するオオカミのようだった。この時点でなすべき事柄に対してだけ、全神経を集中させることができた。ポートフォリオの平均株価が一パーセント上下するだけで、彼の資産は一〇〇万ドル増えるか減るかするのである。

わずかな注意力の散漫が数百万ドルの損失を招く。彼は今この現在に一〇〇パーセントの満足を感じていた。彼の全存在が張りつめ、呼吸をしていた。彼の傍らで確実に存在するのはティッカーのみ、ほかには何もなかった。ティッカーが吐きだすテープは、彼が慧眼《けいがん》をもって接し、隠れた糸口を見いだし、その話に真剣に耳を傾ける限り、あらゆる情報を提供してくれた。彼は株式市場を突き動かす二つの情念、恐怖と欲望という底無しの情動と必死に戦っていた。彼は、机の上で巨大な賭けに挑んでいた。

その夜、キングス・ポイントの邸宅に戻ったリバモアは、妻と二人の子ども（ジェシー・ジュニアとポール）の姿がないことに気がついた。壁にかかった何点もの名画、ペルシャじゅうたんの一部、揃《そろ》いの銀食器もケムリのように消えていた。彼は二階の金庫に向かった。妻のドロシーが宝石類や装身具を保管している場所である。ハリー・ウィンストンやヴァン・クリーフ&アーペルズで購入した宝飾品、贅《ぜい》を尽くしたコレクションがそっくり消えうせていた。

キッチンに降りると、四人のコックと二人の執事がいた。彼らはディナーの準備に余念がなかった。

「家内と子どもたちはどこだ？」

「皆さん、運転手のアパートに移られました」と主席の執事が応じた。「このたびは大変なことになりましたですね、リバモア様。だれもが今度の暴落のことを耳にしております……」

リバモアはじっと彼らを見つめた。その視線に感情の痕跡《こんせき》はなかった。その数秒後、彼は巨大な車庫の上にあるアパートに向かった。そこには二人のお抱え運転手が住んでいた。一人はリバモアが「マウスィー」と呼ぶ奥方、つまりドロシー専属の運転手、今一人は当主の満足するとおり彼を「ＪＬ」と呼ぶリバモア専属の運転手だった。車庫は石造りの豪壮な母家に併設されていた。彼はアパートのリビングにつかつかと歩を運んでいった。ロール状に巻いたじゅうたんを何本か跨《また》がなければならなかったし、値段のつけようのない芸術品や、アンティーク家具のへりを回らなければならなかった。ドロシーはリビング・ルームのカウチに二人の少年と座っていた。母子三人とも、一張羅に身をつつんでいた。

「マウスィー、これは何事だ？　一体ここで何をしている？」

「わたしたち聞いたんです。本当にお気の毒と思って……」と妻は言った。

「何を言ってる、一体何の話だ？」

「あなた、わたしたち聞いたんです。次々と人が窓から飛び降りてるって。ラジオが一日中放送してましたけど、株の暴落が起きて株式市場は大混乱なんですってね。勤め先で自分の頭を打ち抜くのもいれば、失踪者《しっそうしゃ》もいるとか。友だちも何人か同じことを言ってました。ＪＬ、本当にお気の毒……」

彼は妻をまじまじと見つめた。彼女は姿美しく座を占めていた。両脇《りょうわき》にはやはり顔立ちの整った男の子が座り、足元には特注品の革の宝石袋があった。

彼女の性格は彼と正反対だった。感情が即行動に結びつくし、日々生き生きと振る舞っていた。本能に直結する言動は周囲の笑いを誘い、その意味ではまさに〝社交の人〟だった。大勢の中心に立つと、その華やかさが一層際立った。心に浮かぶ言葉がすぐ、形のよい唇からこぼれ出た。天性のコメディアンでもあった。計算のケの字もないその天真爛漫《らんまん》さが周囲の緊張を解きほぐし、空気を思い切りなごませた。周囲の爆笑の中で、自分の何がそれを引き起こしたのか理解できず、彼女はよくまごまごした。

リバモアは宝石袋を見下ろした。これまでに何度もこの袋の世話になっていた。株でゲーム・セットの憂き目を見るたびに妻のところにおもむき、この袋をハリー・ウィンストンの元に運んだ。四〇〇万ドル近くの〝宝の山〟を前に、ハリーはいつも一〇〇万ドルの現金を用立ててくれた。破産の身のリバモアが再起を図ろうとする際、貴重な元手となってくれるトラの子であった。晴れて大損を取り戻し、人生を取り戻し、宝石袋の身請けにハリーの元を訪ねるとき、彼は決まって大枚の札でハリーの労に報いた。

「マウスィー、もう夕食の時間だ。子どもたち、それからその袋を持って戻ろう」

「あの、JL……またこれが必要なの？」

「今日は人生で最良の一日だった。ポジションの半分を処分した。ツキはこっちのものだ。この宝石の世話にはならないさ。さあ、子どもたちと行くぞ」

彼はきびすを返し、歩き始めた。顔には笑みが浮かんでいた。彼女はまた自分を裏切らなかった。とんでもないことで狼狽《ろうばい》させ、最後には安堵《あんど》と笑いで落着させる――。夫婦は個人的問題を抱えていた。というより大の方に問題があった。女性問題だった。彼はすべてが丸く収まるよう望んでいた。離婚などという結果になれば、妻を思う気持ちが果てしなく募ると分かり切っていた。彼の表情から笑みが消え、妻への複雑な思いが目を曇らせた。リバモアは頭を振り、解決のつかないモヤモヤを振り払った。そうした思いに長く頓着《とんちゃく》しないのが彼の性格だった。妻や子どもたちと一緒にいる間、彼は間違いなくその瞬間をエンジョイしていた。将来の成り行きは神のみぞ知る、であった。

脅迫電話はいっこうに鳴りやまなかった。時がたつほどに回数が増えていった。いよいよ状況の打開を迫られた彼は、ニューヨーク・タイムズに電話を入れた。秘密主義に徹するジェシー・リバモアの発言を、用意万端とのえ待っていてくれる新聞社だった。すぐに次のような記事が掲載された。

一九二九年一一月一三日付ニューヨーク・タイムズ
強気に転じたリバモア、株価下落は行き過ぎ、買いのチャンスと語る

「長期にわたり売りに徹してきたジェシー・L・リバモアは、今回の棒下げ相場でも誰にもまねのできない大量売りを継続してきたと広く信じられているが、その彼が昨夜、ニューヨーク・タイムズに対し、主要株の下落は適正水準を越え、大幅な安値になったと発言した。同氏は自らの手口については明言を避けたが、信用売りをきれいに清算する一方、買いの仕込みに入っているとの感触を与えた。『高配当が確実な、将来性のある銘柄は今、特売品コーナーに並んだ掘り出し物のようなものだ』とリバモアはコメントした。『優良株の多くは売られ過ぎの状態にある。国中の投資家が下落の勢いに冷静さを失い、保有銘柄の健全性や真の価値を考えずに大慌てで手放した結果が、今の度を越した安値相場だ。わたしの見通しでは、これ以上株価が下がることはない。この数日の市場の様相はパニック売り以外の何ものでもない。優良株が投げ売りされなければならない理由は何もないのだ』

『ここ数日間、優良株の大口売りが相つぎ、売りが売りを呼ぶ展開になっているが、売り急ぐ投資家の大部分は、恐怖のあまり視野狭窄《きょうさく》に陥り、売りに狂奔《きょうほん》している』」

しかし、襲い来る電話攻勢の波はやむことがなかった。

「リバモア、この大ウソつき野郎が！　お前の悪知恵には恐れ入ったぜ。お前は、これからの株は買いだと言いながら、陰では売りまくってやがるんだ。いいか、今からお前のところに行く。二度と安眠できないようにしてやるぜ。哀れなやつだ」

「汚ねえげす野郎とは、お前のことだ、リバモア。おれのケツの穴の毛まで抜きやがってよ、ありがとさんよだ。お前と、お前の汚い仲間のおかげで、おれみたいな世の中のクズと家族はもうメチャクチャよ。お前はおれたちの死に神だ。お前は何も知らないだろうけどよ。おれの家族は今泣いている。だが、お前の家族だって、そのうちお前を泣かすようになるぜ」

さらに、あら手が続く。

「リバモアさんよ、おれは今日、住むとこをなくしちまった。お前さん、どう思う？　営々と二三年もローンを払ってきたんだぜ。それが今日、簡単におっぽり出されちまった。今日からルンペンよ。おれだけじゃない、かかあも四人のガキも一緒よ。何もかもお前のせいだ。そのうち報いがくるぜ」

電話口からはもちろん、郵便物、電報と、あらゆる手段を通じて脅迫の文言がつきつけられた。一九二九年一二月二一日、ジェシー・リバモアは友人のフランク・ゴーマンを雇った。ゴーマンはナッソー郡の元警察官で、リバモアとは古くからの友人だった。リバモアは以前にも何度か彼を身辺に置いていた。最後にゴーマンを雇ったのは、宝石強盗に遭った後、主犯格のボストン・ビリーから初めて命をねらわれたときのことだった。

ゴーマンはロングアイランド州キングス・ポイントの邸宅に移ってきた。そして登下校する子どもたちに付き添い、ドロシーの影となった。

リバモアは、事務所であるペントハウスのガラス窓に歩み寄り、厚手のカーテンを引き開けた。彼はニューヨーク・シティの中心部、一九二九年のメトロポリスを見渡した。窓外を見晴らす彼の指からティッカー・テープが力なく滑り落ちた。テープには無限に続く流れのように株価を示す数字が打たれていた。すべてが値下がりを示していた。それは、戦場から送られた戦死傷者名簿のようでもあった。

彼はふと、ここにいたった自分の人生とは何だったのだろうと思った。そして今、畢生《ひっせい》の大勝利、未曾有《みぞう》の戦果を収めているにもかかわらず、なぜ浮き立つ気持ちになれないのだろう、といぶかった。

第二章　一四歳——家出同然でボストンに

「朝がその日一日を示すように、幼年期は人の一生を映し出す」

——ジョン・ミルトン

ジェシー・リバモアは一八七七年七月二六日、マサチューセッツ州シュルーズベリーに生まれた。父母はハイラム・リバモア、ローラ・リバモアといった。リバモアの父親は貧しい農夫で、ニューイングランドの荒れ地、石ころだらけの畑に鋤《すき》を入れ、生活の糧を得ていた。ハイラム・リバモアはジェシーが幼いころその土地を失い、一家を連れてマサチューセッツ州パクストン、ジェシーの祖父の元に身を寄せた。そこでいくらかの蓄えを得た父親は、サウス・アクトンにいささかの畑地を得た。

少年の域に達するころ、ジェシーはすでにニューイングランドの石まじりの土を耕すとはどういうことなのか、よく知っていた。鋤《すき》が起こし、掘り出した大小の石を取り除くのが彼の最初の仕事だった。ニューイングランドのわずかな土地を耕作し、それを生活のよりどころとするのは至難のわざだった。一九〇〇年を間近に控えたアメリカで、厳しい労働に明け暮れても、得られる報酬は悲しいばかりにわずかであった。

やせぎすで、きゃしゃな体つきのジェシーはよく体をこわした。おかげで活字に触れる時間だけはたっぷりあった。手近にある数少ない新聞、雑誌、本を手当たりしだいに読みふけり、幼い彼のために扉を開いてくれる劇場、心の世界に遊ぶのだった。

年端もいかない少年であったが、ジェシーの想像力は豊かであり、俊敏な頭脳、深い知性が育まれていった。彼はものごとの原理を理解し、そこから演繹《えんえき》的に思考することができた。そんな彼であったから、だれもが見る夢、将来の冒険や成功が、ニューイングランドの苛酷《かこく》な日々から実現されるはずはないという結論を引き出すのに、それほど時間はかからなかった。

ジェシーの父親は謹厳な性格で、家族にも打ち解けた態度や温かい情愛を容易に見せなかった。厳格な家父長的態度で家族を支配した。しかし母親は心やさしく、愛情のたけを子どもに注ぎ込んだ。とくに才能に恵まれ、頭のよいジェシーとは、できるだけ一緒に過ごそうとした。

学校に通うようになったジェシー・リバモアは、算数で抜群の冴《さ》えを示した。彼はしばしば、頭の中にある方程式を解き終わるまでほっておいてくれと教師に頼み、見事にその答えを提示した。また、与えられた課題を解くときも、教師が教えるやり方とは別の新しい解き方を示し、みんなを感心させた。一度などは、複雑な数学の問題をどちらが先に解けるか競争しよう、と教師に挑んだこともあった。彼は算数の分野でみんなよりずっと先の上級課程で学ぶことを許され、数学的探究へのあこがれを満たすことができた。

数学は彼の親しい友人、心おきない相手だった。普通は三年で終える数学の課程を彼は一年で終了した。無数の数字を頭の中で並列的に置き、考えることができたし、数式のパターンを容易に構築することができた。どんな数字の羅列もジェシーのコンピューターのような頭脳にかかると、あえなく〝陥落〟するのが常だった。

ジェシーが一三歳になると父親は、単純な農作業で生きていく人間に教育は不必要で無益だと言い渡した。一四歳になった彼は無理やり学校をやめさせられ、農作業用の〝つなぎ〟をあてがわれた。いよいよ荒土と朝夕格闘し、家族のためにのみ汗水垂らさなければならないときがやってきた。

ジェシーはしかし、父親よりも利口だった。命令にしたがう従順さを装いつつ、母親と計り、計画の準備を進めた。ほどなく、母からもらった五ドルをポケットに彼はそっと家を抜け出した。そして街道でボストンに向かう荷馬車を呼び止めた。運命を切り開くべく広い世界に歩を進めようとする自分の行動に間違いはない、と彼は信じていた。特別の当てがあるわけではなかった。しかし正しい方向に向かっているのは確かだった。

リバモアはわずか一四歳にしてボストンの町、大人の世界に身を投じていった。しかし彼のその後の人生は、このときすでに決まっていた。彼は、勤勉さの価値を身をもって知っていた。そしてニューイングランド人特有の寡黙さ、そこに秘められた力、意志の強さを受けついでいた。ニューイングランドの地に生きる人々は、石が転がる畑地での労働、厳しい気象条件、いくら働いても改善しない経済的困窮に鍛え抜かれていた。

ジェシーの男性観は、父親が基準となっていた。すなわち、無口、頑固、謹厳、強い意志、感情の抑制、重労働への取り組み、非社交性、家族への絶対支配——それが男というものだった。他方、女といえば母親か、学校で出会ったわずかな数の女子生徒を基準に、優しくて、世話好きで、賢く、情緒的で、愛情にあふれた存在であると思っていた。じっさい、女性のだれもが彼に好意を示し、情愛のこもった心遣いを示した。

彼は一四歳のときすでに、頭の使い方しだいで成功や富、名声が得られるわけで、肉体の頑張りではいかんともし難いことを見抜いていた。さらに、頼りになるのは行動であって言葉でないことも明確に認識していた——これは父親から学んだ彼の人生哲学だった。

彼はまた、容易に本音を明かさない男だったが、話には説得力があった。家を捨て、自分の人生を踏み出すに当たって母が工面してくれたわずかな金のことを決して忘れず、後に途方もない利息をつけ、その全額を返している。「借りた金は返す、どんなに長くかかっても」は、彼の血肉となった処世訓であり、終生変わることがなかった。

五ドルを握りしめ、ボストンに出たジェシー・リバモアは、生涯忘れることのない苦難と教訓に遭遇しつつ、自活の道を進んでいった。しかし町に出たばかりの彼は、まず身の振り方を考えなければならなかった。父や母、故郷への思いは頭の隅に埋め込み、しっかり封印した。気を散らす存在があることに我慢ならないという気質は、成功を手にした後も変わることがなかった。情緒的衝動をそっとなだめたり、衝動部分のみを切り離し、力ずくで抑制したりという能力は天性のものであり、おかげで彼は、感情面でどのような状態にあろうと、目の前の問題に全力を尽くすことができた。それでも私生活と仕事とを完全に切り離すことができずに、彼は一生苦しんだのであるが。

しかし悩みつつも、彼の取り組みは一応の成果を生むこととなった。

ブロンドの髪にブルーの瞳《ひとみ》、文句なしのスタイル、さわやかな才気、白い歯を見せながらのきらめく微笑、どれをとっても非の打ち所がなかった。さらに、彼の自信は一四歳にして巌のごとく揺るぎがなかった。

ボストンで荷馬車を乗り捨てたリバモアはペイン・ウェバーの店の前に立った。扉を押して入ると、客の出入りを間近に見ることができた。ティッカーがひっきりなしに音を立て、途切れのないしっぽのような紙を長々と吐き出していた。部屋の幅いっぱいに設けられた掲示板にとりつき、チョーク・ボーイたちが舞台のダンサーのように足場を上り下りしている。彼らは次々と株価を読み上げるコーラーにしたがい、あるいはテープを吟味している客の大きな声に応じて、目にもとまらない速さで黒板に数字を書き込んでいる。

ブローカーたちは売りと買いの注文を、大声で電話口に叫んでいる。

店の客たちは壁を背にした椅子《いす》に腰を下ろし、時おり立ち上がってブローカーのもとに向かう。その姿は目当ての馬券を買いに行く競馬ファンのようだった。ジェシーはティッカーの軽いリズム音、チョークがボードとこすれ合う音、客たちの興奮した声、すべてを胸いっぱいに吸い込んだ。真剣な目で右左と歩き回る男、大人たちの動きに胸の高鳴りを感じた。彼はティッカーのガラス製の球体部分にそっと手を触れた。それは暖かくも冷たくも感じられた。これが人の運命を予言する正真正銘の水晶球であれば、目の前の少年がやがて伝説の王、クロイソスにも比肩する大富豪となることを、告げていたはずである。リバモアは目をこらして周囲を見た。人格をもたないテープの託宣にもとづき、男たち、女たちが一秒ごとに財布をふくらませていた。損のことなど彼の念頭になかった。

その場に充満する匂《にお》いに彼は幸せを感じた。自分をとらえて離さないものがあった。木の匂い、チョークの匂い、紙とインクの匂い、興奮とエネルギーの匂い、コーヒーやデスクの上の食べ物の匂い——その場の空気、精髄に彼は魅了されていた。ボストンのペイン・ウェバーの店に足を踏み入れ一秒とたたないうちに、ジェシーは渦まく熱気のとりことなっていた。

彼は家から長い道のりをたどり、そこに立っていた。

身につけたスーツは少しだぶついていた。体が成長しても間に合うようにと母が選んでくれたものだった。彼は店のマネージャーを見つけて、近寄っていった。大きく息をすると、マネージャーの肩をたたいた。四〇代後半といった男がジェシーを見た。見るからにぽっと出の若者がそこに立っていた。

「何か用かい?」品定めの視線だった。

「あの、仕事があれば……」

「算数は得意か?」

「あ、はい」

「あそこで、足場にのって数字を書いてるガキどもが見えるか?」

「はい、見えます」

「実は、チョーク・ボーイが足りないでいるんだ。今日も来ると言いながら、来やがらん」彼はもう一度リバモアを点検し、そして言った。「すぐ仕事をすっぽかすようじゃ困る。ちゃんと毎日出てくるか？」

「はい、必ず来ます」

「よし」彼は笑顔で言った。「あそこでひとまずやってみろ。チョーク・ボーイの仕事だ。わしのキャリアも、あそこから始まったんだ」

「分かりました」ジェシーは応じた。

「あれから二五年になるが、しっかり見てみろ。わしはこの店の主だ。ここがアメリカだということを忘れちゃならん。自分でやってみようと思うことが何でもできるのがアメリカだ。さてと、お前といつまでも油を売ってるわけにはいかん。わしももっと稼がにゃならんのでな。この店で働くか？」

「はい、やります」

「よし、それなら、兄ちゃんのその上着を脱ぐんだ。そして足場に上がれ」

「ぼくに兄はいません」

「お前に兄貴がいるとは言っとらん。上着が大きすぎるから、ちょっとからかったまでだ。さっさと上がれ。お前、上のものにからかわれたことはないのか？」

マネージャーは、上着を脱ぎ、足場への踏み段を上っていくジェシーを見守った。少年の一人がすぐ一片のチョークを手渡した。

「おい、若いの、これを使え」チョークを渡した少年がアルパカの事務服を差し出しながら言った。

「今『若いの』って言ったけど、自分だってただのガキじゃないか」ジェシーは言い返した。

「あいにくだが、足場の上ではオレはガキじゃない。ここでもう四年もやってるんだ」彼の笑いは自信に満ちていた。

「おい、新入り！」とマネージャーが呼んだ。

ジェシーはひやりとしながら「はい！」と応じた。ひょっとしたらマネージャーの気が変わったのではないかと思ったからだ。

「お前、ペイのこと聞かなかったろ」

「ペイって何ですか？」

「週六ドルだ」とマネージャーは言い、さらに続けた。「これからは、そんなことじゃだめだ。〝ネゴ〟することを学べ。相手の言いなりになるなってこと。わしは週七までは出すつもりで、まず六ドルという数字を出したんだ。初めにチョーク・ボーイが一人ほしいって言ったろ？　お前には十分交渉の余地があったんだ。〝ネゴ〟はこの世界で生きる重要な武器だ」

「分かりました」

彼はジェシーにウィンクを一つ投げると、去っていった。

リバモアがボストンに入って、まだ一時間とたっていなかった。しかしすでに職を得、交渉することの重要性を習得した。その上さらに、意義ある決断を下すことができた。自分の体に合った服を買うという決断だった。あんな無礼な扱いを受けるのは二度とごめんだと彼は思った。

ジェシー・リバモアはペイン・ウェバーの店の近くに食事つきの部屋を借りた。夜明けとともに起き出し、いつもまっ先に出勤した。カギをもったマネージャーの到着を待つこともしばしばだった。彼は自分の仕事にかかわるすべてが好きだった。チョーク・ボーイとして働くことは、彼にとって、相場の大学に通うようなものだった。リバモアはやがて、仕事場のすべてに通じるようになった。しかし当初は、あらゆるものがギリシャ語のように見えた。それが日々の発見、解決を通じ、徐々に明らかになっていった。そして、いつかは株式市場を支配する〝秘密の法典〟を手に入れ、自分だけの〝取引手法〟を構築したいと思った。そうすれば札束が向こうから群がってくる——。

若いジェシーは何にでもクビを突っ込んだ。ブローカー連中やチップをくれる客に応対するのはもちろん、毎朝掲示板に張り出される予想紙を眺め、そのとおり相場を張る客の言い分も黙って聞いた。仕事の暇なときや休憩時間、昼どきには、ありとあらゆる相場予想、独自の相場理論を聞かされた。オフィスはただ一つの大目的を台風の目とし、忠実に回転していた。その目的というのは、相場の動きにうまく対処し、利益を上げることだった。その場にいるだれもが勝負に勝とうとしていた。ジェシー・リバモア、その他の少年たちも重要な役目を担っていた。彼らは足場への上り下りを繰り返し、株価を黒板に書き込んだ。

株価をボードに書き込む仕事は、後に実現されるリバモア成功の根幹の一つとなった。彼は働き始めてほどなく、ブローカー、客、新聞、いずれも指摘することのなかった株取引の要諦《ようてい》の一つを学び取った。それはボスの一言、「重要なのは、ティッカーが伝える情報だけだ」ということだった。そういえば、ブローカーや客たちの予想と、テープに示される現実が一致することはめったになかった。テープは、自らの確たる〝生命〟をもっていた。そして、その生命は絶対であった。その〝宣告〟によってすべてが決せられるからである。

彼はボードへの株価記入という現場の仕事が性に合っていると思った。株価が耳に入ると、そのまま写真のように脳裏に記憶された。彼の数字に対する記憶力は完璧《かんぺき》だった。どんなに速い株価の読み上げ声も、リバモアの書き込みスピードには脱帽だった。まるで薪の束が積み上がるように、頭の中に数字の列が整然と積み上がっていた。

そのうちリバモアは、雑然とした数字の中に繰り返し登場する規則性があることを発見した。夜になると自分の部屋で一人、記憶に残るいくつかの銘柄について価格を記録するくせがついていたが、その数値を連ねた途切れのない日々の記録から、ある規則性が浮かび上がったのである。彼は、数字の群れが一貫した波形で動き、しばしばきれいな繰り返しの傾向を示しつつ進んでいくことを知った。ある株の価格が上がるにしろ下がるにしろ、その動きが始まるとその傾向がある期間持続するのが一般的であること、その後逆向きの強い圧力にさらされると方向転換を余儀なくされること、こうした動きのきっかけがしばしば、規則的な数値として読み取れること、などがわかってきた。

株価は物理の法則にしたがって上下する、と彼は考えた。ある運動に入った物体は、その運動を止めたり変更したりする力が加わるまで、その動きを持続させようとする――。さらに記録をとり続けた結果、別の新たな事実も分かってきた。それは、規則的な数値の現れ方にも規則性があり、より長い期間で繰り返される大きな波があるということだった。

彼は株の値動きを記録し続けたが、その日誌の存在についても、自分の発見についてもだれにも打ち明けなかった。リバモアは根っからの秘密主義者だった。そして一四歳にして、自分の数学的能力の高さを確信した。もともと無口のうえ、数字を黒板に書き込む仕事は、株式市場が開いている間、ネコの手も借りたいほど忙しかった。さらに数字を眺めて、相場の状況を把握するには集中力が必要であり、無駄話に興じている暇などなかった。

叫ぶような中継者の声を聞き取り、すばやく株価を書き入れる、不必要になった数字は黒板消しで消し去る、また新たな数字を次々に書き入れる――足場の上での作業は目が回るほど忙しかった。同じことが一日に何百回となく繰り返され、一週間当たりにすると何千という単位になった。そしてジェシーはまた新しい教訓を見いだした。それは「株価が変動する姿にのみ意識を集中させよ。変動の理由に気をとられるな」だった。彼には、特定の株価がなぜ上がるか下がるか詮索《せんさく》している時間はなかった。値動きの理由を数え上げれば無数にあるはずだった。そしてたいていは後になって正確な要因が明らかとなる。そうした〝後知恵〟は、理解できたところで一セントにもならないのだ。

ジェシーの書き込みノートは正確であり、精密であり、整然とまとめられていた。一五歳になったばかりの少年が、株価の値動きの規則性に目をつけ、自分なりに体系立てようと試み、相場を突き動かしている法則を見つけようとしていた。

彼はまた、店に来て金をスッていく多くの客に目をこらした。そんな客は毎日のように出現した。ジェシーの目から見ると、彼らはまるで無計画、行き当たりばったり、その日の気分で売買をしているとしか見えなかった。足場に一貫性がなく、カンを頼って相場を張った。前の日は自分の気に入りの株にうつつをぬかし、翌日には当てずっぽうの注文を出した。そしてその翌日にはうまうまと人の尻馬に乗った。さしたる理由もなく並べた予想屋の〝推奨株〟にも容易に感心するし、彼らのやっていることは、まともな取引にはほど遠い博打《ばくち》だった。

しかし、リバモアにとっては毎日が新鮮で、興奮に満ちていた。相場の大学での学びは楽しく、心躍る一秒一秒が過ぎていった。そして、その積み重ねが後に計り知れない見返りをもたらすこととなる。

六カ月に及ぶ仕事の明け暮れの後、彼はそのころすでに、ノートの上で模擬売買をやり、その成り行きを確認していたが、〝売買方程式〟にはまだ埋め切れない重要な部分があることをちゃんと自覚していた。彼はまだ、現実には一株の売買もおこなっていなかった。自分で稼いだ金を払い、実際に株を買ってみなければ、どうやって自分の内面を制御すればいいのか分かりようがない。その点をジェシーは明確に理解していた。紙の上の売買は金を賭《か》けないギャンブラーと同じだった。仮想世界での売買は単なる空理空論、能書きに過ぎない。しかし、金を賭けるとなれば、様相はガラリ一変する。瞬時のうちに激発する人間心理がからんでくるからである。そのことを一五歳にして彼はよく知っていた。自分に備わる並々ならぬ知力を発揮するのに必要な緩急の手綱さばきには自信があった。しかし、実際の修羅場で飛び出してくる感情をうまく抑制できるかどうか、はっきりしたことは言えなかった。

ペイン・ウェバーの店にたむろする客たちを観察していて分かったことだが、儲《もう》けをたぐり寄せるにしろ寸前で取り逃がすにしろ、感情的衝動の処理がからまないケースは皆無と言ってよかった。人間の内部にひそむ始末の悪い二大感情は、貪欲《どんよく》と恐怖だった。売買の最も微妙な段階で全人格がこれらに呑《の》み込まれるか、あるいは何としてもこれらをねじ伏せるか——。

ジェシー・リバモアが現実の取引の場に臨み、初陣に乗り出すための機は熟していた。しかし、肝心の〝軍資金〟に窮していた。

バケット・ショップ

「一九二八年一一月六日、マンハッタンのウェスト・サイド地区ヘルズ・キッチンのはずれ、病院の一室で一人の大物〝錬金術師〟がこと切れようとしていた。薄暗がりの中、影の一つがゆらりと揺らいだように感じられた。男の耳に、同じ質問が繰り返し浴びせられた。うんざりする声がまた響いた。『だれがやったんだね、ロスタイン』その声は無機的で、冷淡だった。『撃ったのはだれだ?』しかし、ロスタインは応じようとしなかった。やっとの思いで顔を壁の方に向けると、小さくつぶやいた。『命がありゃ、二度とやられねえ』それだけ言うと目をつぶり、再び意識のない世界へ戻っていった」

——ウィリアム・クリンガマン『一九二九年大恐慌』より

闇の世界で「ボス」と呼ばれたアーノルド・ロススタインは、カネ作りの天才だった。ばくち打ちを振り出しとする悪徳の人生だったが、巧妙なからくりによるカネ作りが成功してから、裏社会の帝王となった。彼は無数の罪科によって告発され、起訴されたが、そうした罪の一つに一九一九年ブラック・ソックス・ワールド・シリーズ八百長事件があった。彼が背後で吸い寄せる資金は莫大だった。そして彼の魔手は全米の暗黒街に網の目のように広がり、根を張っていた。

　彼の大口資金源に「バケット・ショップ」があった。当時、アメリカの大都会のいたるところで営業されていたバケット・ショップは、一見株式ブローカーと見まがう店構えになっていた。すなわち大勢の客を収容できるフロアがあり、株価掲示板が設置されていた。本物のティッカーが据えられ、ほとんど瞬時のうちにマーケットの売買価格が伝えられてきていた。しかし実際には、そこは株の取次店というより呑《の》み屋だった。店に入った客は一〇パーセントの証拠金を払って、株で〝遊ぶ〟のである。ルールは簡単で、客は株数を指定し、目当ての株を購入するが、それと同時に店に購入価格の一割を払い込む。注文を受けた係の者は、購入株の詳細を記したチケットを切り、客にわたす。つまり、〝取引〟のおこなわれた時点での株価と購入株数がチケットに記録され、引き渡されるわけである。客は当然〝持ち株〟の値動きに注目するが、一〇パーセントの値下がりが起きると、その時点で〝ゲーム〟は終了となり、客の払い込んだ金はすべて店のものとなる。逆に株価が値上がりし、客が勝った場合、その時のティッカー価格で払い戻しがおこなわれる。一見公平に見えるゲームであるが、店側が全体の九五パーセントを吸い上げる仕組みの、とんでもないイカサマだった。

最も大きい問題は、株の購入金として払い込まれた金が証券取引所に届かず、したがって株式の移動がおこなわれない点だった。店頭で〝取引〟がおこなわれ、〝記帳〟がなされても、それは実際の株取引ではなく、客から払い込まれた金がそのまま店に呑まれてしまう、ノミ行為以外の何ものでもなかった。そして、ここで動く資金は迅速かつ巨額だった。わずかな端株を買うこともできれば、店によって決められた上限、数千ドルの〝遊び〟に興じることも可能だった。

元手も資金もないリバモアが株で真剣勝負できる場といえば、暗黒街とつながりをもつとはいえ、この手のバケット・ショップだけだった。それは一八九二年、ジェシー・リバモアが一五歳のときだった。店の仲間、今一人のチョーク・ボーイがそばへ来て言った。

「ジェシー、いくらか金あるか?」

「うん、昼飯を食おうと思ってるとこだから……」

「飯なんかどうでもいい。金をもってるかと聞いてるんだ」

「どうして?」

「スチール株で〝秘密情報〟を耳にしたんだ。どうしても仲間がいる」

「だけどビリー、どこでやるんだ?」リバモアは質問した。

「バケット・ショップだ。昼休みにひとっ走りして買ってくる」

「いくらいる?」

「トータルで五ドル。USスチールを五株仕込むんだ。必ず一〇ドルで売れる」

「ちょっと待ってくれ」ジェシーはポケットをまさぐるとメモ帳を取り出した。

「そんなもので何するんだ?」ビリーが聞いた。

「今日の運勢を占うんだ」そう答えると、ジェシーはメモされたUSスチールの値動きを追った。数字の集団は、値上がり株が上昇寸前に決まって示すパターンを描いていた。これはチャンスだと見た彼は「オーケー」と答えた。

友人に金を渡した彼は二日後、三ドル以上の儲けを手にしてニンマリした。ジェシー・リバモアは、まぎれもないプレーヤーとしてゲームに参加していた。

彼はその後一人でバケット・ショップを訪れるようになったが、その前に必ずノートをチェックし、自分のねらう株の過去の値動きを各種パターンと照合した。彼は自分なりの手法を編み出し、忠実にそれに従った。買いも売りもしたが、自分の控えた数字が先行きの値上がりを告げているときにだけ買い、値下がりを告げているときにだけ売った。買うにしろ、売るにしろ、株価の示す規則性にしたがうという点では同じだった。

バケット・ショップに通い始めたジェシーは、チョーク・ボーイとして稼ぐ以上の金を稼ぐようになった。仕事をやめると、ボストン中のバケット・ショップをフルタイムの仕事場にした。やがて一六歳に届かない少年が、一〇〇〇ドル以上の現金をもつ身になった。家を出て初めて、彼は実家に戻った。立派になった息子を迎えて母は狂喜し、父は息子の羽振りのよさが信じられず、頭を振るばかりだった。一六歳の子どもが、どうすれば合法的に一〇〇〇ドルを超す大金を手に入れられるのか、彼の頭にはどうにも理解できなかった。

ジェシーは母からの借金の返済として、稼ぎの半分を二人に贈った。七五〇ドルを手元に残してボストンに戻った彼は、生涯の仕事となるはずの〝たづき〟を続行していった。彼はいつも一人で行動した。自分が何をしているかだれにも言わなかったし、人から金を借りようとも、仲間たちとつるもうともしなかった。よけいな注意を引かないよう配慮しながら、店から店へと渡り歩いた。この〝単独行〟はいろいろ好都合だったし、彼の性に合っていた。この性癖は一生変わることがなかった。自分の判断だけで秘密裏に買い、やはり秘密裏に売った。だれにも何も告げなかった。彼の真の喜びは、株価予想を的中させることにあった。そして絶対的信頼を寄せるのは自分の数理能力であり、コネや腕力ではなかった。自分に備わるすぐれた説得力でもなかった。真の満足を得るために目指す究極の目標は、ほとんどの人間にとって未到の大事業、すなわち株式市場の鼻をあかし、そこから大金をもぎ取ることだった。とりわけ、相場を先読みしたときの快感、スリルはたとえようもなく、達成感は稼ぎの比ではなかった。自分が勝利すれば、つまり自分の下した判断が正しければ、金は後からついてくる。金を目指しても勝利は得られない、正しい判断が得られて初めて勝利を手にできる――これがリバモアの信念だった。

この当時、リバモアにつけられたあだ名が「突撃小僧」だった。どこか幼さを残す顔立ちと、破格の〝賭け金〟がその由来だった。

カジノで勝ち続けるギャンブラーが賭場への出入り禁止を申し渡されるように、ジェシー・リバモアも稼ぎに稼いだ末、ついにボストン中のバケット・ショップから締め出しを食らった。顔の知られた店を避け、名前を変え、変装までして切り抜けを図ったが、〝身元〟が割れるのに大した時間はかからなかった。一計を案じ、初めはわざと負け、最後に大金を賭けてさらうというやり方も試みたが、やはり長く続かなかった。最後には支配人に怒鳴られ、店から追い出されるのがオチだった。「とっとと出ていきやがれ。二度と来るんじゃないぞ。うちの社長は、お前のような青二才に稼ぎを荒らされてカンカンなんだ。バケット・ショップはほかにいくらでもある。そこでやんな。この店にそのツラをもう一度見せたら、ただじゃおかん」

リバモアはバケット・ショップを追い詰めつつあった。最初彼らは「あいつはガキだ、あんな若造に何ができる？」とタカをくくっていた。しかしやがて、支配人たちは集金箱の中に動かせない真実を見いだした。たいていの場合、最終的な黒幕はアーノルド・ロスタインだったが、彼はつねに商売の動向に目を光らせていた。支配人たちは自分のクビに注意を払わざるを得なくなったのである。ボストンの稼ぎ場所から締め出されたリバモアは、新たな〝猟場〟を開拓しなければならなくなった。自分の見いだした法則、売買システムはどこでも、たとえ規模の大きい証券会社であろうと、これまでどおりの神通力を発揮する、と彼は思っていた。

しかし、甘かった。

ともあれジェシーは、自分の相場理論と売買手法を引っさげ、大都会ニューヨークへ乗り込んでいった。しかし、同地の警察と証券取引所は当時、一時的にしろすべてのバケット・ショップを閉鎖に追い込んでいた。マンハッタンに入ったとき、彼の手元資金は二五〇〇ドルだった。これまで、彼がバケット・ショップで動かす金は一万ドルを越すことすらあった。ところがボストンを後にするころ、わずかな回数ながらアシを出すことがあった。

　これを気にしたリバモアは、原因究明のための分析を試みた。彼は市場に対して怒りをぶつけるということは決してなかった。生命も感情もない相手に怒ってみても何の意味もない、ギャンブラーがカードに八つ当たりするようなものだ、と彼は冷静だった。その代わり、いつも自分の過ちから何かを学び取ろうとした。「失敗は宝の山だ」というのが彼の持論だった。ティッカー・テープはつねに〝善〟であり、そこに議論の余地はなかった。もし間違いがあるとすれば、プレーヤーの方だった。損を余儀なくされた取引を詳細に点検した彼は、新たな結論を導き出した。

　第一の結論は、彼が勝つのはつねに「勝つ条件が都合よくすべてそろっている場合に限られる」というものだった。好条件がそろうのを辛抱強く待ち、ここぞというときに打って出た場合、負けることはなかった。ここから第二の結論が導き出されてくる。「休みなく相場を相手に勝負し、勝ち続けるのは不可能であり、またそうすべきではない」というものだった。すべてを手じまいして、時に市場を離れ、現金を枕《まくら》に次の機会を待つ姿勢がなければならない、ということである。

　この〝定理〟は後に、彼の親しい友人バーナード・バルークによって証明されることになる。バルークはときどきリバモアに言った。「JL、ちょっと出掛けてくる。鳥撃ちの潮時だ」バルークはそう告げると、手持ちの株をすべて清算し、名高いホブコー・バロニーへと引っ込んだ。サウス・カロライナ州に一万七〇〇〇エーカーの広さで広がるバルークの私有地には、砂浜のビーチ、塩性湿地、そしてアメリカ有数のカモ猟場が主人を待っていた。もちろんそこに、電話はない。

しかし二〇歳のジェシー・リバモアは、いくばくかの金を手にビッグ・ボード、すなわちニューヨーク証券取引所で勝負すべく、この都に上ってきたばかりだった。彼はE・F・ハットンの店で仕事をすることにした。ハットンの店ではみんながこの若者を歓迎した。どういうわけかバケット・ショップでの〝武勇伝〟がすでに伝わっており、彼の呼び名は「突撃小僧」から「相場小僧」に変わった。ニューヨーク証取相手となれば、彼の手持ち資金はスズメの涙であり、ウォール街に一撃を食らわせるには少なすぎたからである。

最初、彼の取引はうまくいった。ブローカーたちにも一定の手数料を落とすことができた。しかし、丸裸になる日がやってきた。六カ月間懸命に頭を絞った結果がこれだった。台帳の裏側に名前が載った。ブローカーに借りのある客が押し込められる場所だった。

リバモアはすべてを失い、すっかり自己嫌悪に陥った。ある日取引が終了した後で、彼はE・F・ハットンを訪ねた。

「現金を借りたいんです」

「いくら?」とハットン。

「一〇〇〇ドルほど」

「信用貸しでいい。君の口座につけておこう」

「いえ、現金が要るんです」

「どうして?」

「現在のわたしではウォール街には太刀打ちできません。古巣に戻るつもりです。ついては元手がいるんです。またいつか、ここに戻ってきます」

「のみ込めん話だ」とハットンは言った。「バケット・ショップではやれるが、ウォール街ではやれんと言う。また、なぜだ？」

「まず第一に、バケット・ショップで相場を張る場合、売りをやるにしろ買いでいくにしろ、ほぼ瞬時に売買できます。だけどここでは、この株価だと思って注文を出しても、実際の取引が成立するときには、すでに値が動いています。たとえば、一〇五ドルの買い注文を出しても、注文が証取のフロアに伝わって取引が成立するまでには時間がかかるから、実際の買い値は一〇七ドル、一〇八ドルとなるわけです。差額はこちらの損です。バケット・ショップでは、株価が一〇五と報じられたときに買いを入れれば、それがそのままチケットに印字されます。売りの場合も同様で、バケット・ショップで一一〇の売りと言えばその注文がそのまま成立したのに、ここでは一〇八にまで下げていることがあります。特に商いが多いときは最悪です。いずれにしろ、売り買いの両方から食われる部分があるわけです」

「しかし、手数料はうちの方が安いはずだぞ」とハットンが言った。

「エド、別の意味でそれが問題なんです。バケット・ショップではとにかく一〇《テン》パーのラインを越えると、それですべてが終わりです。ところがここでは、手数料が歩合制だから、一〇パーを越えても、株を持ち続けることができます。つまり、値上がりすると思って買った株が、たとえ値下がりしても、この手に握られたままなんです。いいようなものだけど、わたしのようなトレーダーは足を引っ張られることになる。値上がりを予想した株が値下がりするわけで、最終的に一〇パーの損ではなく、二五パーの損という形で清算されます。このマイナスを取り戻すのは容易ではありません」

「バケット・ショップでは、損をしても最大一〇パーセントで収まる、と言いたいわけだ」

「そうです。これまで一銘柄当たりの損失は、出ても一〇パーという計算でやってきましたから、一〇パーで勝負が決まるというのは結構好都合だったんです」そう応じてからリバモアは言った。

「金を貸してもらえますか？」

「もう一つ聞きたいことがある」ハットンは笑って言った。この男なかなか見どころがある、頭脳の明晰《めいせき》さは大したもんだ、と彼は思った。「また戻ってくると言ったが、なぜ次は大丈夫と思うんだ？」

「そのときまでに次の手を考えるつもりです。まだ勉強中の身ですから」

「ジェシー、ここにきたとき、君はいくらもってた？」

「二五〇〇ドルです」

「プラス、わたしから一〇〇〇ドルの借りというわけだ」そう言いながら、ハットンは札入れから一〇〇〇ドルを抜き出し、ジェシーに差し出した。「三五〇〇あれば、ハーバードで勉強することもできたのに」

「ハーバードよりここでの勉強の方が役に立ちます。翌日の稼ぎに結びつくわけですから」リバモアは笑いながら金を受け取った。

「ジェシー、君ならできる」

「これはそのうち返します」ポケットに入れながら彼は言った。

「分かった。ウォール街に戻るチャンスがあったら、ぜひまたうちの店を利用してくれたまえ。君ならいつでも大歓迎だ」

「ありがとう。そうします」

エド・ハットンはジェシーが去っていくのを見守った。あの若者は必ずここに舞い戻ってくる、と彼は思った。

バケット・ショップで新規まき直しというジェシーの選択はすんなりとはいかなかった。東海岸でもぐり込めそうな店はないと知った彼は、中部のセントルイスを目指した。大規模なバケット・ショップが二店あると聞いたからである。

汽車を利用し、セントルイスに入ったリバモアは、ホテルにチェック・インし、シャワーを浴びると、最初の店に足を運んだ。二〇〇人は入りそうな広いフロアで、手広く商売していた。彼は偽名を使い、控えめに取引を開始した。しかし三日目になると、いやでも目を引くこととなった。一〇〇〇ドルを元手に三八〇〇ドルを手にすることとなったからである。

その翌朝、店に出かけるとボスの部屋に通された。「ようこそ、ジェシー・リバモア君、まあ、かけたまえ」連中は彼をだれだか知っていた。彼は、即刻店を去るよう、二度と来店しないようにと告げられた。

リバモアはすぐ第二の店に向かった。第一の店から一ブロックしか離れていなかった。窓口に急ぐと、注文を出した。

「ＢＲＴを一五〇〇株」

受付係が必要事項を記入し始めると、支配人が現れて、リバモアの前に立った。「うまく立ち回ったつもりだろうが、オレたちの目はフシ穴じゃない。なめるんじゃないぜ、リバモア」

「わたしを知ってるのか？」

「名前だけじゃなく、やり口もな」男はリバモアに金を突き返した。

「聞いてくれ」

「お前こそ、よく聞け。向こうの店から何の情報も届いてないなどと能天気なことを考えるんじゃない。わしからお前に大事な頼みがあるんだよ。いいか。『ここからとっととうせやがれ！』」

「この世に『うせやがれ』なんていう頼みがあるもんか！」金を握ると、彼は精いっぱい言い返した。

翌日の午後、リバモアはＥ・Ｆ・ハットンの事務所を訪ねた。そして一〇〇〇ドルを取り出すと、ハットンに差し出した。

「利息をつけましょうか？」彼は笑顔を向けつつ金を渡した。

「利息なら、手数料で払ってもらうさ。君の腕ならすぐだ。で、首尾の方は？」

「四日いて、引き上げました」

「うまくいったのか？」

「今ひとつといったところです。半年前ここに来たとき持ってた程度の額が残っただけですから」

「またハーバードかウォール街か、というわけだ」

「いや、ウォール街かゼロか、です」

「たった四日じゃあ、相場に勝つ秘訣が見つかったとも思えんが……」

「いや、相場に勝つ必要はありません。勝たなければならない相手はわたし自身、自分の中の感情の起伏です」

「うん、鋭い指摘だ。じゃあ、ジェシー、幸運を祈るよ」

「幸運？」

「そうだ。この世界で成功するには、いくばくかの幸運に恵まれなければならない。さて、君の口座の再開を取り計らっておこう」

それから数カ月、リバモアは株式市場を相手に奮闘した。ざっと計算してみると、損得なしのトントンに終わっていた。自信は取り戻せたが、バケット・ショップを総なめにしたような確固とした〝方程式〟、株式市場での常勝を保証する手法の開発は目鼻すらついていなかった。

そんなある日、ビル・サリバンという仲間がハットンの店にやってきて、セントルイスでバケット・ショップを経営する男が八百長競馬を企て、大山を当てたという話を伝えてきた。その経営者というのは、リバモアを店から追い出し、ニューヨークへ引き下がらせたあの人物だった。その男はその上、商売の手を広げ、大都市への進出を画策、ニュージャージー州ホーボケンに出店していた。ニューヨークでは警察の取締りが厳しく、利あらずと見た結果だった。しかしその場所は、ニューヨークから川一つ隔てた地点だった。サリバンの言うところ、店では「上限なし」で取引を認めているという。〝青天井〟で株の売り買いができるということである。

彼はホーボケンへ乗り込む意思を固める一方、土曜日がめぐってくるのを待った。土曜日は取引市場が正午で引ける。株価掲示板は書き込みでいっぱいになるし、フロアは客でごった返す。売買注文を受ける係の者はてんてこ舞いの忙しさとなる。目立たずに行動したいリバモアにとっては格好の条件と言えた。彼は窓口で聾唖《ろうあ》者《しゃ》のまねをし、安い取引を何度か実行した。そして一時を回った時点で二〇〇〇ドルを差し出し、二万ドル相当の売りを注文した。それを待っていたかのように株価はストンと下落、引けの五分前に、彼は買い戻しを決めた。利益は六〇〇〇ドルとなった。現金化を要求するリバモアに、窓口係は十分な支払い金が用意されていないと告げ、月曜日に不足分を払うと約束した。

月曜日に再来店したリバモアを待っていたのは、セントルイスのあの男だった。

「お前か、リバモア。ここへ何しに来た……?」

「金を受け取りに来た」

「セントルイスで言っただろ? うちの店に二度と足を踏み入れるんじゃないと。ここはニュージャージーだが、ここでの出入りも禁止だ。お前に渡す金などない。さっさと帰れ」

「渡せ。わたしの金だ」リバモアは動じなかった。

男は彼をにらみつけた。

「わたしはここで正当なルールに従い、金を増やしたんだ。だれかの競馬のようにイカサマをやったわけじゃない」リバモアは男の目を見返した。「ここで商売を続けたいと思うなら、わたしの金を渡すことだ」

やじ馬が集まり、リバモアの背後から成り行きを見つめた。彼は一段と声を張り上げ、訴えた。

「わたしの金を返せ。ここで堂々と勝負した金だ！」

「お前は出入り禁止になっている」

「何を言う、このホーボケンでそんな話は聞いてない。この店では客の金をネコババするのか！」

男はやっと折れて係にあごをしゃくった。窓口係は千ドル札を何枚かめくると、リバモアに渡した。めでたく彼の財布に六〇〇〇ドルが収まった。

「リバモア、わしの上にはな、それは情け容赦のないボスがおられるんだ。頼むから、これっきりにしてくれ」

リバモアはじっと男を見つめ、ゆっくりうなずくと去っていった。

車でマンハッタンへの道を戻りながら、彼は自分の置かれた状況をじっくり考えた。

その翌日、彼はビル・サリバンに電話を入れた。例の店の情報をくれた人物である。

「ホーボケンの件では世話になった。感謝するよ、ビル。ところで一つ頼みがある」

「中身によるぜ」

「こちらで資金を用意するから、ホーボケンでちょっとした芝居を演じてもらいたいんだ。詳しい指示は、その時がきたら出す」

「で、分け前は？」

「水揚げの二〇パーセント、プラス経費でどうだ？　こちらから渡す資金は一〇〇〇ドル」

「よし、乗った」

リバモアは役者の準備がととのうのを待った。そして行動を起こした。売りから入って、四一〇〇ドルを懐にした。儲けの二〇パーセントと経費をビルに払ってなお、それだけの利益を得たのである。

一万ドルの資金を作ったリバモアは、今後は株式市場一本でいこうと決意した。バケット・ショップとは縁を切ると自分に宣言したのである。これ以上バケット・ショップを荒らせば、いずれアーノルド・ロススタインの〝訪問〟を受けることになる。暗黒街の大ボスと対決するとなれば、二つも三つも命を用意しなければならない。それに、かつて例のない潤沢な資金で堂々と相場を張れるのだ。市場に打ち勝つことができるかどうか、あとは腕しだいだった。

株式市場の〝意思〟を打ち砕き、自らに従わせるというリバモアの目標は、終生終わることのない彼の挑戦目標となった。相場を支配するということは、いわば錬金術を意味した。錬金術では鉛が黄金に変わるが、株の世界では紙きれが金に、夢想だにしなかった富となる。そこでは一〇〇ドルが一〇〇〇ドルに、一〇〇〇ドルが一〇〇万ドルに、そして一〇〇万ドルが一億ドルへと、連鎖的に拡大していく。そこで人がしなければならないのは、何らかの手を打つ、ということだけである。ただし、現実が明らかとなる前に、それをしなければならない。いわばパズルの世界であるが、その答えはみんなの前に用意されている。洞察する力さえあれば、拾い出すのは造作もない。

リバモアは、自分の力でその答えを見つけだせると信じていた。

第三章　千金の富――サンフランシスコ大地震をニューヨークで体感

投機家――「われわれの社会で《スペキュレーター》と言えば、賭博師《とばくし》、相場師と同義である。しかし、この英語はラテン語のスペキュラーリから来ており、本来的には『スパイすること』『じっと観察すること』を意味する。

わたしは《スペキュレーター》すなわち投機家とは、『将来をじっとにらみ、予想が現実化する前に行動を起こす人』と定義してきた。この行動を成功に結びつけるには、次の三つの条件が必要となる。そしてこの三条件は、およそ人間というものがかかわるあらゆる問題を解決するのに計り知れない効果を発揮する能力でもある。

第一に、当面の問題と情勢について正確な事実を把握しなければならない。

第二に、これらの事実によってどのような事態が持ち上がるか、正確な判断を下さなければならない。

第三に、最適な時に行動を起こさなければならない。時機を逸してはならないのである。

わたしは、事実を明晰《めいせき》に語る多くの人々を見てきた。その一部は、驚嘆に値する冴《さ》えを見せた。しかし彼らの大部分は、自らが信じるところを実現する段になって、無力をさらけ出した。だれもがその必要性を感じるようになってから行動を起こしたのでは、もはや手遅れである。

だれもが知るように、危険な状況というのはわれわれを出し抜き、たちまち手がつけられなくなるものなのだ」

――バーナード・バルーク『わたし自身の物語』

リバモアは、自分の間違いをつねに客観的立場で考察した。そして言った。「市場で自らを鍛え、何かを学び取りたいと念じるなら、身銭を投じて、自分の手口を注視し、失敗から教訓を得ることだ」と。

自分の犯した失敗を跡付けるというのは、心理的にとてもつらい作業である。相場師の場合であれば、自分の誤った判断、見当違いの取引をまざまざと目にすることになるからである。それも、日常生活における勘違いといったようなものではない。とんでもない金を失っているのである。資金を増やそうと投資しながら、見るべきものを見ず、噴飯ものの判断を下したと知れば、その愚かな行為をもう一度たどってみるなど、だれだってごめんだと思うだろう。

負けゲームを初めからもう一度なぞるというのは、傷口に塩をもみ込むようなものである。しかしこれは、同じ過ちを繰り返さないための必須の作業である。リバモアは自己分析を徹底しておこなった。その結果、次のような〝真理〟を見いだすにいたった。「相場師が成功を収めるための闘いは、心理的戦いであって知力の戦いではない。人間らしい気持ち、感情の自由な働きを自らに許すのは、取引を清算した後、すなわち株や商品に投入された資金がすべて現金化された後である。金が証券の形をとっている限り、生身の感情を〝殺し〟続けなければならない」

リバモアは、取引の開始を拳銃発射のタイミングになぞらえる。ピストルを握って立つ場所は決闘場である。相手も銃をもち、こちらの心臓をねらっている。だれもが募る恐怖と闘わねばならない。神経は引き裂かれ、不屈の闘志、冷静な判断、理性などまさに風前の灯火である。

相場師となれば、それでも行動しなければならない。アナリストやエコノミストなら壇上の教師のように喋々《ちょうちょう》するだけでよい。目の前に身銭を積んで勝負するのが相場師なのである。戦場や闘技場で戦うのは兵士、戦士であって、将軍や監督、チーム・オーナーなどではない。

リバモアに言わせると、地球上の最も豊かな金鉱脈は、マンハッタンのニューヨーク証券取引所に、ウォール街のとある町角に、眠っているという。ここから金を掘り出すのに、山奥の金鉱を探し当てる苦労はいらない。第一、探索して回る必要はないし、地図も要らないし、面倒な採掘権もない。門戸は万人に開かれており、決められた時間内ならだれでも運だめしすることができる——。ただし、巨万の富をつかんで退場する者は極めて稀《まれ》である。

株取引の参加者には等しく、全く同じ事実が提示される。したがって、ここで金を掘り損ねたとすれば、だれの責任でもない、自分の責任である。基本的にだれもが同じ条件の下で、ヨーイドンで飛び出しているからである。しかし、〝競技者〟がここで遭遇する障害、困難は、金脈を当て込む山師の場合に勝るとも劣らない。一歩進むごとにガセネタに出会い、黄金と見まがう

〝黄鉄鉱〟に目を奪われる。〝空井戸〟など珍しくも何ともないし、砂嵐《すなあらし》や極寒に見舞われるときもある。相棒の裏切りに遭うかと思えば、いかがわしい女が色仕掛けで近づいてくる。拳銃使い、ならず者、博徒が跋扈《ばっこ》する血も涙もない世界なのである。最もやっかいなのが知能犯や詐欺師の横行であろう。やつらは、資金に恵まれたカモと見れば、二束三文のくずを高値で売り付け、運に恵まれただれかが〝大化け〟確実の株をつかんだと知れば、その権利をだまし取り、ドロンしてしまう。

「極秘情報」「値上がり確実」とささやく情報屋も、ウォール街とは切っても切れない存在だ。彼らは一攫千金《いっかく》の鉱脈の入り口に立ちはだかり、ケチな商品を売りつける。連中がカモにするのは主として新参者で、初心者に自分で鉱脈を掘るチャンスを与えず、言葉たくみに「限定情報」を押し付ける。楽して儲《もう》けろ、ここを出るときは王侯貴族、というのが連中のウリである。

リバモアは、簡単にカモにされる初心者がなぜ素朴な疑問をもたないのか、不思議に思った。

「それほど貴重な情報を、見ず知らずの自分になぜ提供してくれるのか？」

「それほど有利な情報なら、なぜ自分で利用して王侯貴族にならないのか？」

「特定の株を買うよう執拗《しつよう》に勧めるのは、価値のない株を高値で売りつけようとしているだけではないのか？」

「売買益がそんなにたやすく得られるのなら、なぜ情報売りに精を出すのか？」

相場で財を築く過程には、数え切れないほどの落とし穴が待ち受けている。リバモアはこの真実をきっちり認識するとともに、そうした落とし穴に足を取られる場合があると覚悟していた。

彼は、穴に落ちることは恐れなかったが、何度も繰り返し落ちることを恐れた。

リバモアは株式取引の基本的な法則をわきまえていた。しかしそれは、秘密の法則では決してなかった。

●間違いを犯した場合、否定しようのない一つの事態が持ち上がる。金を失うということである。

●間違いのない、正しい道を進んだ場合、利益が得られる。

●したがって、利益が得られたときにのみ正しい道を歩んだと言うことができ、金を失ったということは、間違いを犯したということである。この法則は、否定できない法則であり、投機行為の真実である。

株式市場の周辺には、しゃべることであたかも自分の運が大きく開けるかのように、相場についてしゃべりまくる御仁《ごじん》がいた。あるいは財産を無にしてしまった人間に慰めの言葉をかければ、投機行為の真実に基づく失敗の痛みが薄らぐかのように、同情を示し続ける者もいた。リバモアが勝っても負けても、自分の取引について堅く口を閉ざした理由の一つがここにあった。相場で利益を得た場合、それは自分が正しかったからであり、損をしたとすれば自分がヘマをやらかしたからである。何の説明がいるであろうか？　どこに文句をたれる理由があるであろうか？

彼は株売買にかかわる自分の行為を徹底的に追求した。その目的はただ一つ、利益を得た理由、損に終わった理由を明確に意識するためだった。

リバモアにとって相場師人生というのは、オマール・カイヤムの詩のようなものだった。

動く手ゆびが文字を記す
文字と文はいつまでも続く
いかなる祈り、才覚をもってしても
記された文字は取り消せない
涙で洗い流すこともできない

二〇世紀を目前に控えた一八九九年、二二歳になったリバモアは一万ドルの資金と、七年間の相場経験をたずさえていた。今では彼も、バケット・ショップと証券取引所では勝手が違うということを身をもって理解していた。それでも、バケット・ショップを手玉に取ることができたのだから、いつの日か株式市場をねじ伏せることができても不思議はないと考えていた。

彼は約束どおり、E・F・ハットンの店に再び口座を開いた。そして今度は慎重に売買を進めていった。それでも、ティッカー・テープにしたがい、短期間に勝負を決めるという方針は崩さなかった。従来どおり数時間から数日のうちには手じまいをした。利益はまずまずだった。生活は豊かになったし、友人も増えていった。

一九〇〇年一〇月、ジェシー・リバモアはインディアナポリス出身のネティ・ジョーダンと結婚した。中西部のバケット・ショップに出入りしていたころに出会った女性だった。新婚の二人は五番街の高級ホテル、ウィンザーを住まいとした。夏になると、ニュージャージー州の海辺の町ロング・ブランチに出掛けた。レンタル・コテージが二人の憩いの場となった。リバモアはこの間、ネティを伴って初めてのヨーロッパ旅行に出掛けた。そしてネティのために一万二〇〇〇ドル分の宝石や装飾品を購入した。

そして一九〇一年、株式市場に前代未聞のブームが訪れた。棒上げに続く棒上げ相場が到来した。アメリカ中が活況に沸き、株価が沸騰し始めた。一日二五万株という出来高記録があっさり塗り替えられ、一日三〇〇万株の出来高にまで膨れ上がった。鉄鋼王、金融界の大御所、鉄道王、などと呼ばれる億万長者がニューヨークに関心の目を向け、虎視眈々《こしたんたん》とチャンスをねらった。大物相場師たちも出番を待った。新しい世紀を回った瞬間、どえらい時代がやってきた。

ウォール街の語り草となる人物が続々と輩出した。一度の勝負に一〇〇万ドルを投じたジョン・ゲイツを始め、ジョン・A・ドレーク、ロイヤル・スミス・ページ、それにウォール街始まって以来の大物女性プレーヤーで悪名高いヘティ・グリーンなど、ウォール街の歴史にその名を永遠に残す相場師たちである。

一九〇一年の相場は熱狂で煮え立っていた。それはリバモアがウォール街に来て初めて目にする光景だった。このバブル市場を目の当たりにして、彼はまた一つルールを会得することとなった。「市場は何ひとつ変わらない」というルールである。変わるのは人々の顔ぶれであり、資金の出所だった。新参者は自分が経験していないから以前の相場を知らないだけで、株式市場自体は同じサイクルを繰り返しているのである。

リバモアは大型の上げ相場を見て取り、強気に出た。珍しくノーザン・パシフィック株の買いに一万ドルを投入した。そして五万ドルを手中に収めた。だが彼はこの五万ドルを、さらに大規模な投資の資金としか見なかった。そして相場が崩れる兆候をじっと見つめた。必ず目立った調整局面がどこかで噴き出す。しかし一日程度で反転し、再度上昇の波に乗る――と。

五月初旬、リバモアは動いた。

「スチールを一〇〇〇株、一〇〇ドルで売りだ！」市場が開く数秒前、彼は事務員に吠《ほ》えた。続いて指示が飛ぶ。「サンタ・フェを一〇〇〇株、八〇ドルで売り」

事務員はリバモアの注文票を手に姿を消した。場立ちに電話をするためである。市場が開くと同時にリバモアは立ち上がり、成り行きを見守った。彼の指定した銘柄は、寄り付きで下落傾向を示したかと思うと、石を落とすように急落していった。彼は内心快哉《かいさい》を叫んだ。予想どおりの展開だった。株価の下落が広がるとともに興奮と混乱が交錯するようになった。売り買いの注文も増えていった。その注文量が異常な域に達するに及び、リバモアの笑みが消えた。次の瞬間、彼の顔は凍りついた。売買注文が巨大な量に膨らんでいた。その量は取引開始後早々、証取の事務処理能力を越えていた。「ファスト・マーケット」と呼ばれる現象だった。大波がぶつかり合うような売り買いの交錯に事務処理が追いつかず、約定が遅れていった。一五分、三〇分、一時間、二時間、やっと取引が成立したとき、その売買価格は投資家たちの思惑から遠く隔たっていた。

リバモアが最初に出した注文もやっと成約の運びとなった。しかしその株価を見て、彼は目を疑った。リバモアの注文を取り次ぐために、担当ブローカーは精いっぱい努力してくれたが、一〇〇ドルで注文したスチール株を、八五ドルで売っていた。八〇ドルで売りを依頼した株は六五ドルで売られていた。これらの数値は彼が買い戻しを予定していた株価だった。そして、ここまで下がった株価は、引けを目前に大きく反騰すると読んでいた。リバモアはすぐ買い戻しを決断した。

彼は事務員に叫んだ。「スチール一〇〇〇株、サンタ・フェ一〇〇〇株、買いだ。すぐに！」

事務員は注文票をもって走った。すぐに場立ちに電話をする。しかし、リバモアは息苦しさを感じていた。テープの数字がすでに反転上昇を告げていたからである。売り建てた銘柄が急激に反騰すれば、買い戻しても大きな損失を出す。彼は相場師として最悪の状況に足を踏み入れていた。すなわち結果的にそうなったとはいえ、安値の売り注文から入り、高値で買い戻すという、悔やみ切れないヘマをやらかしたのである。

事務員が売買確認票を手に戻ってきた。リバモアは紙片を握った手をゆっくり開いた。八五ドルで売ったスチール株が一一〇ドルで買い戻されていた。二万五〇〇〇ドルの損失だった。サンタ・フェも同じく二万五〇〇〇ドルの〝出血〟だ。彼の行動は正しかった。相場は予想どおりの展開を見せた。それでも彼はすべてを失った。リバモアはティッカーと歩調を合わせ、相場を張ったが、現実の値動きとは足並みがそろわなかった。ティッカーがリアルタイムの値動きを打ち出すには、取引量があまりにも多すぎた。「ファスト・マーケット」が始まると、ティッカーの記録は時に二時間も遅れることとなる。

リバモアはこの日、それまでの人生で最大の教訓を得ることとなった。バケット・ショップでの取引同様、ここでも彼は短期の空売りを瞬時におこなおうとした。しかし、店頭のティッカーは幻のリアルタイムを示すに過ぎなかった。呑み取引の場合、たとえ現実との間に乖離《かいり》が生じても、ティッカーだけを基準にするから問題は起きない。しかし、証券会社を通じて証券取引所のフロアで直接売買する場合には、情報の遅れは致命的となる。目の前で吐き出されるテープが現実の姿を映さず、過去の価格を打ち出していたのでは、的確な売買を遂行することはできない。ウォール街を相手に短期の勝負に出るのは、ハードルが高すぎると彼は思った。

しかし基本的な判断という点では、相場はリバモアの予想どおりに動いた。彼は正しかった。取引が望みどおりに実行できなかっただけである。注文が瞬時にフロアに届かなかったために、彼は売り遅れ、買い遅れを余儀なくされた。

リバモアは再びどん底に落ちた。まばたきする間に全資産を失った。滅入る気分、やり切れなさ、疲労感はたとえようもなかった。昨日彼は五万ドルを手に入れた。あの瞬間、自信が体内のすみずみにみなぎるのを感じた。今日その自信は粉々に打ち砕かれ、満たされない思いだけが募ってくる。唯一の救いは、失敗の原因が明確に把握されていることだった。

彼はニューヨークを離れると、ボストンに向かった。差し当たりバケット・ショップに活路を見いだすしかなかった。

彼の日常生活はすでに、相当の出費を強いる形に固まっていた。毎日を送る端から金が出ていくようになっていた。少なくない額の生活費をどう工面するか――。

一九〇一年五月、リバモアが破産状態に陥るまで新婚家庭は順風満帆だった。文無しになった彼は、妻のためにヨーロッパで購入した一万二〇〇〇ドル相当の宝石を質入れしてくれるようネティに頼んだ。それで得た金をバケット・ショップにつぎ込む、というのが彼の説明だった。ネティは夫の申し出を断った。自分の身の回りの品を質入れするなんてとんでもないと彼女は思った。これをきっかけに二人の気持ちは離れることになり、別居が始まった。リバモアは金を失い、さらに妻にも剣つくを食わされる羽目に陥った。

彼が生きる世界、知る世界といえば、株の世界しかなかった。深い打撃を負いつつリバモアは、何としても資金を作り、もう一度ウォール街に戻ろうと心に決めた。目先の目標、全精力を傾けて達成すべきは、とにかくまとまった金を握ることだった。

彼はボストンに戻ったが、この地のバケット・ショップ関係者でリバモアを知らない者はいなかった。彼を客として扱ってくれる店など到底ありそうになかった。人を使って、店にもぐり込ませてみたものの、店のガードは固かった。ほどなく、リバモアは打つ手がなくなった。

しかし、従来のバケット・ショップとは異なるタイプの店が登場することとなった。この新手のバケット・ショップは、証券取引所の正式会員であるブローカー（証券会社）と提携関係にあり、しごく〝まとも〟な店だと宣伝していた。こうした店は確かに、ごく稀《まれ》なケースにしろ、客の注文を証取のフロアにつないでいた。しかしほとんどの場合やはり、注文を呑んでいた。すなわち正規のブローカーと異なり、ここでは客の注文を店の帳簿につけるだけで、証取のフロアには取り次がない。店は客との間で株価の上げ下げをめぐり、賭《かけ》をする格好になるのである。そして客が手じまいを宣言すると、あるいは店に積んだ証拠金が底をつくと、帳簿上の取引は終了する。ケースとしては後者が圧倒的に多い。

こうした新方式の店でリバモアを知る者はいなかった。彼はすぐ五つの店と取引を開始した。店側はいずれも、ティッカー・テープに記された数字を唯一の基準にすると約束した。つまり、現実の事態より伝達が遅くなっても、テープにしたがって取引をおこない、瞬時に取引が成立することを請け合った。

そこでリバモアは昔とったきねづか、テープをにらんでの取引を再開した。日々数多くの注文を繰り出し、小さい稼ぎを積み上げていった。しかし、ウォール街に戻るためにはまとまった額の資金を作る必要があった。彼は小さな事務所を設けると、五店との間に直通の電信線を引いた。正体がばれないよう偽名を使うことも辞さなかった。その一方で、ニューヨークの正規ブローカーとの間にも取引専用の電信線を引いた。ティッカー・テープ・マシーンも導入した。一年の大半を勤勉に過ごした結果、まずまずの生活が送れるようになった。車をもつ身分にもなった。あとは、必要な〝隠し資産〟をもう少し積み増しするだけとなった。しかしリバモアが取引量を増やし、儲けを増やすとともに、店側が注文の受け入れを渋るようになった。金の流れが店から彼の金庫へと一方的に流れる構図になったからである。

また、リバモアが取引規模を膨らませるにつれて、店側は対抗措置を取るようになった。たとえばリバモアが相当の証拠金を積んで、大量の買い注文を出すと、店側は彼が売りに出ると予想される数ポイント上の株価で空売りを仕掛けるようになったのである。この売り圧力がツボにはまれば、リバモアは証拠金を没収される結果になる。

必要資金が十分な額に達したと見るや、彼は逆襲に出た。一時期盛んに売買されながら、すっかり見捨てられ、今はほとんど売買されていない休眠銘柄に目をつけた。

取引相手の五店のバケット・ショップに、目をつけた休眠株を一〇〇株、最後に取引された八一ドルという株価で買うと打電した。店から、注文どおり八一ドルでの買いを受けつける旨の返電を受けとると、リバモアはニューヨークの正規ブローカー、E・F・ハットンに打電した。

リバモアはすでに、バケット・ショップでの買い値が八一ドルであると知っている。「エド、八五ドルの指し値で一〇〇株買ってくれ」そして、テープに表れる値動きを待った。テープの株価が八五ドルをつけたと同時に、バケット・ショップで買った五〇〇株を売り、次いで指し値して買った一〇〇株を売った。四ドルの上昇で総額二〇〇〇ドルが手に入った。

リバモアはその後も数回にわたって、五店に売買の指示を繰り返した。運のいいことに、彼の買いがきっかけとなり、例の休眠株は実際に値を上げだした。結局、一〇ドルも上昇し、総計六〇〇〇株で六〇〇〇ドルの儲けとなった。しかしこの取引の後、リバモアの企てを見抜いた店との間で悶着《もんちゃく》が起きた。

集金に訪れた彼に支配人が言った。「リバモア、金を払うわけにはいかんよ。お前はペテンをやったうえ、偽名を使った」

「そいつは言い掛かりというものだ」と彼は応じた。

「いいか、お前はニューヨークで株の吊《つ》り上げをやったんだ。うちの店に買い注文を出した後、その株が跳ね上がるよう工作したんだ」

「あいにくだが、それは買いかぶりというものだ。自分が〝手品〟を使うからって、だれもが同じだとおもってもらっては困る」

「さっさと消えろ。お前は『突撃小僧』というんだってな。だが、もうおしまいよ。この店には二度と足を踏み入れさせねえ。ダチとつるんでいかさまをやるなんざ、まっとうな人間じゃねえ」

「わたしはだれとも組んだりはしない。いつも一人で行動するのは、あんただって知ってるだろ。それに、どんないかさまをしたと言うんだ。でたらめを言うのもいい加減にしろ」

「でたらめじゃねえ。お前が工作したことは分かってる。おれたちをだましたんだ」

「あんたたちはこれだけの店を張って大掛かりに商売してる。わたしはいつも一人だ。どうやってだましたと言うんだ？」

「そんなことは知らん！　とにかくいかさまをやってだましたんだ！」

「いま『知らん』と言ったが、ということは何の証拠もないということだ。あんたはわたしに金を渡したくないばっかりに、イチャモンをつけてるわけだ！」リバモアの声も高くなっていった。

「イチャモンなんかじゃない！」

「脅して、罵倒《ばとう》してわたしを追っ払おうったって、そうはいかんぞ。わたしはここに、自分の売買注文を証明する記録をちゃんともっている。この店との取引は正規の手続きをへておこなわれてるんだ。あんたはわたしに合計二〇〇〇ドル払う義務がある。それとも二〇〇〇ドルを踏み倒す魂胆なのか？」

リバモアの声は金切り声になっていた。やじ馬も大勢集まってきた。こうした店にとっての絶対的タブーは、取引終了後に支払うべき金を払わないことである。それでなくても疑心暗鬼の目で見られる商売である。妙なうわさが立つと、口座をもつ客がどっと押し寄せ、すべてを現金化しようとする。当然、混乱が起きる。銀行の取りつけ騒ぎと同じである。

にらみ合う二人の間に沈黙が落ちた。支配人は現金入れに手を伸ばすと、金をつかみ出した。彼は客たちの目の前で必要な金額をそろえた。最後の一〇〇ドル札を重ねると、リバモアに小さく言った。「二度と顔を見せるな。二度と来るんじゃねえぞ」リバモアは金をポケットにしまうと、去っていった。

彼が仕掛け、まんまと成功させたトリックは、実はこうした店がわずかな証拠金を客から巻き上げる手口そのものだった。相場が客の思惑《おもわく》とは逆の方向に少しでも振れると、客の置いた証拠金は即座に店のものになった。

リバモアはその夜、車中の人となった。仲間の一人と連れ立ち、ニューヨークに向かったのである。新手のバケット・ショップを手玉に取ったこの話は、彼の自慢話の一つとなった。彼は繰り返し息子たちにこのエピソードを聞かせ、決まって「あれは、エール大卒の人間にだって簡単にできることではない」と締めくくった。

リバモアと友人はニューヘーブンに立ち寄り、ホテルに宿泊した。そのホテルで二人は近くにバケット・ショップがあることを耳にした。誘惑を断ちがたく、彼らは翌朝歩いて店に出掛けた。店の支配人は満面の笑みを浮かべ、歓迎の意を表した。友人はブルーのブレザーにカーキ色のズボン、リバモアはベージュのスーツというでたちだった。支配人は明らかに二人を大学生と勘違いしていた。ニューヘーブンはエール大学の地元であり、店では大学生がカモにされていた。

その日、リバモアは控えめに取引した。友人もリバモアを見習った。翌日、ニューヨーク市場が開く時間、彼らは再び姿を現した。一日奮闘した見返りとして、リバモアは結局一五〇〇ドル近くを手にした。三日目、いかにも金持ち大学生といった身なりの二人が再度現れた。リバモアは店に入るや、五〇〇株の売り注文を出した。その株はたちまち下落、すかさず彼は買い戻した。支配人はしぶしぶ金を渡した。五〇〇ドルの証拠金プラス五〇〇ドルの差益だった。

金を渡し終わった支配人は、リバモアの顔をまじまじと見つめた。金髪にブルーの瞳《ひとみ》、若々しい微笑が彼を見返した。礼儀をわきまえ、物腰のやわらかい若者がそこにいた。支配人の顔にもはや笑みはなかった。スキあらば金使いの荒いボンクラ学生をカモにしてやろうとする下心がまる見えだった。

リバモアが現金を手に再び注文を出した。「スチールを二〇〇株売り」

支配人はリバモアの手の中の金と彼の顔を見比べた。金に手を出そうとはせず、彼は思い切ったように口を開いた。「あんたたち、学生じゃないんだな……？」

「だれが学生だと言った？　そっちで勝手に思い込んだだけだ」リバモアは返した。

「あんたたちはペテン師、詐欺師だ」

「どこがペテンで詐欺なんだ？　ペテンや詐欺なら何か〝細工〟をするはずだろ？　その目で見てたはずだが、わたしたちはここに座っていただけだ。電話もしなけりゃ、怪しい振る舞いもない。何のトリックもない」

「何か勝つシステムをもってるんだ。それを使ったんだ」

「あんたの方こそ、客を負かす〝しかけ〟があるんだろ？　それを使って客の証拠金を巻き上げてるわけだ。そのルールどおりにわれわれはやってる。さあ、スチール二〇〇の注文だ」

「だめだ。あんたたちのような者からの注文は受けられん。あんたたちはゆすり、たかりだ」

「いいか……」リバモアは言いかけた。

「いいかもヘッタクレもない。あんたら二人、さっさと出てってくれ。わしを怒らせるととんでもないことになるぞ」

「そりゃそうだ。ふた目と見られない顔になる」リバモアの挑発に男の赤い顔が赤黒く変わった。

「では、引き揚げるとするか」

「ああ、そして二度と来るな。今度来たらただじゃおかんぞ」リバモアは背中で男のわめき声を聞いた。怒りを含んで閉められる高いドアの音も聞こえた。支配人の値踏みはまるきり間違いというわけでもなかった。その知力の高さから、リバモアがエール大の門をくぐっていたとしてもおかしくはなかった。しかし彼自身、唯一興味のある大学は、ウォール街という人学だった。

　彼は二度にわたってすべてを失った。しかしすべてを失うということは、株の世界で生きる者にとって死活的に重要な学習機会なのだとリバモアは思い定めていた。相場師は失わなければならない——。そこで初めて何をすべきでないか学び取ることができる。それでも「もう一度やれ」という内部の声が聞こえたら、もの分かりの悪いやつ、と言うしかないし、再度まるはだかとなるであろう。彼がニューヨークですべてを失ってから一年近くがたった。あのときの失敗が何であったか冷静に分析する時間が、彼には十分あった。

そして今、確かな自信をもって言うことができた。ニューヨークに帰る用意、再びウォール街で活動する十分な用意がととのった、と。

一〇年間ウォール街で生き抜く間、リバモアは、ずぬけた証券専門家、才気あふれる数学者、チャート分析の達人、さらには超一流大学出の気鋭のエコノミスト、株式売買にかかわる独自の必勝法をあみ出し、時代の寵児《ちょうじ》となった者など、多くの秀でた頭脳を見てきた。彼はいつも、こうした頭脳の素晴らしさに感嘆した。しかし彼には、相場師としての自分の手腕は、実際の株式市場での真剣勝負と不断の分析作業によって鍛えられ、磨かれたものだとの自負があった。彼の新しい〝攻略法〟も徐々に形をととのえつつあった。

彼にはいくつかの確信があった。

「第一に考えなければならないのはつねに、全体の状況であり、その評価である。そして最も抵抗の少ないラインを選ぶことである。すなわち相場は上昇トレンドにあるのか、下降トレンドにあるのか、あるいは整理か、横ばいか、模様眺めか……」

「相場全体の流れが自分の目にいやな形として映る場合、自分の認識以上に不利な状況と見る必要がある。適切な流れをつかみ、その枠組みの中で取引を展開すること、強風に逆らって船を出すような無謀は避けるべきだ」

リバモアは株を対象にした「博打《ばくち》」と、「株式投資・投機」の間に明確な一線を引こうとした。そして「強気相場」「弱気相場」という用語を決して使おうとしなかった。こうした用語には強力なイメージがあり、聞く者の心理に影響を及ぼし、先入観を与える傾向があるから、というのがその理由だった。

彼は今、バケット・ショップとは異なる舞台で相場を張ろうとしていた。前者よりはるかに大きい世界であったし、それだけにリスクも大きかった。リバモアの立場からするなら、何かの問題を解決しようとする場合、まずその中身を明確にして、厳密な形で自分自身に提示して見せる必要があった。

彼が分析の対象としたのは、まず「時間」だった。そしてこの「時間」に関する分析作業は生涯やむことがなかった。彼は時間の観念、その長短に多大な関心を払った。バケット・ショップで相場を張っていた彼にとって、時間は「瞬間」だった。ここぞというときにボタンを押すタイミングは「一瞬」のものだった。大波が盛り上がってくるのを見すまし、その瞬間にすばやく反応するわけである。

しかし、ウォール街で成果を得ようとするなら、戦略として、もっとスパンの長い、将来を見通した時間に変えていかなければならない。忍耐強く待つにしても、必然的な上昇、あるいは下落を待つのである。もっと言えば、行動を起こし、そして時機を待つ、ということになろう。

リバモアは「博打」と「株式投資・投機」との違いを、次のように結論づけている。

「相場の動きを漫然と『期待して待つ』のは博打であり、忍耐強く待ち、シグナルを見いだした瞬間『反応する』のが投資・投機である」

そして彼は、ある解決策を試してみる唯一の方法、あるいは戦略の正しさをウォール街で証明する唯一の方法は、実際に資金を投じてやってみることだ、と言う。リバモアはかつて、株価の変動については正しい予測をしながら、タイミングの点で誤りを犯した。彼はその失敗を無駄にはしなかった。今リバモアは、新しい姿勢で市場に臨もうとしていた。

彼はそこそこうまくやっていた。しかし期待したほどの成果は上がらなかった。彼の相場システムはなお未完成、というしかなかった。周囲のトレーダーたちはリバモアに、まずは当面の利益を確保するようにと強くすすめた。大儲けに至らないまま、二、三ポイントの値上がりで売ることもあった。あるいは「利食い千人力」というありきたりの発想にも流された。さらにはそれまで得意としてきた「勝ち逃げ」という手法、つまり相場の局面が変わる前に利食いするという手法にもまだ影響され続けていた。しかし何よりも問題だったのは、周囲の人たちがもたらす大量の情報に、つねに影響されていることだった。リバモアが一目も二目も置く〝無敵〟の相場師や、百戦錬磨のトレーダーから耳打ちされるネタにはやはり迫力があり、その影響を受けざるを得なかった。

大物相場師のなかに、リバモアが敬意を抱いている一人の男がいた。この男は周囲から何を聞かれても、情報を求められても、「今は上げ相場だ」「下げ相場だ」あるいは「横ばいだ」と答える以外、口を開こうとしなかった。リバモアは後に、こうした判断こそが重要だと気づき、心に刻み込むこととなる。

市場を相手に行動を起こすには、まず相場の全体的流れがどちらに向かっているか判断しなければならない。さらに、その流れがどう終わるかも予測できなければならないのである。先行きを読んだうえで購入した株については、売るだけの十分な理由が生じない限り、売ってはならない。つまり、相場全体の流れが予想どおりに展開している場合、あるいは考慮すべき特段の事情が生じない限り、最初の方針を最後まで貫くべきなのである。

リバモアはまた、やすやすと勝負に負けるトレーダーやこの世界でカモにされやすい新参者についても考えた。そして、こうした類《たぐ》いの連中は、三つのタイプに分類できると結論づけた。

(1)第一は、無知蒙昧《もうまい》の道楽者。ヘタの横好きというタイプで、自分が無知だという認識はもっている。この世界で保たれる命は、三カ月から三〇カ月程度。

(2)第二はリバモアが準道楽者と呼ぶタイプで、初心者レベルを卒業し、次の段階に入ってはいるものの、自分と似たりよったりの〝おろか者〟から情報を仕入れている連中である。こうした連中はまた、相場の格言、大物相場師の名言などを盛んに口にする。このレベルの人間はそれほど頭が悪いわけではないから、三年半程度は生き永らえることができる。

(3)最後は、〝おろか者〟の中でも一番ましな連中で、割安株をねらって仕込み、反騰を待つタイプである。底値で株を仕入れるというやり方は悪くないが、二度と反騰しない株、さらに値を下げていく株をつかむと、それで終わりである。

こうした分析のもと、彼は、無能な連中はもちろん、大半の投資家が目を向けようとしない重要なルールを見いだした。それは「この世界のおろか者になるな」というルールである。

リバモアはこの時点で、自分はまだ〝おろか者〟だと思っていた。しかし、彼の生涯を見渡してみれば、彼はこのとき、他の〝おろか者〟とは一線を画していた。彼自身も自分を「及び腰の相場師」と呼んでいた。他人の主張や見方に耳を傾けるし、儲けを見切っても早目に利食うからである。さらに、あわててリスクを回避しようとしたり、株価の値動きに逆らっているのではないかと不安になったりした。ありえない株価急落を期待してみたり、そうかと思うと自分が動くより前に相場が動くのではないかと不安になったり、予想をはるかに超えた高値になってしまったらどうしようかと心配したりした。

リバモアは、本当に大儲けができるのは、相場が大きく動くときだと固く信じていた。そして自分の判断が絶対的に正しく、忍耐強く待つことができるなら、また自分を窮地に追い込み、決意を揺るがすような値動きや調整局面を何とかしのげれば、自分は決して淘汰《とうた》されることはないと思っていた。そうは言いつつも、ひとたび決めたらテコでも変えないという態度ではなかったし、下落の波に呑《の》み込まれたら、一途に次の上げ潮を待つ、というわけでもなかった。むしろ、バケット・ショップで身につけた「一〇パーセント・ルール」を生涯重視した。

「取引開始から一〇パーセント以上の損がでたら、その時点で手じまいする」と彼は述べている。長期に及ぶ分析、深い思索、絶え間ない改善、そして実戦の場での売買を通じ、リバモアのルール、すなわち株式投資、商品売買にかかわる基本的理論はゆっくり、しかし着実に実りを得ていった。

一九〇六年春、リバモアは二九歳になっていた。取引をすべて手じまうと、アトランティック・シティに出掛けた。仲間はボストンから同行した人物とは別のトレーダーで、二人はジャージー・ショアの海辺で気ままな日々を過ごした。一貫してE・F・ハットンの店に口座を置くリバモアは、その当時、一〇〇ドル平均の株なら三、四〇〇〇株信用取引できるだけの資金を保有していた。四〇万ドルの相場が張れる規模である。株式市場の〝天気図〟は、穏やかな上げ相場というところだった。

ある朝、リバモアと友人はE・F・ハットンの店のアトランティック・シティ支店にぶらりと現れた。退屈しのぎに市場の様子をチェックしてみよう、程度の気持ちだった。相場は堅調だった。友人は強気の買いに出ていた。

「思ったとおりだ。勢いがついてきた。あんたも何か買えよ、JL」上機嫌の友人はリバモアに声をかけた。

リバモアは黙って立つと、指の間を滑っていくテープにじっと目をこらした。

「この波は間違いなく、まだまだ行く。一緒にやろうぜ、JL。……おい、聞こえてるのか？」

彼は友人の話などうわの空、食い入るようにテープを見つめた。実のところ、友人の声は全く耳に入っていなかった。リバモアは生涯をとおして、虫の知らせ、自分自身に説明のつかない直感的衝動などというものをほとんど感じた経験がなかった。たまにそうしたケースに遭遇しても、それを鵜《う》のみにすることはなかった。それでも気になるため、注意して成り行きを見守るのだが、ほとんどがさしたる事態につながることなく終わるのだった。この突然知覚される何かが、無数の株売買の結果、無意識の判断として内部から噴き上がってくるのか、あるいはある種の心理的衝動なのか、または単なる相場師の勘なのか、彼には分からなかった。リバモアに分かっているのは、こうした〝内なる声〟が、これまで営々として築いてきた自分のルール、整合性をもつシステムとしてのルールを頭から無視しているという事実だった。ギリギリの判断を迫られ、論理的でも説得的でもないこうした認知に頼る場合もあったが、結果として間違いなく利益につながっていった。彼にはこれが何なのか、本当に理解できなかった。しかし不思議な力をもち、彼を行動に踏み切らせる強さを備えていた。一九〇六年春のこの日、リバモアは動いた。

事務員のもとに歩み寄ると彼は、「ユニオン・パシフィックを一〇〇〇株空売り」と依頼した。驚いた友人が彼に言った。「上げ相場なんだぜ、JL。こんなときに空売りはないだろう?」

リバモアは注文票を受け取り、友人に答えた。「よく分からんのだが、こうするのが間違いないやり方だと思うから」

「あんた、自分が何をしてるか、分かってるのか?」二人のやり取りを、事務員が成り行きやいかにという目で見ている。

自分がある情報を握っており、それに従って売り注文を出したと説明すれば、友人もすぐ自分にならうことを、彼は百も承知していた。「よく分からんと言ったろ。特にこれといった理由はないんだ」

「あんたは理由もなく株を売り買いするような男じゃない。第一、以前わたしに言ったじゃないか。一貫した計画もなく、確固とした戦略もなしに株をやるやつはアホだって。そのあんたが今、これといった理由もなくU・Pを空売りすると言う。いつものあんたはどこへ行っちまったんだ、一体?」

リバモアは無言のまま、きびすを返すと事務員のところに戻っていった。「ユニオン・パシフィックをもう一〇〇〇株、同じく売りで」

「リバモア！　頭がイカレちまったんじゃないのか。そういえば三日間、日がな一日お天道様の下にいたし、気持ちのいい海の風にも当たった。それで、すっかり頭のネジがゆるんじまったんだ」

リバモアは注文票をポケットの中にすべり込ませた。

「これ以上ここでばかなことをやらせるわけにはいかん。さっさと出よう」友人は彼の腕をつかんだ。

「ちょっと待ってくれ」そう言うとリバモアは再度カウンターに戻り、三度目の一〇〇〇株売りの注文を出した。注文票を大切そうにポケットに収めると、友人を追い、陽光のまぶしい戸外へ出ていった。

その日の午後遅く、市場が引けようとするころ、二人は様子を見にまたハットンの支店に戻ってきた。リバモアが売ったU・P株は、その後二ポイント近く上昇していた。

「なあJL、言っただろ。相場は強気なんだ。あんたがバカなことするから、六〇〇〇ドルも損したじゃないか」

リバモアは何も言わなかった。小さく笑うと、板張りの歩道に出て、沈みゆく夕陽を見つめた。

その翌日の午後早く、彼は再び支店に姿を見せた。リバモアの株は市場の動きにつれ、また少し値上がりしていた。しかし引け時近く、相場が下がり始めた。リバモアはすかさず、また二〇〇〇株売った。

「冗談抜きで言うが、JL、本当にどうかしてるぜ」

「うん、君の言うとおりかもしれん。これからニューヨークに帰ることにする。もう証拠金以上の注文を出してるから、これからは値動きをしっかり見張る必要がある。休暇はおしまいだ」

その日の夜、彼はニューヨークに戻った。

翌日の早朝、一九〇六年四月一八日午前五時、サンフランシスコの地下が揺れた。地殻が跳ね上がり、巨大なエネルギーが放出された。地鳴りとともに地面がゆっくり動き、徐々に震動が激しくなっていった。すぐに真下から突き上げるような揺れが起こり、地表に大津波のようなうねりが生じた。地表の波はうねりながら嵐《あらし》のように市街地を駆け抜けていった。アンドレアス・フォールト線に蓄積されたひずみが許容量を超え、こらえ切れなくなったのだ。地下の大巨人が背伸びし、あくびをしたかのように、地表の建造物は足場を失い、激しい力を受け、押しつぶされ、岩盤に生じた深い亀裂《きれつ》に呑《の》み込まれていった。激しい横揺れをうけた高層建築は途中からたまらず崩れ落ち、金融街はたちまち瓦礫《がれき》の山となった。駅舎はおもちゃのように倒壊し、線路はアメのように折れ曲がった。地震の揺れは遠くパロ・アルトに及び、体に感じられた。スタンフォード大学のキャンパスは地震の波に翻弄《ほんろう》され、壊滅した。死傷者の数は数え切れないほどに上った。母なる自然が気ままに身震いした途端、アメリカ有数の都市が大惨事に巻き込まれた。

その翌朝、リバモアは新聞の見出しを凝視した。

「サンフランシスコ激震に見舞われる――人的、物的被害甚大」

このニュースに株式市場は一時動揺したが、数ポイントの落ち込みで収まった。弱気相場に悪材料が飛び込むと、地合いの弱さから大幅な値下がりにつながる。しかし強気相場の場合、下落が始まるにしても比較的長い時間が経過した後であることをリバモアは知っていた。このときも株価は引け近くに戻し、結局わずかな下落にとどまった。五〇〇〇株の売り残があるリバモアの成績はイーブン、つまり儲《もう》けなしということになった。

友人もニューヨークに戻ってきた。「地震の発生をカンで知るなんざ脱帽もんだけど、何せ時期が悪かった。今の風に手向かうのはドンキホーテぐらいのもんだ。やっぱり友人の忠告は聞くもんだぜ、JL」

「風は変わるもんさ」リバモアは、手元のテープから目を離さずに言った。

被害が当初予想されたほどひどくないにしても、鉄道株が値を上げることはない、と彼は読んでいた。

その翌日、サンフランシスコから無数の情報が伝達された。それに反応して相場は値下がりしたが、大幅な落ち込みというわけではなかった。リバモアは自分の読みを確信した。ブローカーのところに出向くと、特別の信用枠を組んでもらい、さらに五〇〇〇株、ユニオン・パシフィックの売り注文をだした。

その翌日、地震発生から三日目、株価はいきなり暴落した。市場は混乱に陥り、ユニオン・パシフィックはつるべ落としに値を崩した。リバモアはこの口、二五万ドルの利益をたたき出した。しかし、この大儲けをもたらした内なるこだまのようなあの〝声〟が何だったのか、結局分からずじまいだった。彼は売買確認票に示された巨額の〝獲物〟を静かに自分の口座へ移した。これで取引に使える資金はさらに二五万ドル膨らむこととなった。そしてこのかさ上げこそが、リバモアの行動の最大のねらいだった。

彼はアトランティック・シティでの休暇を途中で切り上げていた。そこでサンフランシスコ地震の後、サラトガ・スプリングズに繰り出すことにした。競馬見物が目的だった。リバモアは競馬に限らず、サラトガの光景、雰囲気に強く魅せられていた。自然環境は申し分なかったし、競技場を走る各馬の雄姿、その優美で堂々とした姿は何ものにも替えがたかった。新しい二〇世紀を迎え、華やかに着飾って集うニューヨークの紳士、名流婦人たち、彼らのそぞろ歩きも一種独特の雰囲気をかもし出していた。

リバモアはここでも、ニューヨーク市場の様子を見ようとハットンの支店に立ち寄った。彼は腰を下ろすと、いつものように物静かにテープを点検し、銘柄と価格の並んだボードを見上げた。人々が近づいてきては、何ごとかをささやいて去っていった。もうすぐ三〇歳という年に達していたが、彼は相変わらず初々しい金持ち大学生にしか見えなかった。支店長がうやうやしくあいさつし、注文票の束を見せた。サラトガに住む大物たちの売買記録だった。リバモアは笑顔を返したが、何も言わなかった。

彼の神経は、古い〝友人〟ユニオン・パシフィックに集中していた。この銘柄を買いで勝負するか、売りで勝負するか、特別の思い入れはなかった。相場というのは上がりもすれば下がりもするというのが彼の持論だった。重要なのは次の波を見定めることだった。何かが見えるまで現金を口座に預け、辛抱強く待つしかなかった。ユニオン・パシフィックの出来高、値動きをテープで追っていたリバモアは、その変化の様子から「買い占めだ！」と直感した。取引を手控え、競馬見物をやめ、三日間ほどテープとにらみ合った末、仕手集団が裏で買い占めを進めているとの結論に達した。

そのときＵ・Ｐの株価は一六〇ドルに達していた。彼は「買い」に乗り出した。五〇〇株ずつ買われたＵ・Ｐ株は、結局五〇〇〇株になった。そのときエド・ハットンからひどく興奮した電話が入った。ハットンは敬愛すべき友であり、信頼のおける人物でもあり、何より情報通だった。上層部の人間をたくさん知っていたし、ウォール街のことでハットンの知らない情報はほとんどなかった。

「ＪＬ、何という間抜けをやるんだ！」彼の声は引きつっていた。

「一体、何の話だ？」

「お前はカモにされとるんだぞ。今、お前がやっとる株は、仕組まれたワナなんだ。連中はせっせとお前の胃袋に水ぶくれした株を流しこんどる。目いっぱい値上がりさせといて手を引く魂胆だ。値下がりした株を買い戻せばお前は破産、連中はウハウハだ」

「本当か？」

「これ以上確かな話はない。トップからの情報だ」

「とても信じられん……」リバモアはつぶやいた。「どこかの仕手筋が買い占めてる様子なんだ」

「買い占めてるのはお前だ。いいか、間違いなく値は下がる。お前にはニューヨーク一の相場師になってもらいたいと思っとる。うちの手数料も大事だしな。だから、こんなことで沈没してほしくないいんだ」

「分かったよ、エド……」リバモアは口をつぐみ、しばらく考えた。ハットンは真の友人だった。過去何度か救いの手も差し伸べてくれた。

「よかろう。感謝するよ」

「オーケー。この世界では絶対の負けなしなんてあり得んことだ、ＪＬ」ハットンはそう言うと、受話器をおいた。

リバモアは座って、手の中の注文票をしばらく見つめた。それから立ち上がると、事務員に全株の売りを指示した。ユニオン・パシフィックは一株一六二ドルで売れた。手数料を差し引くと、トントンだった。その翌日、ユニオン・パシフィック社は一〇パーセントの配当を発表、これを受けて、同社株は一〇ポイントほど跳ね上がった。リバモアは五万ドルの大魚を取り逃がした。

高額の配当が発表されたとき、彼はサラトガのハットンの支店にいた。自分の目の前でユニオン・パシフィックが値を飛ばすのを静かに見守った。支店長がリバモアの姿を認め、肩をすくめた。彼は前日のいきさつを知っていた。リバモアは軽く笑い、うなずいた。

リバモアは地団駄も踏まなければ、ハットンに食ってかかりもしなかった。これも一つの教訓と、落ち着いて事態を受けとめた。彼の落ち着きの底には、人知を越えて運動する株式市場、すなわち自分の思うがまま、純粋に、非情に、何ものにも束縛されずに価格を上下させる市場に怒りを向けても、何の意味もないという意識が働いていた。たとえ人の感覚に触れず、認識されないように見えても、市場の動きはつねに正しいのである。

彼はこのとき、取引を実行するに当たっては、以後自分の流儀にのみ忠実にしたがおうと心に決めた。五万ドルの利益がまぼろしに終わったのを機に見回してみると、大小さまざま、形も装いも千差万別の情報が渦巻き、つけ入るスキをうかがっているのが実感された。親しい、信頼のおける友人からさえ、また全くの善意から、〝毒まんじゅう〟が届けられる始末である。万難を排し、回避しなければならない問題であった。

リバモアは一五年の間に多くの有用な知恵を学んだ。まだ三〇前という若さで、口座には、資金としてほぼ満足のいく金額と信用があった。バケット・ショップ向きの相場の張り方は卒業したと言ってよかった。サラトガの経験をへて、彼の視野は、もう一段高く、広くなろうとしていた。個々の株、その動きに意識を集中させるのではなく、市場全体の状況、相場を動かす土台に目をこらすようになった。「銘柄に的をしぼる前に、市場の全体的構図をしっかり把握するのだ」と自分に言い聞かせるリバモアだった。

彼はこのゲーム、株の売買というビジネスが好きだった。どこまで行っても、さらなる挑戦が待っているところが気に入っていた。このゲームで相手を完全にねじ伏せるのは、ひょっとすると見果てぬ夢かもしれない。しかし、たとえ絶対的勝利が収められなくとも、大いに満足できる程度の富は手に入れることができる。そこそこの勝利を実現するだけで、夢のような暮らし、恵まれた人生を送ることができるのである。

彼は今、そうした地平を見晴らす位置に立っていた。

第四章　一九〇七年――J・P・モルガン、JLに救済を要請

「人間は生来、知りたがる動物である」

――アリストテレス

ジェシー・リバモア独自のトレーディング方程式は、努力の甲斐《かい》あって徐々にその姿を整えていった。取引を開始するに当たっての第一ステップは、市場全体の状況を正確に把握することだった。そのうえで、最も抵抗の少ないルートを探り、たどっていく。相場が強気のときは買いから入り、弱気であれば売りのチャンスとなる。市場の方向が定まらないときは、潮目が明確となるまで出動を控え、待つこととなる。

低位株や割安銘柄に彼はほとんど興味を示さなかった。底値ねらいはリバモアのスタイルではなかった。あくまでも潮目を求め、波に乗る、あるいは波とともに滑り下るというのが彼の身についた行き方だった。そうしたアプローチを彼は、「最も抵抗の少ないラインを行く」と表現した。彼は、その時どきの流れ、勢いを最大限に利用するモメンタム投資の先駆者と言ってよかった。

た。

株取引に適用される戦略が徐々に形を整えていくにつれ、リバモアは運用マネジメントのシステムを必要とするようになった。金融街界隈《かいわい》で彼は「突撃小僧」と呼ばれていたが、向こう見ずな大賭けが必ず利益の確保につながるとはいえなかった。現にリバモアは三〇歳になるまで、三度の破産状態を経験していた。

資金運用マネジメント、中でも「買い」にかかわるシステムが強く求められた。周囲を見回すと、ウォール街で良績を上げているトレーダーの大半が、独自の手法にしたがって整然と資金を運用していた。リバモアにも、自分に合ったシステムが必要だった。

当面、彼にとって問題なのは、相場あるいは特定の銘柄が大きく動くかどうかではなく、それが正確に、いつ動くかであった。タイミングこそがすべてだった。しかし相場の流れがいつ変わるか、ねらった銘柄がいつの時点で反転するかなど、正確さを求めれば求めるほど、予測できるものではなかった。そこでリバモアは、一刀両断とはいかないまでも、より確実で現実的な道を行くことにした。その結果編み出されたのが、打診にもどづく取引手法だった。

この方法の本質は要するに、確率の低い〝一発必中〟を控え、本格的な「買い」に入る前に打診買いをする、というものだった。賢明な指揮官は、戦場でしゃにむに突進するようなことはしない。まず偵察隊を放ち、敵情把握を図る。正確な情報を得た後、どう行動するか作戦を立てようとする。リバモアも、敵である市場の動きを見ながら、態度を固めていくことにしたのである。

リバモアは、最初の取引を開始する際に、どの銘柄に、いくら投資するか、事前に決めていた。

この点にしっかり目を向ける必要がある。

たとえば、ある銘柄を一万株購入するとしよう。その場合、打診を目的として、まず二〇パーセントを先行させるのである。一万株の購入計画であれば、二〇〇〇株の買いを実行する。そのときの株価が一〇〇ドルだったとしようか。この買いつけ後株価が下がった場合、この取引を手じまうか、維持するかの選択をおこなう。持ち続けるにしても、一〇パーセント以上の損は許容しない。

株価が目論《もくろ》みどおり上昇した場合、第二の段階に移る。一〇一ドルの株を二〇〇〇株、買い増しするのである。ここでわずかながら利益が実現される。

株価がさらに上昇した場合、第三の注文を出す。改めて二〇〇〇株を購入するのである。そのときの株価は、そう、一〇四ドルとしようか。

ここで六〇〇〇株の買いが実行された。目標の一万株の六〇パーセントが購入されたことになる。株価の上昇を追いつつ小口の買いを実行しているため、この時点では大した利益にならないが、リバモアにしてみれば予定の行動である。自分の予想した形で値動きが進んでいるのである。

彼はここで次の変動を待つ。たとえば、さらなる値上がりと調整である。一〇〇ドルから続伸した株価が一一二ドルまで上げ、通常の調整局面に入るケースがある。前回の「買い」を実行した一〇四ドルまで下がったと仮定しよう。

一〇四ドルに下がった株価が再度上昇に転じたと見たとき、リバモアはすかさず最後の「買い」、つまり四〇〇〇株の買いを実行する。そのときの株価を、たとえば一〇六ドルとしよう。これで一万株を一株平均一〇五ドル程度で買い入れたことになる。

予定した株数まで買い増すに当たって彼は、それぞれの購入の時期が極めて重要な意味をもつと考えていた。どの〝踊り場〟においても、状況が不利と見たら、一度立ち止まり、待ちを決め込むこともできれば、次のチャンスを期待して完全撤退することも可能となる。辛抱して待つといっても、一〇パーセントの損失が分岐点となるのはいうまでもない。

特に最初の打診が大きな意味をもつ。この取引手法の根幹をなすといってもよい。一回目の取引を実行したら、自分の判断が間違いないと確認されるまで動かないこと、二回目の取引を控えることである。株価が予想どおりの方向に動き、利益が得られたら、自分の判断に間違いはなかったと判断してよいであろう。

リバモアは、どんな銘柄でも、「買い」から入る場合に値が高すぎるということはないし、「売り」から入る場合に安すぎるということもないと信じていた。また、強気相場であろうと弱気相場であろうと、リバモアにとっては同じことで、市場の流れに逆らいさえしなければ利益が確保できると信じていた。

リバモアはまた、自分の経験から、言うは易く行うは難い相場師の最難事の一つは、一回目の「買い」に見込み違いがあり、株価が逆方向に進み始めたとき、早目に見切りをつけることだ、と体得していた。

この点について彼は次のように語っている。「相場判断の誤りが明白となり、株価が目論みと逆の方向に走り始めたとき、その相場師の真価が問われる。この時点で即断即決し、損失を最小限に食い止めなければならない。逆方向に株価が動けば自分のメガネ違いは明らかなのだから、即座に手じまう必要がある。これができるか否かは結局、自分のエゴを克服できるかどうかにかかっている」

リバモアはまた、大儲けをねらうのであれば市場の大きな波に乗るほかないと考えていた。大きいエネルギーをもつ巨浪の到来を待ち、過たずにそれに乗ること、そして最も抵抗の少ないラインの底に確たる変調が現れるまで当初の取引をしっかり維持すること、これが勝つ秘訣《ひけつ》だと思い定めていた。彼はまた、取引を開始するに当たって、何らかの有利な手掛かりが得られるまで待つのが常だった。じれて恣意《しい》的判断、希望的観測に頼るようなことはなかった。シャーロック・ホームズよろしく〝現場〟が何か手掛かりを与えてくれると信じ、神経を研ぎすまして待った。そして動かしがたい事実を感知すると、迅速に行動した。

ここにいたってリバモアは、株取引の鉄則を体得した。

●まず第一に、市場全体の流れ、方向を見定める。そして最も抵抗の少ないラインを見いだす。すなわち「相場の基調」を知る。

●第二に取引戦略を立てる。市場の動きを確認するために、小口の打診を実行する。一時の衝動に駆られ、資金のすべてを投入するのは愚かである。

●第三に、相場に材料が見えてから行動に移る。それまで辛抱強く待つこと。大儲けができるのは相場が大きく動くときであることを忘れてはならない。

一九〇六年後半、初めてこの戦略がリバモアに大きな実りをもたらした。この時期彼は、相場は大きなフシ目にある、つまり上昇トレンドに変化が現れ始めたと感じた。相場を引っ張るいくつかの銘柄に目をこらした結果、間違いなくふらつき、陰りが読み取れたのである。主だった投資家、新聞各紙はまだこの事実に気づいていなかった。相変わらず新世紀の強気相場の腰は強く、まだまだ継続するとはやし立てていた。

さらに種々の要因、データを検討したリバモアは一九〇六年、抵抗が最少のラインは依然上昇方向にあると思えるものの、相場の流れは頭打ちになったと判断した。この判断の真偽を確かめるべく、彼は自らの新しい取引手法を用いた。主要銘柄の動きを確かめようと、四つの業種からそれぞれ二銘柄を選んで空売りした。その結果、自分の読みに間違いのないことがわかった。彼が売った銘柄はいったん値を下げ、その後戻すものの勢いがなく、新高値を記録するにいたらなかった。反騰しても数ポイントで終わり、その後はぐずぐずと逡巡《しゅんじゅん》するのである。

リバモアは、反騰の変動幅が少ない銘柄についていては、少しずつ売り込んでいった。

一貫して強気だったのはリーディングという鉄道株だった。どんな状況下でも大岩のごとく値を下げない銘柄であったが、どうやら「コーナー株」と判断してよいようだった。つまり発行済み株式のほとんどが特定の投資家、あるいは投資グループによって買い占められ、価格が管理されているのである。リバモアは、自分が地平線のかなたに見いだした変動の大津波には、いかなる花形銘柄も抗しきれないだろうと思った。強気相場、上げ相場が明らかに、弱気相場、下げ相場へと転じようとしていた。押し寄せる大波をかぶれば、リーディングといえども他の銘柄と同じ運命をたどる。もはや時間の問題だ――。

リバモアは、この株の下落に一役買ってやろうと考えた。二軒のブローカーを選び、それぞれにリーディング二〇〇〇株の売りを注文した。価格は一一一ドル。彼はさらに、この二件の「売り」が同時に執行されるようタイミングを見計らった。この注文で株価が下がったのを見ると、彼はさらに二〇〇〇株を売り浴びせた。彼の売り残は合計六〇〇〇株になり、リーディングは九二ドルで引けた。わずか数時間の取引でまずまずの成果が得られた。翌日、リーディングはさらに値を崩した。リバモアが売り建てた他の銘柄も同様だった。

リバモアは、独自のテクニックを駆使して相場の先行きを探り、大波に呑まれずにすんだのだった。しかし、次の問題が待ち構えていた。いつ手じまうか、つまり売り込んだ株をいつ買い戻すかということだった。

彼はそれまで何度も痛い目に遭っていた。痛い目どころか、適切な時期に手じまいして〝お宝〟を銀行に預けておかなかったばかりに、せっかくの儲《もう》けをすべてふいにしたり、破産の憂き目をみたりしていた。今回彼は、だれの目にも明らかな底打ちを待たなかった。早々に利益を確定しようとした。すべての取引を決済し、資産を銀行管理に任せ、パーム・ビーチに向けて旅立っていった。

リバモアはこのとき、株の売買という仕事に疲れを感じていた。相場のことはしばらく忘れたいと思っていた。沖釣りを愛した彼は、船上で釣りを楽しみ、思い切りリラックスした。このぐらいの楽しみを自分に振る舞ってもバチは当たるまいと思う一方、新しい取引手法についてもう少し突っ込んで考えておきたいとも思っていた。銀行口座には一〇〇万ドル近くの資金があった。

時は一九〇七年、三〇歳の彼は、確かな軌道に乗っていると実感していた。

パーム・ビーチを後に、彼はパリに向かった。リバモアはヨーロッパが好きだった。理由はいろいろあったが、ひとつには株の話をしなくてすむということがあり、気持ちを休めるのに役立った。何の心配もない金が銀行にあり、優雅な雰囲気の人々がおり、気持ちをなごませる場所にいて彼は満足だった。

しかしそれも長く続かなかった。彼の情熱の向かう先はやはり、株式相場だった。彼は『ヘラルド・トリビューン』のパリ版に目を留めた。ニューヨーク市場はリバモアが予想した以上の規模で坂を転がり落ちていた。

彼はホゾを噛《か》んだ。買い戻しのタイミングをもう少し待つべきだったのだ。予定どおり売り込んだ株を買い戻さなければならない積極的理由はなかった。せっかくの利益を失うのではと恐れを抱いたのが撤退の理由だった。早く安全な場所に金を移したいと思っただけだった。

彼は快速客船を利用し、急遽《きゅうきょ》ニューヨークに戻った。

本人は知る由もなかったが、リバモアは一九〇七年の大暴落に立ち会おうとしていた。

ニューヨークに戻るとすぐ、彼は売りを開始した。すでに立証済みのテクニックを武器に、小口の売りによる打診をしては、足元を確認し、規模を拡大していった。やがていくつかの主要銘柄を対象に巨大な売り玉が組み上げられた。旧世紀から新世紀のコーナーを回り、全力疾走してきた上昇相場は、吸い上げられた大量の投機資金を燃料に、危険な回転運動を始めていた。

しかしやがて、資金供給の行き詰まりがあらわとなっていった。そのひずみ、きしみにたまらず〝悲鳴〟を上げたのが「コール・ローン」だった。コール・ローンというのは銀行から証券会社に提供される当座貸し（短期間限定）のことである。こうして得られた現金が、今度は信用取引用の資金として投資家に融資される。市場を燃やす燃料と言っても過言ではない。株式市場は信用取引なしでは動かないのである。このローンは毎日、一二時から午後二時一五分まで証取のマネー・ポストで事務処理され、提供される。この時間帯に銀行の担当者が来所し、証券業者の注文に応じるのである。コール・ローンの逼迫《ひっぱく》は数カ月前から起きていたが、一九〇七年一〇月二四日、ついに破局が到来した。

問題の構造は単純だった。証券業者が信用取引に必要な資金を求めたのに対し、銀行側がそれを用意できなかったのである。ここで貸し出されるローンの金利は通常一〇〇パーセントから一五〇パーセントという高さだったから、銀行側はそれまで競って注文に応じていた。しかしこのときは、どれほどの金利を積まれても、これ以上の注文には応じられないと証券業者に伝えた。これは信用危機以外の何ものでもなかった。株価は恐ろしい勢いで下落していった。リバモアは相場の下落を利用し、さらに売り込んでいった。

一〇月二四日正午、ニューヨーク証券取引所フロアは大混乱に陥った。数百人の証券業者がマネー・ポスト周辺に集まり、口々に短期貸付を求めた。しかしこの日、資金は用意されていなかった。全く底をついていた。こうなると証券会社各社は自らの株式を市場で売却して、資金を調達しなければならない。しかし、こんなときに株を買おうなどという投資家は皆無だった。「買い」のエネルギーは死に絶えていた。現金の払底、買い気配枯渇の事態が一気に市場に襲いかかった。その意味を知る証券業者、銀行幹部は真っ青になった。

金融の町ウォール街から資金が消えた！

証券業者たちは証取理事長Ｒ・Ｈ・トーマスのもとに駆けつけた。理事長はアメリカ随一の資金量を誇るナショナル・シティ・バンクの頭取ジェームズ・スティルマンに電話をかけた。ナショナル・シティ・バンクは、いつでも六パーセント以上の金利請求が可能なときに、融資の拡大要請に応じる気はないと豪語していた。

トーマスの話を聞き終わったスティルマンはすぐ、「モルガン氏に会いに行こう」と提案した。

モルガンというのは、モルガン家の総帥、金融界の巨人Ｊ・Ｐ・モルガンのことである。

このモルガンに、トーマスとスティルマンは、アメリカの金融中枢部が現在危機的状況にあること、これを放置すれば信用危機の全米波及は必至であること、この事態によってようやく歩き始めたアメリカ産業界全体が壊滅的打撃を受け、恐らくはその息の根が止められるであろうこと、などをかいつまんで話した。モルガンの決断は速かった。話を聞き終わるとすっくと立ち上がり、

「すぐ証取に戻り、資金は十分あるからと連中に伝えたまえ」と言った。

「しかし、その金をどこから？」と二人は尋ねた。

「もちろん、銀行だ」モルガンは「ほかにどこから出る？」と言いたげに男たちを見つめた。

トーマスは急いで証取フロアに戻ると、必死の思いで資金を求めるいら立った群衆の前に立った。そして金がまもなく届けられる旨を伝えた。

「モルガン氏が直接われわれに約束したことだ」

「金はいつ届くんだ？」叫び声があちこちから上がった。

「もうしばらく待ってくれ」応答者も負けずに声を張り上げる。

「いくらだ？」と再度声が上がった。

「安心できるだけの額だ！」

しかし、時間は刻々と過ぎていく。二時を回るころ、ヴァン・エンバー＆アタベリーのジョン・T・アタベリーが姿を現した。J・P・モルガンと親しい関係にある銀行家である。彼がフロアに到着すると、ざわめきがパタリと止んだ。だれもが立ちすくみ、緊張してかたずを呑《の》んだ。そしてマネー・ポストに向かうアタベリーのために道を開けた。ポストに着くと、彼は右手を挙げ、「今日ここで、一〇〇〇万ドルまでの融資を認めるとの正式許可を得ている」と告げた。だれもが喜びの喚声をあげ、必要金額を口々に述べ立てた。「静かに、静かに！　全員に行き渡るだけの資金はある。順番に申告してくれ」アタベリーは大声で言った。

「金はどこでもらえるんだ？」一人の証券ブローカーが叫んだ。

「明日どこへ行けばいいか知らされるはずだ。今日は受付けだけだ。膨大な申し込みを処理しなけりゃならん」とアタベリーは応じた。

この日は、ウォール街の伝説の日となった。J・P・モルガンの果断な采配により、証券市場が救われたのみならず、若いアメリカの金融崩壊が回避された。アメリカが独立して一五〇年とたっていないときであった。

トーマスとスティルマンが去った後、受話器を取ったJ・P・モルガンは主要銀行の頭取たちに次々と電話を入れていった。彼は頭取たちに言った。「市場がわれわれのテコ入れを待っている。現金がすぐ入用だ。必要なだけの量を用意しないと、金融は足元から崩壊することになる」

しかし、頭取たちの返事は判で押したように同じだった。「市場を救うといっても、もう限度いっぱいまで貸し込んでいる。これ以上融資する金はない」

「準備金の積立てがあるだろうが！」モルガンは電話口でどなった。

「そんなことを言っても、法律で決められた限度までもう行ってるんだ」

「準備金を吐き出すんだ！　こんなときのための準備金だろうが！」彼は次々と頭取たちを説得していった。

J・P・モルガンはジェシー・リバモアが畏敬《いけい》する人物だった。モルガンは輝くような知性の人、実践の人であり、愛国者であり、金融界の重鎮だった。そして一九〇七年一〇月二四日は、リバモアにとって終生忘れられない日となった。

この日彼は生まれて初めて、一〇〇万ドルを越す利益を株取引で実現した。それもわずか一日の売買による儲けだった。しかもこのとき二四日の商いはまだ終わっていなかった。しかし彼にとって、一〇〇万ドルの利益以上に意味のあることがあった。それは、自分の新しいルールの正しさが証明されたことだった。彼は相場の大きな展開を辛抱強く待った。そして取引を組み立てる際には小口の「売り」から入っていった。まず探りを入れ、自分の予想の正しいことを確認した。そして最後に、状況に一点の曇りもないと見るや、怒濤《どとう》の相場をやってのけた。

その日の終わり近く、リバモアの評価益と取引規模はケタはずれのものとなった。それというのも一つには、評価益を利用してさらなる売り乗せができたからである。貸出のパイプを開くというモルガンの決意と指令は、証券業者の間に流動性を行き渡らせ、支払い能力の維持という点では効果を発揮した。しかし、問題がもう一つ残っていた。株の需要が完全に途絶え、止まったままなのである。引け時近く市場を見回したリバモアは、買い注文が全くないことに気が付いた。だれも、どんな値段の株も買おうとしないのである。

しかし彼は、翌朝になったらだれにも止められない疾風怒濤の売りを浴びせるつもりでいた。主力株をたたき、売り崩すことによって未曾有《みぞう》の大なだれを起こすというのが彼の構想だった。マーケットが暴落を起こしたことによって、評価益がいやが上にも拡大し、売り乗せによる利益は拡大再生産を続けていった。彼はその日、ユニオン・パシフィックを一万株売るところから取引を開始していた。相場が自分の思う方向に進むのを見て、リバモアは半ダースほどの超優良株を選び、次々と売り建てていった。そして今、弾薬としての証拠金を口座に補給することになったし、売り銘柄を忘却のかなたに葬り去る戦略も出番を待っている。彼が射程内に見ているのは一〇〇〇万ドルの利益ではなく、一〇〇〇万ドル、二〇〇〇万ドルの富だった。あくる朝、市場に「売り」の猛攻を加えるなら、これだけの巨利確保も十分可能だと見ていた。

そのリバモアに、目もくらむような決断を下す役回りが回ってきた。市場に救いの手を差し伸べるか、あるいは打ちのめし、吹っ飛ばし、理事会が取引停止（多分、永久に）を宣するまで仮借ない下落の軌跡を描かせるか――。

その日の取引終了を控えるころ、リバモアはオフィスで翌日の攻略策を検討していた。そこへ友人のウォーレン・オーガスタス・リードがやってきた。その日のパニックのさなか、リバモアはこの友人に、次に何が起こるか正確に〝予言〟してみせていた。ウォール街の有力投資銀行の幹部である友人は、以前からリバモアの取引手法に関心をもつとともに、彼の相場の腕を高く評価していた。

リードはしかし、上司である頭取に呼ばれ、しばらくの間リバモアの側から離れていた。

再びオフィスに戻ってきたリードはリバモアに言った。「JL、実は明日の相場のことで伝言をことづかってきたんだ。これ以上の売りを控えてほしいとの要請だ。明日の相場で君が『売り』をねらい、今日の利益を何倍にも膨らませたいと考えているのはよく知っている。しかし、時にはより次元の高い利益に思いを馳《は》せるのも重要なことじゃないだろうか」

「オージー、そいつは君のボスからの伝言かい？」

「いや、もっと高い位置、力のある人物からの要請だ」彼は静かに言った。

リバモアにはそれがだれか、すぐに理解できた。J・P・モルガン以外なかった。「本当か？」

「ああ、彼じきじきの話だ。わたしもたまたま側にいて、彼とボスの会話を聞いた」

リバモアはしばらく考えて言った。「いいかい、オージー、連中だってこの相場で何カ月も前から『売り』をやってるじゃないか。下げ相場が近いと知りながら、右も左も分からないにわか相場師に莫大な高値株をつかませてる。御身大事で、後でだれが泣きをみようと全く構っちゃいない」

「ああ、君の言うとおりだ、JL。しかし株価が吊《つ》り上がり過ぎたときは、必ずそうともいえないんじゃないか？　頭のいい、抜け目ない一握りの相場師が売り抜けを図る。その結果、泣きを見るのは一般大衆だ」

「そうだな……」

「ＪＬ、われわれの手で市場を制御できるうちに、やらなきゃならんのじゃないか？　株の放出、市場の出血を止めるんだ。『売り』の蛇口を閉めなきゃならん。でないと、手のつけられない大混乱が持ち上がることになる。その先にあるのは、市場の終焉《しゅうえん》だ」
二、三分思いに沈んだ後、リバモアは口を開いた。「ボスに伝えてくれ。わたしも同じ考えだって。今日はもう売らないことにするし、明日の朝、手じまいをする。買い戻しが完全に終わったら、全力を挙げて追加株を買い込むことにする。わたしにも、事態の重大さは理解できる」
「感謝する、ＪＬ。君の話は〝重鎮〟に直接伝えるよ」

リバモアは、リードが現れる前、すでに状況を慎重に分析していた。この日の下落はまさに狂乱的だった。落ちるところまで落ちていた。〝打ち壊し〟の力がさらに市場に働かない限り、自律反発のバネが働き、一気に反騰の軌道に乗ると思われた。それにリバモアは記念碑的規模の売り残を抱え込んでいた。利益を実現するには、極めて不安定な市場で慎重に歩を進めていかなければならない。

最後に、〝良心の声〟がこだまのように響いてきた。明日、計画どおり鬼神のごとくに暴れまわれば、自分の利益は確保される。しかしそれと同時に祖国は深く傷つくことになる。彼はここに至って、総毛だつ自分を感じた。自らの決断しだいで、株式市場が消滅することにもなりかねない。彼の手に、市場の命運を決する力が握られていた。そのときジェシー・リバモアはまだ三一歳、初々しい青年だった。

翌朝、彼は買い戻しに出て、反騰に火をつけた。相場が上昇軌道に乗ると、さらに各銘柄を一〇万株ずつ買い増した。そして様子を見ていた一般投資家が市場に戻ってくるのを見計らって、すべてを売りに出した。その日の立ち会いが引けた後、彼の手には三〇〇万ドルが確保されていた。評価益でない、正真正銘の現金だった。

「何という人生だ……」と彼は思った。三〇になるまでに三回もすべてを失った自分が、三一になって、ニューヨーク証券取引所の土台を引っくり返せるほどの力を手にしたのだ。彼はニンマリした。一日だけだったが、J・P・モルガンに負けない力が自分の手の中にあった。モルガンには、市場を破滅から救う力が備わっていた。リバモアには市場を叩きつぶす力があった。しかし、たとえモルガンといえども、リバモアを力ずくで止める力はなかった。かつてバケット・ショップから容赦なく追い立てられる彼がいた。しかしリバモアは今、アメリカで並び立つ者のない銀行家、金融界に君臨する大立者から辞を低くして頼まれたのだ。「株式市場をこれ以上痛めつけないでくれ」と。彼の評判はいやがうえにも高まるであろう。この日リバモアはアメリカ金融界の安寧をわが身に担った。目の回るような一日が暮れてゆく。

しかし、彼には不満が残った。自分の実力にはまだ十分でないところがあると思った。ウォール街の度肝を抜くことこそ、彼の満足のよってきたるところだった。それにしても数千回の取引経験と膨大な時間をかけて、やっと実戦に耐える戦法が見つかった。辿《たど》ってきた道に間違いはなかったとリバモアは思った。巨大な相場の波をとらえることで、確かに手に余るほどの利益を得ることができた。資金を作る段階では、個々の株の芽や穂をつまむやり方が確かに有効だった。しかし大魚を仕留めるには、かなたから押し寄せる巨浪が必要なのだ。そして巨大なエネルギーを秘めた大波が寄せてくると確認されるまで、忍耐強く待たなければならない。

彼はここ数日の自分を振り返り、ばくち打ち程度の相場屋から真の相場師、真の投機家に脱皮することができたと感じた。やみくもに突進するのではなく、まず将来を観望し、現状を評価し、そして手堅くコマを進めていった。打診し、ここぞというときになって総攻撃を開始、最後に赫々《かくかく》たる戦果を得ることができた。

「突撃小僧」はもはや突撃もしなければ小僧でもなかった。少なくとも彼の心の内では「大ばくち打ち」などではなく、先見重視の〝金融事業家〟だった。大衆の目からするなら依然、派手な相場師だろう。彼らが目を見はるのは、最後の〝一〇分間〟であって三段階の遂一ではないからだ。密かに、地道に進められる手順の存在など、やじ馬は気づこうともしない。彼らが賛嘆の声を上げ、ぜひあやかりたいと思うのは、リバモアの最後の一手なのである。

しかし今、リバモアの手の中には、この上ない威力を誇ると信じる投資戦略があった。のみならず、最終的成功を勝ち取ろうとするなら、たゆまぬ分析作業、勤勉さがなければならないとする〝哲学〟が彼の中で根を下ろしていた。

彼は、今回の成功が単なるまぐれ当たりなのか、どのような状況下でも通用する手法なのかぜひ試さなければならないと考えた。しかし、それにしても休養が必要だった。もう一度休暇を取ろうと心に決めた彼は、コットを購入した。そして南の海へ出る計画を立てた。彼の頭にあるのは当然、南海での沖釣りだった。

しかし、すぐにというわけにはいかなかった。リバモアはすでに、株のほかに商品相場にも手を広げ、研究を重ねていた。

商品相場も株同様、暴騰もあれば暴落もあることを彼はよく知っていた。新しいヨットでの休暇を目前にしながら、彼は株の場合同様、打診し、徐々に投資額を膨らませ、ついに小麦一〇〇〇万ブッシェル、トウモロコシ一〇〇〇万ブッシェルの売りを抱えることになった。その結果、小麦は思惑《おもわく》どおり値を下げたものの、トウモロコシは、他の商品が軒並み相場を下げているにもかかわらず、価格を上昇させた。リバモアはその理由を簡単に見つけだした。

アーサー・カトンがトウモロコシを買い占めていたのだ。アーサー・カトンはリバモアと同時代の人物で、やはり傑出したトレーダーである。一九〇〇年代の初期、買い占めは珍しいことではなかった。時に強大な力をもつ個人が乗り出すこともあったが、通常はグループが結成され、結束のもとに買い占めがおこなわれた。株でも商品相場でも、当初は売りから入り、機を見て一気に買い込みを図るのである。その結果、株であれば特定の銘柄が一株もなくなるし、商品市場であれば、トウモロコシが一ブッシェルも買えないという状態が引き起こされる。先行きの値下がりを見越して売り建てた相場師は、建て玉を手じまおうにも買い戻す玉がないという状況に追い込まれる。そこが買い占め屋のつけ目で、売り方は、買い占め屋がいかに法外な値段を吹っかけようと、それを受け入れざるを得ない。買い占めはあっという間におこなわれるし、一度成立すると、売り方になすすべはない。巨大な損害をこうむり、身を滅ぼしていく。こうして破滅していったトレーダーは数多い。

アーサー・カトンは一八七〇年、オンタリオ州ゲルフで生まれた。リバモアより七歳年長であった。後年、リバモアが「グレート・ベア」と称されたのに対し、カトンは「グレート・ブル」と呼ばれた。身体的印象はリバモア同様、中肉中背といったところ。リバモアは最新流行のファッションを好んだが、カトンは上質でシンプルな服装を好んだ。

カトンはトウモロコシ相場におけるリバモアの取引状況を知っていた。そして今、株式相場の雄をしっかり組み敷いていた。一〇〇〇万ブッシェルのトウモロコシを売り建てているリバモアは、カトンが一ブッシェル当たり一〇セント引き上げるごとに、一〇〇万ドルの痛手をこうむることになる。リバモアは完全に追い詰められていた。

今やフロリダでの休暇は夢となった。必死で生き残りの道を切り開かなければならないのである。かろうじて希望のもてる点といえば、小麦相場が予想どおりに下落し、利益が得られることだった。しかしトウモロコシ問題を何とかしない限り、小麦の利益どころか、資産すべてを根こそぎ失ってしまう。カトンを打ち負かす何らかの手立てが必要だった。この身動きのとれない状況から脱出する策はないのか――。カトンがリバモアの巨大な売り玉を知っているのは明白だった。ここを先途と締めつけを強め、彼を葬り去ろうとするだろう。

その夜ベッドの中で、リバモアは起死回生の策を思いついた。そして翌朝、間髪を入れず行動を開始した。買い占めというのはそもそも、事柄の本質と遊離した商行為である。この場合でいえば、農家にトウモロコシがなく、品薄になっているわけではない。つまりトウモロコシ相場が上昇する必然的理由はない。つまるところカトンは相場をもてあそび、ジェシー・リバモアの息の根をとめようとしているだけである。

リバモアはまず、小麦一〇〇〇万ブッシェルの売りを手じまいし、利益を確保した。これで新たな戦いの軍資金が得られたことになる。彼はまた、カトンがトウモロコシと平行してオート麦も買い占めに出たという話を耳にしていた。しかしオート麦相場でカトンは、シカゴのアーマー・ファミリーと対立していた。アーマー・ファミリーは強大な力をもつシカゴの仕手グループだったが、オート麦ではカトンに追い詰められていた。リバモアはこうした現状を確認したうえで戦線の火ぶたを切った。

彼はオート麦の取引に臨むと、即座に五万ブッシェルを売り、さらに続けて五万ブッシェルの売り注文をした。その上さらに五万、続いて五万と、全部で二〇万ブッシェルのオートを売りまくった。この大量売りを見たシカゴのトレーダーたちは、カトンの買い占めを打ち破るためにアーマー・ファミリーが強烈なカウンターを放ったと見るだろう――それがリバモアの読みだった。猛烈な売り攻勢を受けてオート麦相場はたまらず大幅下落を余儀なくされた。この事態に度肝を抜かれたトレーダーたちの目には、カトンのオート麦買い占めに対するアーマー・ファミリーの猛反撃は、次はトウモロコシ相場に向かう、トウモロコシが集中砲火にさらされる、と映るはずだった。

案の定、オート麦の相場が崩れたと見るや、トレーダーたちはトウモロコシに飛びついた。そして値が高いうちにトウモロコシを売ろうと躍起になった。それを買ったのはもちろんリバモアだった。彼は売りに出されるトウモロコシをすべて買った。その結果一〇分で、トウモロコシ六〇〇万ブッシェルを買い戻した。残りの建て玉も引けまでにはすべて買い戻した。オート麦二〇万ブッシェルの方も、その日のうちに手じまった。

この一件におけるリバモアの損失は、小麦による利益もあって二万五〇〇〇ドルですんだ。カトンは数日の間にトウモロコシの価格をさらに二五セント引き上げたから、うまく買い戻せなければ、少なくとも二五〇万ドルの損害をこうむるところだった。

さて、これで本当に休暇がとれることとなった。

生活の方は一層華麗になっていた。リバモアは豪華な家具を配した瀟洒《しょうしゃ》なアパート、リバーサイド通り一九四番地に住まいを移した。彼はアニタ・ベネチアン号と名づけたヨットをパーム・ビーチに送り出した。この船はリバモアが購入した最初のヨットだった。彼の周囲にはキラ星のごときヨット・オーナーがいた。ジェイ・グールドの御曹司ジョージ・ジェイ・グールドは三連スクリューのスチール・ヨット、全長九〇メートルのアトランティック号を所有していたし、J・P・モルガンが世界旅行に利用する豪華な大型ヨット、コルセア号も世界のどこかの海に浮かんでいるはずだった。

長さ六一メートルのアニタ・ベネチアンは蒸気スクーナーで、最高技術により建造されていた。マストに掲げられた赤と白、ブルーの三角旗はこの船がコロンビア・ヨット・クラブに所属することを示していた。リバモアはこのヨットのために、金ボタンの粋なブルーのブレザー、グレーのフランネルのスラックス、艇長ハットをあつらえた。その姿はりりしく、あか抜けていた。先発しているアニタに乗船すべく、彼はパーム・ビーチに向かった。リバモアはこの土地と人々が好きだった。南フロリダの海域、沖に出てのトローリング、濃い紺色のメキシコ湾流、南アメリカの沿岸から北上してくる豊かな潮流、すべてに心を浮き立たせるものがあった。

メキシコ湾流は時に、フロリダと目と鼻の先にまで寄せてくる。パーム・ビーチの白砂海岸から三マイルと離れていない沖合いである。三、四ノットの流速をもつこの大潮流には、これにのって北へ移動しようとする大型回遊魚が遊弋《ゆうよく》している。シュモクザメ、トラザメ、アオザメといった巨大なサメや、バショウカジキ、マカジキなどのカジキ類、クロマグロ、カマスサワラ、ヤガタイサキ、ターポンなどがその主な顔触れで、リバモアの釣りの目的もこうした大型海洋魚である。この種の獲物は神出鬼没であるうえ、釣り針にかかっても容易に屈服しようとしない。まさに釣り師を魅了してやまない、大西洋のつわものたちである。

リバモアは数日間を船上で過ごした。フロリダの太陽は心地よく、沖釣りの醍醐《だいご》味《み》を味わうと、命が洗濯されるようだった。夜になると、当時はパーム・ビーチ・インと呼ばれていたブレーカーズ・ホテルで豪華な料理に舌鼓を打った。四二五室の部屋数を誇るこのホテルは海に向かって建てられており、極上の味を堪能したリバモアはよく、海洋を一望するラウンジに席を移し、葉巻やブランデーを楽しんだ。ウォール街の友人たちとの談笑も、彼にくつろぎを与えた。

夜も深まってくると、彼はたいてい「ビーチ・クラブ」に姿を現した。このクラブはオーナーの名前にちなんで「ブラドレーズ」とも呼ばれていた。オーナーのエドワード・ブラドレーは有名なギャンブラーで、後にケンタッキー・ダービーで四度も優勝馬を出した馬主でもある。もの静かで、秘密主義、リバモアと共通する性格を備えていた。しかし、かつて開拓時代の西部におもむき、ビリー・ザ・キッド、ワイアット・アープなどと面識を得るだけでなく、対アパッチ戦で軍の斥候《せっこう》として働き、ジェロニモ捕虜作戦に参戦するなど、数奇の過去を背負っていた。

ブラドレーの店は飾らない造りながら、優雅な雰囲気を漂わせていた。午後七時以降は、略式でもタキシードの着用が求められた。ホワイト・タイに燕尾服《えんびふく》が正装とされ、例外は認められなかった。カジノ・ルームは禁煙とされた。料理は極め付けの五つ星だった。ブラドレーはシェフにシーズン当たり二万五〇〇〇ドルを払ったが、この金額は一九〇〇年当時、王族の身代金にも等しかった。この店に集まってきたのはアメリカのエリートたち、政界の大物、羽振りのいい実業家、一流のエンターテイナーなどだった。白く塗られた正面ドアの中央に、すりガラスのパネルがはめ込まれていた。「B・C」とだけあったが、ビーチ・クラブの頭文字だった。

ブラドレーとリバモアはすぐ気のおけない友人になった。二人とも、感情をそのまま言葉にするタイプではなかったが、お互いに敬意と賛嘆の気持ちを抱きあった。リバモアは、ブラドレーの店でギャンブルに興じるのが好きだった。ブラドレーも「何でも賭けるブラドレー」と呼ばれるほどギャンブル好きだったが、ほとんど負けることはなかった。

彼はある日、運というものについてリバモアに語った。この世にこれほど恐ろしく、奥深いものはないと。人生というのは所詮《しょせん》ギャンブルなんだがと言いつつ、ブラドレーは吐露した。「人間には二種類ある。食うために働くやつと、食うためにギャンブルするやつだ。しかし、食うためにギャンブルを選んだやつは、ほかの仕事を選んだやつより少なくとも二倍は頭の回転を磨かなきゃならんし、つらい試練にも耐えなきゃならん」

ブラドレーはよく、一〇万ドルほどの金をポケットに店の中をぶらついた。そしてゲームに勝ち、引き揚げようとするメジャー・プレーヤーを認めると、近寄って微笑し、おめでとうを言い、胴元がゲーム・チップを片付ける間に祝儀として千ドル札を渡すのだった。このクラブの会員になるには、ブラドレー自身による「人物審査」にパスしなければならなかった。彼はメンバー候補と長い時間面談し、気に入った人物と思うと最後の重要な質問を発した。「ところで、負けが込んで行き詰まった場合、どなたが払い込むことになりますか?」

店の要所要所には目立たないながら、ピンカートン探偵社から派遣された男たちが武器を携え、目を光らせていた。カジノの出入り口は、はね上げドアで襲撃を阻止できる仕組みになっているし、スライド式の各テーブルもすぐ見えない位置に移動できる備えになっている。会計室はライフルをもった男がガードしている。またこの男のかたわらには小窓があり、そこからカジノ・ルーム全体が見渡せるようになっていた。彼は射撃の名手で、店の敷地内に入り込んだ賊は即座に撃ってよいとの命令を受けていた。同様の指示はピンカートンの男たちすべてに言い渡されている。ブラドレーの店はパーム・ビーチという島に立地しているため、たとえ強盗に成功しても逃げ場はない。賊たちは彼の店を敬遠したし、従業員はみな控えめな応対に終始した。顧客についてうわさなどした者は即刻解雇された。ブラドレーはさらに、従業員の間にスパイを放ち、情報に抜け穴が生じないよう細心の注意を払った。

リバモアはこのビーチ・クラブで心地よい時をどれほど過ごしたかしれなかった。彼が遊ぶのはたいてい、サイコロを使うハザード、バカラの一種のシュマン・ド・フェール、そしてルーレットのいずれかだった。ブラドレーの店における賭け金の限度額はモンテ・カルロのカジノより高かった。

すっかり頭のネジをゆるめ、楽しい日々を過ごすリバモアの耳に、綿花相場の大物の一人が資金的に行き詰まり、破産したというニュースが伝わってきた。この知らせをもたらしたのはE・D・ハットンで、コットン・キングと呼ばれたパーシー・トーマスが綿花先物三月限《ぎり》の買い占めに失敗、あえなく敗退したのだった。

トーマスについての話が綿花に対するリバモアの関心を燃え上がらせた。これも贅《ぜい》を尽くした自家用車両でニューヨークに戻った彼は、業界紙を教材に綿花に対する知識を吸収していった。その結果、綿花七月限《ぎり》についてはだれもが売りに出る傾向があることを発見した。七月に向けて、彼は「買い」すすめた。売りを買い戻す時間がほとんどないと見ての行動だった。何の問題もなく、五月には一二万ベールの買いが成立した。彼がこの仕込みを終えた直後、相場は上昇に転じた。しかし、その上げはわずかでしかなく、対してリバモアのポジションは膨大だった。短い期間に売り抜け、利益を上げるには無理があった。

リバモアは、得意のトリックを用いた。土曜日の取引終了一〇分前に、五〇〇〇ベールの「買い」四口を実行したのである。これが効いてシカゴの綿花相場は三〇ポイント高で引けた。これを見てリバモアは、月曜朝のロンドン相場はシカゴにつられて必ず上昇すると踏んだ。そして今、自分は「最も抵抗の少ないライン」上にいると思った。しかしそれと同時に、換金困難な大量の買いを抱える身であることも忘れてはいなかった。

彼の作戦は図に当たり、ロンドンの綿花相場は上昇軌道に乗った。しかし、その値上がり幅は三〇どころではなく、五〇ポイントと予想を上回る水準に達した。シカゴ市場でも週明けの取引が開始され、綿花はじりじりと値を上げていった。しかしリバモアがこれからしかける大量の売りにも値を下げないほど堅調とはいえなかった。

その翌朝、仕事に向かう彼を友人が呼びとめた。友人が手にしているニューヨーク・ワールドの第一面に次のような見出しが躍っていた。

「綿花七月限《ぎり》、ジェシー・リバモアが買い占め」

リバモアは口を開くたびごとに、記事の内容は事実無根であると主張した。しかしこのニュースをきっかけに、綿花相場はうなぎ登りとなった。それでも、このチャンスを利用しない手はないと、彼は一四万ベールすべてを売った。この手法はリバモアのトレード・マークとなった。すなわち、幸運が舞い込んだ場合、あるいは予期せぬチャンスに恵まれた場合、それ以上の利益拡大を図ろうとせず即座に結果につなげろ、というのが彼の経験則だった。手じまいしにくい膨大なポジションを抱え込んだ場合、特にこの手法が重要となる。値下がりさせずに商品を売り抜くのは至難のわざなのである。

新聞が書き立てたことと自分は無関係だと主張したリバモアだが、一部の人々が勘ぐったように、本当のところはわからない。ともかく、あのチャンスのつかまえ方はねらっていなければできない芸当だ――。

　その翌日、彼は綿花相場の大物の一人と出会った。その相場師はリバモアを呼びとめて言った。

「おめでとう、JL。あれだけ大量の買い玉をどう処分するか興味津々《しんしん》だったんだが、いやあ、あの手並みは見事だった。胸のすく思いだ」

「例の記事はガセネタでね、わたしにはかかわりのないことなんだ」

「うん、あれについてはまあ、微妙な話だし、だれにもはっきりしたことは言えんだろう。わたしが言うのはロンドンの方だよ。それを追っかけてあの新聞記事、二段構えの〝花火〟が絶妙の間合いで打ち上げられた。本当に、お見事！のひと言だ」

「いや、今言ったように……」

「JL、分かってるよ。相場師ならだれでも、こんなことを指摘されて、ハイハイそうでしたなんて言いやしない。だろう?」彼は片目をつぶってみせ、つけ加えた。「ましてや君は並の相場師じゃない」これだけ言うと男はリバモアを残し、去っていった。

　ジェシー・リバモアはにわかに「時の人」となった。市中でやり取りされる話の一部は真実であったが、口から耳へ、その話がまた口から耳へと伝わるうち、一部は尾ひれがつき、誇張されていった。リバモアは仕方なく苦笑し、頭を振り、いつもの沈黙に沈んでいった。

　今回の成果に彼自身は満足と喜びを感じていた。しかし好事魔多し、すぐ先の角を曲がったところに底無しのクレバスが口を開いて待ち構えているのを知る由もなかった。

第五章　パーム・ビーチでの豪遊——一転して破産へ

「わたしが全財産を失ったのは唯一
自分で自分のルールを破ったときだった」

——ジェシー・リバモア、息子に語る

ジェシー・リバモアは〝美神〟が好きだった。当時の新聞は、彼が〝ダイヤモンド・ジム・ブラディ〟のガールフレンド、リリアン・ラッセルに夢中だと書き立てた。

〝アメリカン・ビューティ〟と称され、古典的美貌《びぼう》を誇ったリリアン・ラッセルは一八六一年、アイオワ州クリントンに生まれた。本名をヘレン・ルイーズ・レオナードといい、南北戦争後、一家でニューヨークに上った。歌のレッスンに通っていたところをトニー・パスターに認められ、ニューヨークのカジノに出演するようになった。その後、マッコール歌劇団に参加、ウェバーズ＆フィールルズ・ミュージック・ホールに出演するようになった。さらにその後、自らの歌劇団を主宰するにいたった。一九〇〇年のころには、彼女はニューヨークの花だった。社交性があって、輝くばかりのリリアンはまた、宝石や高価な装飾品に目のない女性だった。したがって彼女が〝ダイヤモンド・ジム〟に熱を上げたとしても不思議はなかった。

〝ダイヤモンド・ジム〟はリリアン・ラッセルに勝るとも劣らない情熱家で、派手な経歴の男だった。彼は鉄道の手荷物係から身を起こした。その後セールスマンに転じ、さらに鉄道会社に設備、用具などを卸す納入会社を経営するようになった。やがてアメリカの全鉄道会社が彼の顧客となったが、彼が最初に扱ったのは、そして最初の一財産をもたらした源は、鉄道線路を守る有刺鉄線だった。彼は非常な大食漢だった。そのため彼が一九一七年に帰らぬ人となったとき、一部の者はダイヤモンド・ジムは食べ過ぎで死んだと信じ、疑わなかった。彼は自分の体をダイヤモンドで飾り立てた。ネクタイピン、カフスボタン、指輪などはもちろん、ズボンにまで大粒のダイヤを縫い込んだ。サスペンダーを留めるボタン代わりに利用したのである。彼はまた、ダイヤモンドを大盤振る舞いして喜んだ。〝アメリカン・ビューティ〟、すなわちリリアン・ラッセルにダイヤを贈るときには、ことのほか満悦だった。

ダイヤモンド・ジムはともかくケタはずれの男だった。ダイヤモンド好きのうえに大変なグルメで、自分の食道楽を満足させるためならいかなる苦労もいとわなかった。伝えられるところ、彼はパリのカフェ・マルグリーにスパイを送り、店で人気の舌ビラメ料理のレシピを盗み出すよう命じた。スパイが首尾よく料理法を盗んでニューヨークに戻ってくると、作曲家のビクター・ハーバート、デパート王のマーシャル・フィールドなどを招いて大晩餐会《だいばんさんかい》を催し、自慢の舌ビラメをふるまった。だれもが見事な味付けの魚料理に驚嘆すると見るや、ダイヤモンド・ジムは立ち上がって、「このソースをかければ、タオルだって食えるさ！」と叫んだ。

リバモアがリリアンに接近し始めたのは一九〇七年のことと言われている。パニックの中で初めての一〇〇万ドルを稼ぎ出した時期だった。ニューヨーク中の超一流レストランで、最高級ワイン、極上の料理で彼女をもてなし、ダイヤモンド・ジムから〝アメリカン・ビューティ〟を奪ったとうわさされた。狭い世界でのうわさが一気に華やかなゴシップとなったのは、アニタ・ベネチアンに彼女を誘い、パーム・ビーチまでクルーズを楽しんだと報じられてからだった。

しかし、リリアン・ラッセルにありったけの情熱を傾けていたのは、ジェシー・リバモアではなかった。実はリバモアの親しい友人アレクサンダー・P・ムーアだった。ムーアには当時妻子がいた。ムーアは後に大使としてスペインに赴任するが、リバモアとの友情は生涯続いた。毛並みがよく、裕福な彼は、リバモアを慕い、尊敬した。ポリス・ガゼットで自分の〝艶聞〟を目にしたジェシー・リバモアは一人静かに笑った。同紙は、ニューヨークで最も有名なカップルの間に割り込んだとしてリバモアを非難していた。彼はしかし、自分の小さな秘密を楽しんだ。事実を知るのは彼とアレクサンダー、リリアンだけだった。彼にはそれで十分だった。

齢三〇にしてリバモアは、自分の望みすべてをかなえた。ウォール街の〝伝説〟にすらなっていた。空売りをやめるよう、市場を崩壊させないよう、J・P・モルガンから要請されるほどの力をも手に入れた。自分の才覚ひとつで人生を切り開いた若者にとって、これ以上の喜びはなかった。彼には社会的地位を約束する家柄もなければ人脈もなかった。まともな教育さえ受けていなかった。

彼はパーム・ビーチのブレーカーズ・ホテルに逗留《とうりゅう》した。リリアン・ラッセル、友人のアレクサンダー・P・ムーアも一緒だった。リバモアの手中にはアニタ・ベネチアンがあったし、リバーサイド通りには、ペルシャじゅうたん、値段のつけられない名画、アンティークの詰まった高級アパートがあった。銀行の金庫には三〇〇万ドルの現金がうなっていた。彼にはパーム・ビーチで過ごす冬の日々が待ち遠しかった。充実した人生、美しく輝かしい人生、この人生のどこに夜の闇《やみ》があるというのだろうか？

ブレーカーズ・ホテルで豪華な料理を楽しんだ三人は輪タクの人となった。この三輪の乗り物はパーム・ビーチの名物で、幌《ほろ》の代わりに白く塗った枝編み細工が使われている。この輪タクを黒装束の運転手がこいでいくのである。行く先はブラドレーのビーチ・クラブ。リバモアは、リリアンとアレクサンダーが一目散にルーレットへ向かうのをやり過ごし、シュマン・ド・フェールのテーブルにつく。しばらく遊んだ後バーに足を運び、オーナーのエドワード・ブラドレーがいれば、彼のテーブルに合流する。

その日、別のテーブルにコットン・キング、つまりパーシー・トーマスが一人で座っていた。

「コットン・キングは実に惜しいことをした」とリバモアはつぶやいた。

「ああ、彼はうちの店で上得意の一人だったんだ」とブラドレーが応じた。「あの男にはぜひ立ち直ってもらいたいと思っている。わたしと彼との了解として、ギャンブルは復活まで我慢してもらうとしても、食事とドリンクならいつでも大歓迎ということになっている」

他愛のない二人の会話は、ブラドレーがソーダ水を飲み終わるまでだった。彼はバーでソーダ水しか飲まないし、飲み終わると悠然と去っていく。パーシー・トーマスがリバモアに近づいて言った。「ご一緒して構いませんかな、ミスター・リバモア」

「ええ、いいですとも。JLと呼んでください」彼は空いた椅子《いす》を指さし、答えた。

教養と学識のあるパーシー・トーマスの語り口はなめらかだった。それに人を強力に引き付ける磁力のような魅力があった。彼には天賦の才があった。どんな話題であろうと、自在に操ることができた。そのときは音楽の話になった。リバモアはクラシックと軽いオペラが自分の性に合うと思っていた。リリアン・ラッセルが好きな理由の一つもそこにあった。彼とアレクサンダー・ムーアはリリアンの公演に何度足を運んだかしれなかった。

パーシー・トーマスは最後に本題を切り出した。「JL、実は君にぜひ聞いてもらいたいと思う話があるんだが、いいだろうか」

「いいですとも、何なりと」

「わたしのパートナーになってもらえないだろうか、商品はもちろん綿花だが」

「それは光栄な話です。わたしがだれかと組むとなったら、ほかのだれでもなく、あなたに白羽の矢を立てるでしょう。しかし、ご存じと思いますが、わたしは独立独歩でやっていく主義なんです。これまでもそうでしたし、これからも変わることはないでしょう。あなたが折り紙つきの相場師であることはよく知っています。これまでも長くあなたのご活躍を遠くからながめ、何度となく感嘆の声を上げました。しかし、相場についてはだれとも組まず一人でやる、これがわたしのルールなんです」

「いや、よく聞いてほしいんだが、君ほどのトレーダーをわたしは見たことがない。トウモロコシ相場でカトンが仕掛けたワナを君は鮮やかな手並みではねのけてみせた。カトンは君を鉄のツメでとらえたと確信していたはずだ。それにオート麦でアーマー・ファミリーのイメージを利用した手腕もすごかった。まさに神わざと言っても過言ではない」

「あれはタイミングを合わせただけなんです」

「タイミングというより、カミソリのようなひらめきの賜物だろう。その上さらにあの新聞記事、『リバモア、綿花を買い占め』という見出しだ。成り行きを計算し尽くしたあの布石の打ち方など、一体ほかのだれにできるというんだ。いや、君の相場さばきには本当に感服した」

「あれにはわたし自身驚いています。わたしの仕掛けによるものじゃないんです。こんなことがあるもんで、一人が好きなんです。わたしは自分の行動についていちいち説明するのがいやですし、自分の間違った判断についてぶつくさ言うのも時間の無駄と思っています。だれかがパートナーとなれば、自分の行動についてどうしても説明しなければならなくなります」

「君の言うことはよく分かるし、見上げた態度だと思うよ、ＪＬ」彼はそう言って、ひと呼吸おいた。「知ってのとおり、綿花三月限でわたしはすっかりやられてしまった。鼻血も出ないとはこのことだ。わたしは自分の人生で最も無力の時期に、君と会うことになってしまった」

「わたしも、これまでいく度どん底に転落したかしれません。しかし、そのたびにはい上がってきました。あなたにもやり直すチャンスはありますよ」リバモアはいつも小切手帳をもち歩いていた。このときもポケットから小切手帳とペンを取り出すと、言った。「失礼ながら、わたしにあなたの復活の手助けをさせていただけますか？　いくらでも結構ですので、必要な額を言ってください」

「いや、お気持ちは感謝する。しかし、わたしが言いたいのはそのことではない。わたしがすべてを失ったのは、わたしに君ほどの手腕、君ほどの相場観、君ほどの鋭さ、タイミングに関するカンが備わっていなかったからだ。今のわたしがほしいと思うのはそれなんだ。だから、わたしのパートナーにと君にもちかけている」

「その点でしたら、一人でやるというわたしの姿勢に変わりはありません」

彼は黙ってリバモアの輝く青い目、白くそろった歯、くし目の入ったブロンドの髪、ブラック・シルクのタキシードを見つめた。そして目の前の若者に笑いかけた。「君とは本当の友だちになれそうだ」

「ええ、そうですね。明日、ブレーカーズでディナーを一緒にいかがですか？　友人たちを紹介しますよ」

翌日の食事はにぎやかなものとなった。和気あいあいのテーブルが片づくと、ブレーカーズ・バーに席が移され、さらにビーチでの散策が続いた。ボール・ルームでのオーケストラ演奏が終わるころ、出席者の気持ちは相互に強い絆《きずな》で結ばれることとなった。コットン・キングにジェシー・リバモア、リリアン・ラッセル、アレクサンダー・P・ムーアといった顔ぶれが公衆の目に触れると、南国のやわらかな微風のように、ささやきが広がっていった。

コットン・キングはリバモアを相手に、綿花相場の現状、アメリカにおける綿花商品の歴史などについて詳細な説明をおこなった。世界的な綿花需要のよってきたるところ、増大の一途をたどる需要をどう満たすか、エジプトの綿畑拡大が世界の綿花市場にどのような影響を及ぼすかなどについて、大学レベルの〝講義〟が進められた。〝教授〟はこの分野の碩学《せきがく》であり、並はずれた頭脳と弁舌の持ち主コットン・キングである。

　リバモアは熱心に耳を傾けた。彼の明晰《めいせき》な理解力と記憶力は名講義の内容を余さず吸収していった。彼はしかし、この博学の士による説明、彼の考えのすべてに同意したわけではなかった。一番の問題は、市場に対する二人のアプローチの違いだった。リバモアが唯一重視するのは、市場そのものの動きであり、市場で生起する事実であった。綿産業の基盤部分ではない。彼は、市場で見られるさまざまな現象の理由にさして関心を払わなかったし、将来何がもち上がるかについても掘り下げて考えようとはしなかった。立ち会いが開始されると同時に、日々、細心の注意を払ってそのときそのときに何が起こっているかをつかみ取ろうとした。彼が神経をとぎ澄まして見つめるのは唯一、テープが語りかけるもの、現時点での事実、値動きであった。

　彼はまた、相場は売買対象の現状を忠実に反映して動くものだとは思っていなかった。むしろ洞察力にすぐれた専門家にさえ読み切れない要因、将来的状況にもとづき、変幻自在の動きをすると考えていた。明瞭《めいりょう》な現実の事態と不確かな将来が入り混じって市場を動かしている、というのがリバモアの見方だった。さらに市場というのは、基本的に筋の通った理論に沿って動くものではなく、ほとんどの場合、取引にかかわる人間の心理、感情に左右されるわけで、理屈が情念の上を行くというのはどう考えても無理があると思っていた。

リバモアはまた、テープに表示される事実がしばしば、綿花の専門家が述べる予想や期待と矛盾することを知っていた。そして、ある葛藤《かっとう》が自分の内部に厳然としてあることを否定し得ずにいた。それは「綿花についてすべてを知っているはずのコットン・キングがなぜ破産したか?」という疑問であった。リバモアも何度か破産した経験をもつが、コットン・キングと違うのは、株式相場のすべてを知っているとは思っていないことだった。彼がつねづね思うのは、市場というのは自らが動きたいと思う方向に動くのであって、外部の思惑《おもわく》や予想に沿って動くわけではない、ということだった。さらに、市場の動向というのは、即座に説明や解釈が可能であるとは限らないのである。それでもリバモアは、コットン・キングの話に熱心に耳を傾けた。有意義な何かが学び取れるかもしれないと思ったからである。

リバモアはこれまで、秘密裏に、沈黙のうちに事を運び、一人で相場を張ってきた。激しく血を流しながらその代償として、独自の取引ルール、すなわち株取引に関する「リバモアの法則」を築き上げた。しかし、生身の人間はロボットではない。感情を抑制し、突き上げてくる内的衝動、恐怖、甘い期待を完全に払拭《ふっしょく》するなどできない相談なのである。

ためらい、しり込みしつつリバモアは、ついに、コットン・キングの話術にからめとられていった。高い教育を受け、世事に長《た》けるコットン・キングは、あらゆるテーマ、いかなるレベルの話も、説得力十分の語り口で進めることができた。稀代《きだい》の情熱家であると同時に、ブラックホールの吸引力を備えた存在だった。彼は、自分の語る内容のすべてを信じていた。また、リバモアによる資金提供の申し出を断ることにより、リバモアに自らの誠実さ、清廉さを十分納得させていた。

綿花について彼が持ち出す事実はすべて完璧《かんぺき》であり、論理的にも全くすきがなかった。それに引き換え、商品相場についてリバモアが持ち出す話には不十分なところがあったし、論理性から言っても見劣りがした。リバモアは一四のときから実務の世界に飛び込み、生き馬の目を抜く相場の世界で生きてきた。いわば叩《たた》き上げの投機師だった。綿花に関する知識は、鉄や石炭、トウモロコシ、オート麦、小麦の知識ほどではなかった。彼の抜きん出ている部分といえば、市場がどう動き、どう反応するか、微妙なところを瞬時に判断するノウハウだった。

リバモアは、相場の流れを考慮しないコットン・キングの動向予想をチェックしてみた。その結果、〝教授〟の判定はしばしば事実となって現れることが分かった。彼は思い始めた。「ひょっとすると自分が見落としている何かがあるのかもしれない。ひょっとすると市場の動きを分析するもっとよい方法があるのかもしれない」と。

コットン・キングは、縦横無尽に披瀝《ひれき》される知識の蓄積だけでなく、最新情報にかかわる独自の手づるを握っていた。南部全域に無数の情報提供者がおり、綿花の作柄、取引などに関する情報を逐次報告してくるのである。こうして得られたデータも、リバモアには惜し気なく伝えられた。こうした秘密情報、ならびに将来の需給予測を計算式に当てはめるなら、先物市場の動向を知るのは簡単なように思われた。敏腕の弁護士、深遠な説を論じる哲学者、やり手のセールスマン、名うての詐欺師などに共通する点であるが、彼らは、何らかの問題について相手の納得を得ようとする場合、まず基本的事実についてしっかりした合意を得ようと心を砕く。次いで結論を受け入れるよう説得するのである。すでに議論の土台について合意が成立しているわけだから、手続きを踏み、論理的に迫れば、相手に反論の余地はなくなる――。リバモアがコットン・キングの言う〝秘密〟の報告、〝秘密〟の事実を信じた瞬間、コットン・キングが提示する結論以外のものを信じる道は断たれたことになる。

リバモアがここで得た教訓は、生涯を通じて脈々と生きることになった。彼はこの一件以降、相場にかかわる自分の行動について一切口をつぐむだけでなく、他者に対しても、それぞれの行動を自分にしゃべらないよう、重要な情報を握っていてもそれを自分に漏らさないよう依頼するようになる。他者と自分とのかかわりによって相場観が偏ったものになることを彼は嫌ったのである。

この時期、リバモアはバーナード・バルークと極めて親しい関係にあった。そしてこのバルークにも彼は同様の依頼をしていた。後にバルークが語ったところによると、リバモアは「わたしが手がけている株について、たとえ君が何か知っているにしても、そいつをわたしに明かすのだけは勘弁してくれ。これは本当に重要なことなんだから」と念を押して頼んだという。

コットン・キングと初めて会ったとき、リバモアは綿花先物の小口の売りを建て、弱気の立場に立っていた。その後、〝教授〟と話すようになってから一カ月後、強気に転じた。株取引では、スタンスを変えるのは特にめずらしいことではなかった。その理由はいつも単純明快で、「株が上がると見たら買い、それが間違いと分かったら、つまり下落するわけで、当然、売りが正解となる。過去を振り返ってみても、上がらない株は下がるに決まっているんだから」というものだった。

そして彼は、勝負に打って出た。六万ベールの「買い」に出たのである。リバモアはすでに、他人の情報を当てにするな、他人のゲームに乗るな、という重要な掟《おきて》を破っている。そしてここで、さらなる掟破りに突き進んでいく。

綿花相場が思惑《おもわく》とは逆に下げるのを見て、リバモアは安値で買い増し、戻りを待つという、ナンピン買いに出た。従来の彼であれば、ここで売っていったん手じまいし、売りに転じたはずである。次に彼は、小麦を大量に買い、多少の利益を上げた。その一方で綿花の「買い」を続け、ついに一五万ベールまで買い増した。

彼が次に打った手も、自分のルールにそむく行動でしかなかった。綿花の損が膨らみ、証拠金不足に脅かされたリバモアは、利益の出ている小麦を売り、出血の続く綿花を後生大事に持ち続けた。彼は自分のルール「損は切れ、利益を確保せよ」を当然知っていた。しかし、そのとおりに行動しなかった。彼が小麦を手放したとたん、二〇セント上昇した。八〇〇万ドルが手からスルリと逃れていった。彼の判断はすべてにおいて狂い始めた。自信も揺らいでいった。そして冷静さを欠く行動がさらに募っていった。

綿花は底をついたと見た彼は、再度「買い」に走った。しかしそのポイントは底ではなかった。ついに刀折れ矢尽きるときがきた。リバモアの手には四四万ベールの綿花と莫大な差損が残った。三〇〇万ドルを投じて購入した商品の売却価格は三〇万ドル、二七〇万ドルの損失ですべてが終わった。

彼は結局、コットン・キングの弁舌と論理に幻惑されたのだった。

この一件によってコットン・キングが何らかの利益を得たということはなかった。磁力のような彼の個性、綿花市場の講釈にかかわる説得力には、リバモアの到底及ばないパワーがあった。結果的にそれがリバモア破滅のきっかけとなった。

リバモアはコットン・キングに恨みや怒りを向けることはなかった。彼はこれを新たな教訓と受けとめた。町のうわさや情報に乗らないというルールをすでに定めていたが、今回のこれはそれとは少し異なっていた。コットン・キングがもたらした〝情報〟を、リバモアは後に「高度の善意情報」と定義した。キングが述べた説、情報は、十分考察された末のものであったし、説得力の点でも申し分なかった。もちろん下心を隠しての主張というようなものでもなかった。善意に基づくひたすら魅力的な情報だったのだ。それでも人の語る情報には違いはなく、リバモアは三〇〇万ドルという〝授業料〟を払い、この教訓を胸に刻んだのだった。

彼が億万長者でいた期間は一年に満たなかった。アニタ・ベネチアン、リバーサイド通りの高級アパート、高価な家具調度、すべて手放さなければならなくなった。それにしてもリバモアはなぜ、破産者という動かしがたい履歴をもつ人物、コットン・キングの言に従ったのだろうか？ジェシー・リバモアもまた、一攫千金《いっかく》の大山を当てつつ次の投機ですべてを失い、線香花火のようにマーケットから退場していく相場師の一人だったのだろうか？　ウォール街のビルの谷間を行く金融関係者の口からは一様に、「あの大物相場師に一体何があったというのだ？」という言葉が漏れた。

リバモアは早く損を取り戻し、一年前の自分に戻りたいと思った。そのためには金が必要だった。それも早急に。このあせりがミスにつながった。彼はここでまた、ルールを破った。自分の損を市場で取り戻そうとした。いわば復讐《ふくしゅう》の念から相場に挑んだのだった。しかし彼の勝負勘は戻っていなかった。精神的にもチグハグでカミソリの鋭さが望める状況にはなかった。このときの彼は相場に戻るのではなく、むしろいったん後方に退き、英気を養うべきだった。しかし、だれもが認める大物相場師と自負していた彼は、相場で大山を張り、最後のトラの子を失った。信用貸しを得てなんとか踏みとどまったが、残ったのは融資者たちに対する借金の山だった。

数カ月後、すべてを清算した彼は、株式ブローカーその他に一〇〇万ドル以上の負債を負う自分と向きあった。三〇〇万ドルを失い、その上に一〇〇万ドルの借金を背負っていた。「大したもんだ」と彼は自分につぶやいた。「大層な相場師だよ、お前は……」

自分に幻滅し、打ちひしがれたジェシー・リバモアは、シカゴに向かう列車を待ってホームに立った。シカゴに確たる当てがあるわけではなかった。バケット・ショップがあるかもしれないと思ったし、商品取引所で食う道が見つかるかもしれないと思った。それにしても暗く滅入る気持ちが幾重にも重なり、混乱した頭の中、気持ちの整理はつけようがなかった。一つだけはっきりしていることがあった。一刻も早くいまわしいニューヨークから逃げ出したいということだった。

シカゴでも状況は変わらなかった。うつうつとした時間の流れ、垂れ込めるようなうっとうしさ、うつろな気持ち、どこにももって行き場はなかった。売買記録を取り出し、破産に至った道のりを振り返ってみたリバモアは、一層の絶望感に襲われた。綿花の失敗に続く最後の取引など、目も当てられない状況だった。自分で実行した売買の記録とは到底思えなかった。まさに三流のばくち打ちの行動であり、駆け出しのころだってこれほどひどくはなかった。彼の自信は砕け散った。ひどい気持ちの動揺を抑えることができなかった。わずか一年前、リバモアは専属のブローカーを通じ、一〇万株以上、総額一〇〇〇万ドルに上る株取引をやすやすと実行した。今は、数百株のトレードさえおぼつかなかった。彼はいつのまにか、自分で定めた取引のルールをはずれ、他人の理論とペースに依存するようになっていた。そしてこうむった巨額の損失に恐れをなし、持ち前の判断力さえ狂わせてしまったのである。そして今、並はずれた精神力さえどこかへ消えてしまった。最悪の事態だった。不屈の精神があればこそ、苦境を乗り切ることも、新しい計画へと踏み出すことも可能となる。しかし今、かつての余裕、「以前にも一からやり直して成功した。今度もまたやるさ」という楽観は消えていた。

彼は深い闇《やみ》の中、奈落の底にいた。光を見いだせないやり切れなさは、魂の奥底をもむしばんだ。

絶望の淵《ふち》をさまようような数カ月をやり過ごした後、彼はやっと自分の過去の行動にメスを入れ、細かく分析してみる気になった。何が間違いだったかしっかり理解しておこうという気になった。リバモアが必要としたのは、自分の感情、自分の心理に対する理解と洞察だった。こうした人間的な側面を、これまでの彼はひたすら否定し、顔をそむけてきた。相場を読む技術に長《た》けてはいても、なぜ自分が市場の原則に反する行為に走ったのか、なぜ自分の理論、せっかくのルールをないがしろにしたのか、答えを見つけることができなかった。常軌を逸したとしか思えない自らの行動が、経済的、精神的破滅を自らにもたらしたのである。あれは一体何だったのか——？

逡巡《しゅんじゅん》の末行き着いた結論は、すべての根源にエゴがあり、うぬぼれがある！ということだった。かつてリバモアは、市場の命運をその両の手に握ったことがあった。売りを思いとどまってくれと、天下のJ・P・モルガンに頼まれたことがあった。そしてたった一日で一〇〇万ドル以上の利益を叩《たた》き出したことがあった。しかし、そうした未曾有《みぞう》の成功が、彼の全存在を根底から揺るがす震源だった。彼を追い詰め、打ちのめしたのは、気の遠くなるような失策ではなかった。現に彼は、失敗とその結果を収拾し、立ち直ることができた。彼の手に余る事態、収拾不能の事態というのは、これまで気づかなかったが、実は「絶頂的成功」だったのだ。

そして彼は、成功というものも失敗同様、極めて扱いのむずかしい相手だ、いずれも人を破滅に追い込む破壊的力を秘めている、という真理を学んだ。シカゴで彼は、わずかながら取引の資金を得た。リバモアの実績を知る友好的なブローカーが、彼の将来性、つまり手数料の将来的拡大を見込み、融通してくれたのである。

しかし、リバモアの辛酸は、なおやむことがなかった。

後年、彼はこの話をエド・ブラドレーに詳しく語っている。場所はビーチ・クラブのバー。ウォール街で一番つらかったのはいつだったかとブラドレーに尋ねられ、リバモアは次のように語った。

「あれは、シカゴにいるときだった。向こうに移って三カ月もしたころだったろうか、ニューヨークにすぐ帰れという電報を受け取ったんだ。電報を打ったのはわたしの友人で、名前はフレッドということにしておこうか。大きな証券会社のオフィス・マネージャーを務める男だった。フレッドに電話を入れると、彼は言うんだ。『JL、悪くない話だ。すぐニューヨークに戻れ。君に会いたがっている人物がいる』ってね。

わたしは次の汽車でニューヨークに戻ったよ。あんな話は二度とないと思うが、信じられんチャンスが待っていたんだ。だけどその後、今思い出しても胸が痛むような大変な結末になってしまった。ニューヨークの証券会社にフレッドを訪ねると、彼はすぐわたしをオーナーのところに連れていった。大した〝財閥〟で、だれもが名前を知っている有名人だが、ここではチャールズとしておくよ。

顔合わせとあいさつが終わると、フレッドは退室していった。オーナー社長はすぐ本題に入ったよ。『リバモア、綿花相場でのトラブルを聞いたが、本当に気の毒に思うよ。君がコットン・キングの口車に乗せられ、すっかり君らしさを失ったということも聞いている。あいつに悪意がなかったのは分かるが、あの男はエスキモーに氷を売るほどのすご腕だから、政治家にでもなればよかったんだ。それにしても、災難だったなあ。もっとも、コットン・キングに引っかき回され、災難に遭ったのは君だけじゃない。これからもそんな人間が出てくる可能性がある。それはともかくとして、君がどんな実績を残してきたか、わたしはよく知っている。一九〇七年の暴落でモルガンの伝言を受け取ったときのあっぱれな対応にはつねづね感服している次第だ。それでこんな機会に君の力になれればと、シカゴからご足労願ったわけだ』彼はそう言うと、ポケットから小切手帳を引っ張り出し、二万五〇〇〇ドルの小切手を切ったんだ。そして『さあ、これをもっていきたまえ。当座の資金にはなるだろう』と差し出した。

わたしはその小切手を見て、それから彼の目を見返した。そして聞いたんだ。『条件は何ですか？』ってね。

『条件は、うちの店を通じて取引してもらいたい。それだけだ』と彼は言った。

『相場がうまくいかず、足を出した場合は？』

『追加の資金を渡す。君ならいつか取り戻すだろう。君が勝つまで援助するよ』

『まだ、よくのみ込めませんが……』とわたしがためらうと、社長は言うんだ。

『そうかもしらん。詳しい話は明かせないが、一つには君の口の堅さを見込んでいる。君はいつも隠密裏にトレードを進める。わたしもその口だがね。だから君が資金をあとどのくらい残してるか、背後に資金提供者がいるのかいないのか、だれも知らない』

『それで、利益に対する歩合をいくらか払うわけですか？』

『いや――。君にわたしの目論《もくろ》みを話しておこう。わたしは、うちの顧客として大口の投資家を何人もかかえている。そしてそれぞれが独自の商売を展開している。彼らがここで何をしているか、公にしたくないんだ。君がうちの店を通じて仕事を進めれば、ほかのだれがどんな取引をしようが、だれも関心をもたなくなる。君は大勝負に出ることで有名だし、売りで儲《もう》けることでも有名だ。君が売れば、だれもが得意の行動に出たと解釈する』

そう聞いて、確かめたよ。『そうするとわたしは、この店を通じて現れる大口の取引、とりわけ売り建ての〝煙幕〟になるわけですね？』

『そのとおりだ』

『わたしを隠れミノに使えば、そうしたケースに限らず、やじ馬にさとられないでだれでも大量の株を売ることができる……？』

『そうとも言える。しかし、だれが何をやろうと、君が邪魔されるわけじゃないし、法に触れるわけでもない。勝手にやらせるさ』

わたしは無性にニューヨーク市場に戻りたいと思っていたから、差し出された小切手を受け取り、相場稼業を再開した。仕事はうまくいったよ。勢いのある上げ相場の波に乗り、三週間後には二万五〇〇〇ドルを、五万ドルにまで増やすことができた。しかしこのときさ、最初のつまずきをやらかしたのは。わたしは件《くだん》のオーナー社長チャールズのところに出向き、言ったんだ。『お借りした二万五〇〇〇ドルをお返ししたいと思います』とね。だが、彼は受けとらないんだ。『いや、リバモア、それは納めとけ。返済なら、君の口座にもっと現金がたまってからでも遅くはなかろう』

わたしは、それももっともだと思った。その方が店に入る手数料も増えることになる。それからまた二、三週間、仕事に打ち込んだよ。わたしはパトロンの彼が好きだった。どん底のわたしに救いの手を差し伸べてくれたのはチャールズだけだった。わたしは彼に恩義を感じ、忠誠心を抱いた。もっと重要な点は、わたしの自信喪失、いじけた気持ちが徐々に晴れていったことだ。

やる気も戻りつつあった。元の自分に戻っていける気がしたんだ。金も回り始めていたしね。

そのころだ、わたしが売りに転じたのは。チェサピーク&アトランティック鉄道の株を一万株、空売りした。そしたら驚くじゃないか、明くる日チャールズのオフィスに呼ばれて言われたんだ。

『JL、君の昨日の売り注文一万株はキャンセルした。代わりに買いでつけておいたから』

『しかし、相場は下げに向かってるんですよ』

『いやいや。あの鉄道会社の社長は、実はわたしの義兄でね。わたしの仲のよい姉の連れ添いなんだ。だから、ここで明かすわけにはいかんが、いろいろ内輪の話も耳に入ってきている。あその株は必ず上がる』

しかし、わたしの予想どおり、株価は下がった。わたしの儲《もう》けはチャラさ。だが、チャールズは言ったもんだ。『心配するな、JL。わたしがまた手を貸してやるさ。ちょっと時間がかかるかもしらんが、あの株は必ず値を戻す』とね。

しかし、しばらくすると約束どおり、わたしの口座に彼からの振り込みが記入された。そしてチャールズはわたしに言った。『ところで、サザン・アトランティックを一万株手当てし、君の口座につけておいたから』

『まさか、そこもお義兄《にい》さんの経営する鉄道会社というわけじゃないでしょうね?』

『義兄の会社さ。大変に将来性のある会社で、値上がりが見込まれてる』

ところがこれも値を下げた。数日後に清算したが、またも丸損だった。しかしチャールズはまた同じようなことを言うんだ。『何も心配ないって、JL。そのうちうまくいくようになるさ』

彼の援助で食いぶちぐらい何とかなった。しかし、わたしには一〇〇万ドルを越える借金があった。これを早く何とかしたいと思うのに、一向に前に進まないのだ。

そしてわたしは、チャールズのからくりを知ることとなった。あの証券会社のオーナーは義兄の資産をこっそり現金化していたんだ。彼の義兄というのは、アメリカでも有数の大富豪だった。そして当時だれもが知っていたことなんだが、その人物は長い間病気で死期が間近に迫っていた。

わたしは、フレッドと話してみようと思った。シカゴに電報をくれたあの男だ。一杯やりながら、会社のオフィス・マネージャーをやる彼に、わたしの考えを話したんだ。『どうやらわたしは、チャールズの陽動作戦に利用されたようだ。彼の本当の目的は、義兄の資産の現金化だ。わたしを前面に立てれば、ウォール街で大資産を売り立てても、だれも気づいたり、怪しんだりする者はいない。鉄道会社の株券が大して買い叩《たた》かれることなく売却されるという寸法だ』

オフィス・マネージャーはわたしをじっと見て言ったよ。『十分あり得る筋書きだ。確かにあそこの株はもうあらかた現金化されてる』

『ということは、わたしがもらった金、わたしがケムリにした金など、莫大な資産を値切られ、目減りする額に比べれば、へでもないということだ』

『ご明察』

『ということは、わたしはいいように利用され、コケにされたということだ。わたしに市場の目が集まっているスキに巧妙な計画が実行されたわけだから』

『それもあるだろうが、もっと大きいねらいもあったと思うね』

『そりゃ、どういう意味だ？　もっと大きいねらいというのは何だ？』

『うちのボスは、相場は遅かれ早かれ軟化し、弱気に転じると読んでいたはずだ。それに、君の腕が確かだということも知っていた。実際、彼が君の口座を使って勝手な相場をやり始めるまでの三週間、君の手並みをじっくり見ている。確かに君が相場を張る陰で、本命の資産売却を実行していった。しかし、それは全体の構図の一部であって、君を側に置いておかなければならないもっと大きな理由があったんだと思うよ』

『それは、どういうことだ？　まだ、よく分からんが……』

『いいかい、ＪＬ、君は遅かれ早かれ株の世界に戻ってくる逸材だ。これは市場のだれもが考えていることだ。戻ってきて本格的に活動するようになれば、二、三〇万程度の株は楽に動かすようになる。そして君のことだ、ボスの義兄の会社の株がどんどん市場に流れ込んでいることに気づく。それに気づいた途端、君はこの鉄道株にとびつき、猛烈な勢いで売るようになる。君に売られてみたまえ、標的になった鉄道株はあっという間に急降下だ。チャールズも、売りに回ったときの君の猛攻ぶりを知っていた。そしてそれを恐れたのさ』

　わたしは心底あっけに取られたよ。だってあのとき、わたしの精神力はまだ十分といえるほど回復していなかった。むしろどこかボンヤリした状態で、意欲も本物ではなく、以前のように頭がフル回転していなかった。だからオーナー社長の意図にしても、上っ面を見るだけで、奥深いところまでは読めなかった。わたしを囲い込み、籠の鳥にすることで都合の悪い横ヤリを封じ込め、アメリカでも類を見ないような大規模な売りをマイペースのうちに完了する――そんな筋書きなど、想像もできなかった。チャールズの姉が握った現金の総額は、株券を売り切った段階で二億五〇〇〇万ドルにも達したんだ。

わたしにはショックだったよ。あのとき、自分の後ろだてになってくれていると思う彼に感謝しつつ、仕事も誠心誠意やったんだ。それなのにどうだ、コットン・キングのときと同様、また後ろからバッサリだ。こっちの預かり知らないうちに、大陰謀の片棒をかつがされたわけさ。それにしても恐ろしく頭の切れる男だ。人の心の機微を奥の奥まで読んでいる。そして人のアキレス腱《けん》、死角を見つけたら、そいつを裏で自分の利益に結びつけていくんだから。

もう一つショックを受けた点がある。彼はわたしのトレード能力について、わたしが思う以上に的確な判断を下していた。こっちはヨレヨレとしか思ってないのに、正確なところを見抜いたんだ。慧眼《けいがん》おそるべし、だよ。

でも、チャールズに腹を立てる気にはなれなかった。彼は自分の立場からあの大仕事をやってのけたんだ。あれで一番得をしたのは彼の姉だと思う。チャールズは姉を思う気持ちから、資産の目減りを最小限に食いとめようとしたんだ。その大芝居の狂言回しを務めたのがわたしだったというわけ。悔しいと思うところがなかったわけじゃない。第一、相場の状況としては悪くなかった。あの風にうまく乗っていれば、借金だって返せたはずだ。しかし、そのチャンスもおめおめ逃してしまった。わたしは確かに乗せられたわけだが、単に乗せられ、利用されたというだけではなく、自分のルールまで破っている。取引は一人で、自分の口座のみのためにという〝誓い〟をホゴにしたんだ。あれもホゾを噛《か》む思いだったよ。

その夜、自分のデスクを片付けると、わたしはチャールズのオフィスに出向いた。そして最大限自分を押し殺して言ったんだ。『ここで取引するのも今日限りです』とね。

彼は黙ってわたしを見返し、そしてうなずいたよ。さらにじっとわたしの方を見た。わたしが彼のからくりを見破ったことに気づいている目だった。わたしがきびすを返し、ドアに向かうとチャールズは言った。『これから少し寂しくなるな』とね。

わたしは、『ええ、そうでしょう、そうでしょうとも』と答えてドアを閉めた。

最初がコットン・キングで、次がチャールズ——わたしが味方と思い、全面的に信頼を寄せると、手ひどいパンチを食らう。この打撃は大きかった。これからもこんな思いをしながら学んでいくのかと思うと本当に憂鬱《ゆううつ》だった」

リバモアはオールド・ファッションドのグラスを空けると、もう一杯オーダーした。そして、世界で最も著名なギャンブラーの一人エド・ブラドレーの方を見た。「今度は君の番だぜ、エド。わたしの悲しい物語は以上のとおりだ。君のつらい思い出といえばどんな話だ？」いずれも、仕事、私生活両分野について自分を語らない人物として通っていた。しかし二人とも、気のおけない相手としてお互いを見ていた。

「いいだろう、ＪＬ。わたしにも似たような過去があるよ。人の気持ちの頼みがたさ、人の心の当てにならなさ、というやつだ。

知ってのとおり、わたしは馬が大好きだ。どうしてか分からんが、馬を見ると血が騒ぐんだ。わたしが馬にのめり込むようになったのは、西部に住むようになってからだった。西部には軽い肺結核の療養ということで移転することになったんだ。そのうち流れ者やばくち打ちと交わるようになり、陸軍の斥候《せっこう》になった。そしてインディアンのポニー・レースに出会うたびに、頭をカッカさせるようになった。病がこうじて、結局ニューオーリンズとフロリダで競馬場の経営に一枚噛むようにもなったんだ。だが、わたしが本当にわれを忘れるのは走る馬の姿だった。人とか、経営とかの比じゃなかったね。今でもケンタッキーの牧場で子馬が生まれるのを見たり、それぞれが成長してたくましい走りを見せたりするようになると、言葉では言い表せないスリルを感じるんだ。

うちの馬で、名前をブルー・ラークスパーといったが、ケンタッキー・ダービーの優勝をねらえるようなすごい馬がいた。JL、君も知っているように、わたしはゲンをかつぐんだ。ギャンブラーというのはみんな、ゲンかつぎだがね。それで、わたしの持ち馬というのはどれもみんな、Bで始まる名前をもっている。それというのも、最初の馬の名前がバッド・ニュースで、こいつがすごい戦績を残したんだ。なぜバッド・ニュースかというと、ほら悪いニュースというのは、足が速いだろう？　ハハハ。それはともかく、ブルー・ラークスパーは二歳馬レースに七回出場して六回勝った馬だった。そして、ダービーに出場することになったんだ。単勝一倍台の人気馬で、わたしもこの馬に一二万五〇〇〇ドルをつぎ込んだよ。レースを控えてチャーチル・ダウンズは雨になった。数時間も降り続いたよ。わたしと調教師は相談のうえ、ブルー・ラークスパーの蹄鉄《ていてつ》を重馬場《おもばば》用に変えることにした。

そしてレースが始まった。しかしブルー・ラークスパーはゲートから飛び出したはいいが、泥に足を取られて思うように走れない。というより足を滑らせ、ほとんど転倒せんばかりさ。転倒すれば足を折って一巻の終わりになるところだ。騎手が何とか体勢を立て直しゴールインしたが、出走馬二一頭中四着に終わった。

レースが終わって点検してみたら何と、蹄鉄が交換されてないじゃないか。蹄鉄係の男が女のことか何かで調教師ともんちゃくを起こし、蹄鉄を交換するそぶりをみせながら、裏口からトンズラを決め込んだわけさ。ブルー・ラークスパーを危うく殺すところだったんだぜ」

「他人の頭の中だけは、手を突っ込んで調べるわけにもいかんしな……」

リバモアは元斥候兵エド・ブラドレーの話を黙って反芻《はんすう》した。そして、ふと聞いた。「エド、その蹄鉄係はその後どうなったんだ？」

「ＪＬ、そこは聞かぬが花さ。だれも永久に耳にすることのない話なのさ」

一九一〇年、ジェシー・リバモアはほそぼそと取引を続けていた。強気相場が去り、生気のない雰囲気がウォール街に漂っていた。ボックス圏に迷い込んだ相場は行方が定まらず、先の読みにくさが不活発な取引の一因ともなっていた。

リバモアはその後四年間、ブローカーからブローカーへと転々とすることになる。それぞれの業者から一定の信用枠を提供してもらうことはできた。しかし、いつまでたっても湿っぽい結果しか得られなかった。いらだたしく情けない思いばかりが募り、晴れ晴れした気持ちで相場に取り組むことができなかった。重苦しい気分が居座り、精神のバランスが崩れているのは明白だった。

彼はまた、債務者が往々にして身にまとう陰鬱《いんうつ》な外套《がいとう》を羽織っていた。リバモアの体には、ニュー・イングランド人の血が流れていた。「金は貸すな、借金はするな」という教えが身についているのである。彼は自分の借金を憎んだ。罪の意識が両の肩に重くのしかかり、彼を苦しめた。借金は早々に返してこそ男である。しかし彼は、友人たちに多大な負債を負ったままである。そうした友と、日々顔を合わせなければならない——。

彼はやがて、深い底なし沼に沈み込み、もがいている自分を痛感した。その救いのなさは永久に続くと思われた。「白殺」の二文字が頭をかすめる。何度も、何度も……。

彼の前には二つの選択肢があった。無条件降伏し、すべてに決着をつけるか、あるいはやっかいな現状を分析してみるか。

リバモアは後者を選んだ。その結果、問題の根本は金、あるいはその欠如、という結論に到達した。

彼は数年前、数百万ドルの富を手に入れた。しかし、その元はといえば、母から贈られた数ドルだった。もう一度それができないわけはあるまい。チャールズは、リバモアがそれをやると思った。だから義兄の資産を処分する間、彼を籠の鳥にしたのだ。彼は、トレーダーとしての今の自分はかつての自分ではないと結論づけた。自分の頭脳も精神も、働いているように見えて働いてはいない。失敗による自信喪失と、借金による忸怩《じくじ》たる思いがそれを邪魔しているのだ。

問題は市場にあるのではなかった。市場がどうであれ、利益を生み出す状況と機会はつねに存在する。一刻も停滞しないのが市場の本性であり、チャンスはどんなときにも存在する。

では、本当の問題はどこにあるのか？　的確な判断が得られない原因はどこにあるのか？　気分ばかりが憂鬱で、頭の芯の方はつねにカスミがかかっているような状態だった。でも、それはまた、なぜ？　リバモアはその理由を金だと結論づけた。友人から借りたままの借金が気になって仕方がないのだと。重くのしかかる借金を何とかしない限り、うっとうしい気分から到底逃れられないし、思うような相場も張れないと彼は思った。

そして、破産手続きをとる決心をした。とにかく、債務にまつわるモヤモヤにケリをつけなければならなかった。気持ちをスッキリさせ、心機一転して相場に戻る必要があった。

弁護士に会い、破産手続きの依頼をする前に、彼は債権者の一人一人を訪ねた。そして借金は必ず返すと約束した。

だれもが笑顔で応対し、彼の手を握った。「君のことだ、必ず勢いを取り戻し、きちんと清算してくれると思っている」。だれもがリバモア以上に彼の能力に信を置いていた。「JL、われわれは君の復活を信じている。ウォール街でマットに沈められた相場師は君が初めてじゃないし、最後でもない。君はこのまま消えていくような相場師じゃない。また、ぜひうちの店を利用してくれたまえ。待っているよ」

「借りている金は必ず返す」

「うん、君ならできるさ」

「一セントも残さず返済するつもりだ」

「話は分かった。それで、一つ言っておきたいんだが」と多くの債権者は告げた。

「どんなことだ?」

「破産申請をするとき、うちの債権額は載せないようにしてほしいんだ。君とうちの店の関係を公にしてみても、得になることは何もないからね」

一部の株式ブローカーを例外に、残りはすべて同じセリフを口にした。ジェシー・リバモアにとって、これもまた背筋の寒くなるような体験だった。一九一四年、世界大戦がヨーロッパで勃《ぼっ》発《ぱつ》した。この年、株式市場は七月三一日から一二月一五日まで閉鎖された。ギリギリの生活を強いられたリバモアは、ブロードウェーと八六番通りの交差点に立つ二流ホテル、ブレットン・ホールを住まいとした。

彼は、自分の破産請求を提出してくれる弁護士を訪ねた。肩身が狭く、情けない思いが募ったが、一度決めたことは曲げないリバモアだった。黙って成り行きを見守った。そして一九一五年二月一八日、ニューヨーク・タイムズ紙上で過去五年間における自分の歩み、その概略を目にした。

一九一五年二月一八日付　ニューヨーク・タイムズ
コットン相場で破産へ

「ジェシー・リバモアが、ウォール街で稼ぎ出した数百万ドルを失った。一九〇七年の暴落を機に巨万の富を得たリバモアは、相場師としての手腕の鮮やかさゆえに、そして同時に、わずか数カ月後の綿花相場による没落ゆえに、一躍ウォール街の〝時の人〟となった。そのリバモアが昨日、連邦地方裁判所に自己破産の申し立てをおこなった。ブロードウェーと八六番通りに立地するブレットン・ホールに居住する彼は、一〇万二四七四ドルの負債を負っていると陳述した。リバモアの資産額は不明。彼は現在三八歳、一六歳のときから一貫して株式、商品などの取引に従事している。一九〇六年が彼にとって飛躍の年となった。株式相場が下落すると見たリバモアは、ユニオン・パシフィック、リーディング、コッパー&スメルターズなど各社の株式を売り建て、一九〇七年の大底で買い戻しに入った。その結果、莫大な利益を得た。

同じ年の八月、リバプールの綿花相場を見て値下がりするとにらんだ彼は、このときも『売り』から入った。この取引も巨額の利益をもたらし、一九〇八年を迎えるころ、彼は推定で二〇〇万ないし三〇〇万ドルの資産を保有する富豪となった。

しかし一九〇八年八月を境に、リバモアは運から見放されるようになる。綿花一〇月物で六〇万ベールを購入したものの相場は下落、六七ポイントという大幅値下がりを受けて資産のほとんどを失う結果となった」

リバモアは新聞を畳み、ドレッサーの上におくと、古くみすぼらしい椅子から立ち上がった。そして小さなバスルームに入ると、時間をかけ、いつものようにこざっぱりと身繕いした。ウォール街に向かって、自分の人生で最も長い道のりを歩いていった。やがてチャールズの証券会社の前に立ち、入っていった。かつてリバモアの〝後見人〟であり、以来四年間、会うことも口をきくこともなかった人物である。

彼はやっと、重苦しい借金の外套を脱ぎ捨てた。次は、トレードができる状態にあるかどうか、見極めなければならなかった。リバモアの場合、その見極めをつける唯一の方法は、口座に資金を用意し、テープに見入り、現実に売買してみる以外になかった。しかしそうしたチャンスが、今の自分の周囲にほとんど見当たらないことを彼は知っていた。

第六章　第一次世界大戦――再起するリバモア

「変人と天才は紙一重である。
時代のわずか先を行くだけで『変人』となり、
時代から取り残されれば『敗残者』となる。
時代を的確にとらえた者が『天才』の栄冠に輝く」

――トーマス・J・ワトソンSr.、IBMの創設者

リバモアは最後の深呼吸をすると、〝元後援者〟の店に入っていった。すぐチャールズの執務室に通され、椅子《いす》を勧められた。デスクの上にはニューヨーク・タイムズが置かれていた。部屋の主も訪問者も、その内容については全く触れなかった。

「ここで取引をさせてほしい」何の前口上もなくリバモアが言った。

相手は黙って座ったままだった。リバモアの気持ちを推し測りつつ、自らは感情も思考も表に出さなかった。ふたりとも、過去のいきさつについてあれこれ触れる必要のないことを知ってい

た。

「いくら入用だ?」とチャールズ。

「そちらで決めてもらって結構」

チャールズは立ち上がり、オフィスの窓辺にたたずんだ。時は一九一五年、戦時下の相場はネコの目のように変わった。何分とたたない投機で百万長者が生まれ、あるいはルンペンが輩出した。

「よかろう、JL。五〇〇株の信用枠を提供しよう。今日、これから君の口座に手配しておく。君の口座はまだ、うちで生きているんだよ」

「わたしがいつか戻ってくると……?」

「多分ね」

「ありがとう」彼は感謝した。二人は握手し、訪問者は去っていった。五〇〇株といえば、リバモアには、わずかな取引でしかない。しかし一株当たりの価格に制限はなかった。一五〇ドルの株なら、金額にして七万五〇〇〇ドル、そこがスタートなのだ。

まず、何をすべきか――そこを決めなければならなかった。利用できる資金は限られている。失敗するわけにはいかなかった。もとより以前のトレーディング・ルールに戻るつもりだったが、小口の取引で打診し、自分の判断を確認しつつ前進するというやり方は、手持ち資金の量からいって不可能だった。チャンスは一回、そのワン・チャンスで利益を上げなければならないのだ。それだけに、やっかいな緊張感のせいで、冷静な判断が狂ってはたまらない。相場の流れを強気と見たリバモアは、買いから入ることにした。彼はまた、どの銘柄もたいてい、一〇〇ドル、二〇〇ドル、三〇〇ドルといった大台を越えるとともに、力強く上昇する傾向のあることを知っていた。

彼は、気持ちが楽になっている自分を感じた。自分の欠点や弱さへの自覚、自分の限界にかかわる認識が以前より明確になっているのも感覚的につかめたが、だからといってそれで精神全体がふらつくようなことはなかった。戦争の影響で、市場が立ち騒ぐのを見るにつけ、勇躍して自分もと思わないわけではなかったが、そうした心理的興奮を意識するがために、むしろチャールズの店には近づかないようにした。破産し、生活資金の乏しさに窮しつつも、六週間にわたってテープの値動きを分析、検討した。もし彼がチャールズの店のどれかに足を運べば、自分に与えられた信用を頼りに、すぐさま泡立つような相場の中に飛び込んでいきそうな気がした。しかし、それでよい結果が得られるとは到底思えなかった。初回の重要なトレードで相応の利益を得ようとすれば、すべての条件が揃《そろ》うのを待たなければならない。誘惑に負けていては話にならない。彼はテープの読み取りに没頭した。このとき彼は、最大の敵は自分の中にいると実感した。トレーダーならだれしも、遅かれ早かれ直面することになる自分との戦いだった。

リバモアはすべての条件が望みどおりに出揃うのを辛抱強く待った。

そして、ついに動くときがやってきた。彼が白羽の矢を立てたのはベスレヘム・スチール、戦時にあって間違いのない、また一般投資家に人気の銘柄だった。このベスレヘム・スチールが一〇〇ドルまであと二ポイント、九八ドルというレベルに達したとき、彼は店頭に出向き、五〇〇株購入した。一〇〇ドルの大台を越えたら火がつく、と予想したとおり、ベスレヘム・スチールはすぐ一一四ドルまで上昇した。ここで信用買いにより、彼はさらに五〇〇株買い増した。これで彼の買い残は一〇〇〇株となった。

その翌日、この株は一四五ドルをつけた。二、三日後に手じまいしたリバモアは、五万ドル以上の利益を獲得した。ということは、これを証拠金に五〇万ドルの信用取引が可能になったのである。ついに、ジェシー・リバモアがゲームに復帰した。

破産が確定してから、彼に思いわずらうものはなかった。最初のトレードもよい結果を生み出した。自信と喜びが戻ってきた。資金的余裕ができ、自分らしいやり方で取引を進められるようになった。その年が終わるまでに一連の相場はまずまずの形で展開し、結局彼の手元には五〇万ドル近くの資金が残ることとなった。

リバモアがこうむった唯一の痛手は、ルシタニア号の沈没によるものだった。一九一五年五月七日、客船ルシタニア号が撃沈された。これによってだれもがアメリカの参戦を確信した。このニュースで相場は大荒れとなり、暴落した。リバモアも無傷ではいられなかった。しかし素早く買い戻し、一五万ドルを口座に残した。彼は明らかに、以前の切れ味を見せるようになった。しかしそれ以上に重要な点は、彼が自分なりの取引手法を見いだしたことだった。今や自分独自のルールにしたがうだけでなく、自らの精神的弱点を意識的に回避できるようになっていた。

リバモアが破産宣告を受け、活動を再開するころ、別居中の妻ネティがまた彼の前に現れた。ネティと別れてから、また陰鬱《いんうつ》な出口なしの〝ワナ〟に落ち込むとともに、彼が彼女に会うことはほとんどなかった。リバモアは彼女に、「実入りのなかった数年の償い」として、週一〇〇〇ドルの手当てを与えた。そのうえ、ロングアイランドのたいそうな屋敷と、家具調度を取り揃《そろ》えるのに必要な資金、車までも提供した。

多くの国民が予想したように、アメリカ政府は参戦しなかった。ルシタニア号を沈められはしたが、頑固に孤立主義を押し通した。アメリカ国民が外国の戦争にかかわることを忌避したからであった。市場が元に復するのにさして時間はかからなかった。リバモアは、戦時景気の後押しを受けた強気相場のさなかにあった。

アメリカの産業界はフル回転で生産力を上げていった。あらゆる商品、工業生産品が戦争に引き裂かれたヨーロッパの国々へ輸出されていった。その見返りに各国から大量の金《きん》が流入した。アメリカの経済は好況に沸き立った。一九一六年いっぱい、リバモアは強気に出、積極的に取引を進めた。しかし弱気相場と同様、強気相場も永久に続くわけではない。そしてリバモアは、その分岐点を求めはじめた。

一九〇六年、一九〇七年のときと同様、彼は先駆株の動きにじっと目をこらした。相場をリードする銘柄の勢いがにぶり、頭を下げたり、横ばいに転じたりする時期こそ、弱気相場に転じるサインだった。彼はまた、上昇、下落いずれに変化するにしろ、白が黒に変わるように、いきなりひっくり返るわけでないことを知っていた。客観的な立場で動きを観察するなら、多くのシグナル、手掛かりが得られるものなのである。

相場が進むのか退くのか、つまりいつまで上昇の勢いが保たれるのか、いつ下落の気配が進出してくるのか、リバモアは慎重に計った。主導株の頭が押さえられ、方向転換を余儀なくされる時点で、彼は警戒ランプが点灯したと解釈する。そしてこうした銘柄の株価が身をすくめ、反転の兆候を示したときが、戦略転換のときなのである。反対方向に向けての取引が開始されることになる。彼は、一九一六年の強気相場が主導株の値動きを通じ、強い転換の〝意志〟を示したと受けとめた。

市場は、名うてのカード・プレーヤーのようなものである。手札として何をもっているかオクビにも出さない。その手の内を読むには素知らぬ顔で頭を回転させ、じっと観察し、かすかなサインを読み、抜け目なく立ち回らなければならない。微妙な変化の兆しを認めたとしても、今度は市場の大勢に抗して自分を保つ困難と戦わなければならない。大部分の投資家は市場の泡立つ本流に目がくぎづけになっており、近々下落に転じるなど夢にも思ってはいない。こんな時期にみんなとは逆の位置にじわじわ自分を寄せていくのである。何度となくこうした経験を積んできたリバモアは、この自らの転換と作業を苦痛とは思わない。これをうまくやりおおせた先に千金、万金が待つことを知っているからである。

相場の変化に目をこらす彼は、例によって探りを入れ、偵察隊を放つという、本来のアプローチを採用した。自分の判断に間違いがないかどうかを確認すべく小口の取引で打診したのである。一ダースほどの銘柄が対象として選ばれた。スチール、ボールドウィン、アメリカン・キャン、ゼネラル・モーターズ、フォード、アナコンダ・コッパーなどである。彼は合計六万株を売り建てた。当時のリバモアとしてはまあ小幅と言ってよいポジションである。彼は待った。そしてやがて、平均すると約四ポイントの下落をテープから読みとった。自分の読みに誤りのないことを確認した彼は、ポジションを倍の一二万株に増やし、その後の推移を見守った。

このとき、ウッドロー・ウィルソン大統領が戦争の終結を促し、ドイツと連合国双方に和平提案をおこなったというショッキングな情報がワシントンからリークされた。市場はこの〝吉報〟につんのめった。戦争が終われば外国への物資供給が止まり、不景気を余儀なくされるのである。リバモアは、市場で幸運に出会った場合、つまり予期しない利益が転がり込んだ場合、欲を張らずに現金化する、という不動のルールを構えていた。そしてこのとき、彼は一二万株を売り込んでいた。目先の下落に乗じて買い戻せば、相当な現金になる。

リークは一九一六年一二月二〇日の朝に起きた。リバモアはたまたま、パーム・ビーチのフィンレー・バレル&カンパニーのオフィスにいた。この証券会社と取引はなかったが、この店でテープをながめ、新聞に目を通していた。ここでフィンレー・バレルの本社から届いたという個人宛の電報を見せられた。

「これをご覧ください、ミスター・リバモア」と言いつつ、オフィス・マネージャーが電報を差し出した。

「『ウィルソンが今日の午後、交戦国両陣営に和平を提案』か」リバモアは声に出して電文を読み上げた。電報の発信人はワシントンの記者W・W・プライスとなっていた。リバモアも知っている名前だった。「このネタは、信頼できると思うかい？」彼は男に尋ねた。

「ええ、本当だと思います」とマネージャーは答えた。

リバモアは彼に礼を言うと、自分が口座をもつE・F・ハットンのパーム・ビーチ支店に出掛けた。そこでウィルソン大統領による和平提案の話を聞いているかと尋ねたが、知っている者はだれもいなかった。彼はニューヨークのエド・ハットンに電話を入れた。しかし、ハットンもそんな話は知らないと答えた。リバモアは市場が軟調に傾く様子を目の当たりにした。昼の出前を注文すると、テープを前に臨戦態勢に入った。

午後一時を少し過ぎたころ、E・F・ハットンの電報部門は全支店に至急電報を打った。電文の内容は、リバモアがフィンレー・バレルの店で見た内容と全く同じだった。彼は主要通信社数社に連絡をとり、真相を知ろうとした。しかし、いずれの通信社も大統領の和平提案については情報を得ていないと返答した。

しかし、「ヨーロッパに和平」のうわさはすでに広まり始めていた。ニュースが一般に浸透する前に売り抜けようとする一部投資家の動きを受け、相場は下落の坂を転がり始めた。うわさはやがて〝事実〟と見なされるようになり、株価は暴落していった。だれもがその理由を知りたがり、ほどなくだれの口からも「和平」が語られるようになった。そして下落スピードはまた一段と加速した。

リバモアの友人であるバーナード・バルークも、このときリバモアと同様、売り方として、相場と深くかかわっていた。バルークは千載一遇のチャンスとばかり、猛烈な売りを仕掛けた。しかしリバモアは、一二万株をいつ買い戻したものか、その間合いを計った。そして午後二時、買い戻しを開始した。その一時間後にはすべての銘柄を手じまい、その日の取引を終えた。

彼はこの時期、三〇〇万ドルを越える資産を蓄えたが、その大半は一九一六年末の突如とした暴落、ワシントン発の〝リーク電報〟に端を発する利益だった。

議会は特別委員会を設け、事件の調査に乗り出した。委員会に呼ばれたバルークは、確かにリーク情報を利用し、戦争銘柄を売買したと認めた。しかし、彼が得た利益は、結局四六万五〇〇〇ドルに過ぎなかった。

リバモアも議会に呼ばれ、証言を求められた。彼は委員の各メンバーに、株式市場での自分の空売りはめずらしいことではないこと、今回の一二万株は事件の七週間前に建てられていること、その理由は株価が天井を打ったと思ったからであること、などを説明した。

彼はまた委員会の席で次のようにも主張した。「ウィルソン大統領がドイツに戦争をやめるよう提案する気でいるなど、七週間前のわたしにどうすれば知ることができるというのですか？さらにいえば大統領自身すら、そんな前に和平提案をおこなうと決定されてはいなかったはずです」

この有名なリーク事件の後、ニューヨーク証券取引所は取引規定を改定し、ニュース・リークに基づく取引を禁止した。この規定が効果を上げることは、もとよりなかったが。

こうした騒動の〝余震〟が続く一九一七年のこと、リバモアは奇妙な出来事に遭遇した。このときの話を数年後、彼はディナーのテーブルで、二人の息子に話して聞かせている。

「あれは、グランド・セントラル駅に友人一家を見送りに行ったときのことだった。わたしはみんなと、これから乗る車両の方に歩いていった。一行がパーム・ビーチに向かうというので、わたしの専用車両を提供したわけさ。かたわらにはポーターがいて、荷物を満載したカートを押していた。めざす車両のところに着いて、友人が奥方の宝石入れをカートから持ち上げようとしたときだった。彼の帽子がぬげて、車両の下に転がった。ポーターが線路に降りてそのステットソン・ホンブルグを拾い、友人に手渡すようにとわたしに差し出した。わたしは上向きになったその帽子の中を何げなく見たんだが、内帯のところに『WAR』という金文字が読み取れた。友人の名前は、ウォーレン・オーガスタス・リード、その頭文字だったんだが、いいか、そいつは別の意味をもつわたしへのメッセージだったんだ。わたしはオフィスにとって返すと、本気になって『売り』を開始した。すでにある程度売り建てていたのだが、その後は全く迷いはなかった。アメリカは必ず『WAR（戦争）』に突入すると思ったね」

その四カ月後の一九一七年四月六日、アメリカは連合国側に立ってヨーロッパ大戦に参加した。戦争への直接参加に反対だったアメリカ国民だが、戦時物資や武器弾薬を連合国に提供することには賛意を示していた。アメリカの艦船が次々と沈められる事件が続き、ドイツの潜水艦による無差別攻撃にさらされたアメリカがついに、ドイツに対して宣戦を布告した。

このころ、つまり一九一七年の早い時期、ジェシー・リバモアは、人生でそう数あるものではない晴れがましい〝ウォール街行脚〟をおこなった。新しく構えたブロードウェー一一一番地のオフィスを出た彼は、自分の債権者となっている店や事務所を一軒一軒訪ねると、借金の全額を小切手に書き入れ、切っていった。

「いくらか利息をつけさせてもらいたいんだが」と切り出すリバモアに、すべての債権者がその申し出を断った。だれもが小切手を受け取り、笑顔を見せ、リバモアと握手し、彼の前途を祝した。ここに、ウォール街を舞台とするリバモア伝説に新たな一項目が加わった。

一九一七年、四〇歳になったリバモアは、自分の生活にいささかの変更を加えた。五〇万ドルを拠出することにより、自分自身のための信託基金を発足させた。ここから年間三万ドルの益金が生じることになる。二度とどん底暮らしをしないための備えであった。

リバモアの前にはまた、華やかな恋が待っていた。

リバモアの親しい友人の一人にフロー・ジーグフィールドという人物がいた。ジーグフィールドは「ジーグフィールド・フォーリーズ」の創設者で、フォーリーズは、粒よりのショー・ガールと軽快な音楽、華やかな舞台を売り物にする有名な歌劇団だった。にぎやかでゴージャスなステージでは、薄物をまとい、羽根扇を手にした華麗なダンサーたちが、壮麗な舞台セットの間を縫い、陽気に歌い、踊り、愛嬌《あいきょう》をふりまいた。この派手で大掛かりな、目もくらむ舞台を作り出したのがフロー・ジーグフィールドで、話題沸騰のブロードウェー・ショーとなっていた。

ある日、フロー・ジーグフィールドがリバモアに電話をかけてきた。「JL、君にぜひ紹介したい娘がいる。小柄なブルネットで、その子がいると、周りがパッと明るくなるんだ。君には文句なしの娘だと思うよ。退屈な生活が大きく変わること請け合いだ。金儲《かねもう》けもいいが、人生が退屈では何にもならんだろう。仕事仕事じゃ、何のために生きてるんだか――」

「遊びほうけてちゃ、先はじり貧だ」

「いいかい、JL、人生は一回しかないんだ。それも大して長くはない。意味のない人生を送ってどうする?」

「君と議論する気はないね、フロー」

「それで今晩、うちで小さな夜会を開く予定になっている。彼女も来るんだ。君もオーケーかい、JL?」

「うん、顔を出してみるよ」

その夜マンハッタンのペントハウス、フロー・ジーグフィールドの豪奢《ごうしゃ》なアパートを訪れたリバモアは、たちまちドロシー・ウェントのとりこになった。小柄な体にブルネットの髪、ヘーゼル・グリーンの瞳《ひとみ》は、彼がかつて見たことのない魅力を放っていた。その目の輝きは、人の心を見通すような、それでいて笑いを誘われるような、不思議な蠱惑《こわく》性をたたえていた。半ダースほどの人に囲まれ、座っていた彼女は、活発なおしゃべりで周囲を楽しませ、魅了した。ジーグフイールドは小さなグループの間を取り持ち、座を盛り上げ、ジェシー・リバモアをドロシー・ウエントに紹介した。

リバモアは彼女のチャーミングさにすっかりとらえられた。彼は彼女の出るすべてのショーに足を運んだ。そしてニューヨーク中のレストランに招待し、高級ワインとディナーを堪能させた。二人は恋に落ちた。ダンディな金融実業家と美しいショー・ガールのロマンス、マスコミが放ってはおかなかった。

彼は生まれて初めて、死ぬほど結婚したいと思う女性にめぐり合った。問題は、彼が結婚している身であり、ネティと離婚しなければならないということだった。

彼は当初、離婚手続きはさしたる困難なく進行すると思った。週一〇〇〇ドルのほかに、家も車も与えているのである。しかし、その当てははずれた。争いは険悪で醜いものとなった。リバモアは今や、押しも押されもしない大物相場師、一代で財を築いた立志伝中の人物になっていた。ネティはこの事実を知るだけでなく、夫の女性関係についても十分な情報を得ていた。彼女は問題を法廷に持ち込んだ。

リバモアには、離婚に当たって手放したくないものが一つあった。黒のロールス・ロイスで、自分用に購入した車だった。しかし悪いことに、ネティの住む家のガレージに置いたままにしていた。そして彼女にそれを引き渡す意志はなかった。引き渡しを求める彼に、「あれはわたしの車よ」と冷たく言い放った。

リバモアは、著名な元ニューヨーク郡地方検事W・トラバース・ジェロームに事件を依頼した。地方検事を辞め、民間の調査事務所を開いていたジェロームは、がっしりした体軀《たいく》に自信をみなぎらせた、いかにも〝事件屋〟といった風貌《ふうぼう》の人物だった。手入れの行き届いた天神髭《てんじんひげ》に特徴があった。彼はまた、長く人の記憶にとどめられる血なまぐさい事件を担当し、容疑者を起訴、求刑した検事として名を馳《は》せていた。すなわち彼は、ニューヨークの著名な建築家スタンフォード・ホワイトを殺害した容疑でハリー・K・ソーを拘留、起訴したのである。

トラバース・ジェロームを訪ねたリバモアは、代行権限を認める書面と合カギの束を渡し、ネティのいない間にロングアイランドの家からロールス・ロイスを取り戻してきてほしいと頼んだ。

しかし一九一七年九月七日、ネティ・リバモアはロングアイランド州オイスター・ベイでジェロームを逮捕させた。現地の警察官はあろうことか彼を留置場に拘留した。パートナーのイシドア・クレセルがすぐ二〇〇〇ドルの保釈金を積み、ジェロームは釈放されたが、この男をブタ箱にほうり込んだのはとんだ間違いだった。ジェロームは激しやすい男だった。リバモアに電話を入れると、ネティを尾行し、完全な監視下に置くと告げた。

それからしばらくたった九月二二日の法廷は見ものとなった。裁判長を務めるのは治安判事のアリソン・ラウンズ、彼女はすぐに審理を開始した。そして「リバモア夫人は出廷していますか?」と尋ねた。

「裁判長、夫人は今日病気のため出廷できません」と、弁護士のフランク・エーサーとフランク・デービスが応じた。「裁判の審理を別の日に延期していただきたいのです」

「裁判長、わたしの意見は違います」と言い、ジェロームが立ち上がった。「夫人は昨晩ニューヨークにいて、今朝午前一時にロングアイランドの家に帰宅しています。今日の出廷に何ら不都合はないはずです」

「リバモア夫人の出廷を命じます。すぐに出廷しない場合、この件を却下します」と断が下された。

その一〇分後、ネティ・リバモアが取り巻きたち、父や姉、二人の友人などとともに姿を現した。裁判長はトラバース・ジェロームに向かい、どのように車を入手したか、ガレージや車のキーはどうしたのかと質問した。

つづいてリバモア夫人が証言台に立った。

「どうしてあなたは問題の車があなたのものと思うのですか、リバモア夫人？」

「リバモアさんがあの車を買ったとき、わたしに言いました。『ダーリン、これはお前のものだよ』と」

「あなたとリバモア氏が結婚して何年になりますか？」

「一八年になります。でも長い間別居しています」

「車の維持費はあなたが払ってきましたか？」

「いいえ」

「あなたの名前で車の購入をおこない、所有していますか？」

「いいえ」

「ジェローム氏があなたの夫から代行権限を受け、その上で車を持ち出そうとしたことを知っていましたか？」

「はい」

「あなたは、生活費としてリバモア氏からいくら手当てを受け取っていましたか？」

「週に一〇〇〇ドルです」

「リバモア夫人、裁判所の職員バウカー氏は、車の価値を二万五〇〇〇ドルと評価しています。あなたはそれを知っていますか、そしてこの評価に同意しますか？」

「はい、裁判長」

「しかし、リバモア氏が購入するに当たっての売買伝票では金額が一万ドルとなっています。この点も承知していましたか？」

「はい、裁判長」

「あなたは、すべての点を承知しているということですね、リバモア夫人。わたしはこの件を審理する価値を認めません。したがって本件を却下することにします」裁判長は木づちを叩いて事案の却下と閉廷を宣した。

　報道陣の扱いには抜け目のないトラバース・ジェロームは、閉廷後記者に囲まれた際、次のようにコメントした。「裁判所の職員が評価したというのは、別のロールス・ロイスだったんじゃあないかな。二万五〇〇〇ドルといえば、金むくのロールス・ロイスだ。それに、リバモア夫人が『ダーリン、これはお前のものだよ』と言われたと証言したが、わたしの知るジェシー・リバモアはあんなセリフを吐くような男じゃない」記者連中はジェロームが好きだったし、ジェロームもみんなを気持ちよく迎えた。さらにウォール街の伝説の人物、寡黙で謎《なぞ》めいた、どこからでも記事になるジェシー・リバモアは興味の尽きない取材対象だった。

　その後の事態は万事、リバモアに好ましい形で推移していった。彼は一九一七年九月二四日、プラチナ台に大粒のエメラルドをいくつも配した指輪をドロシー・ウェントのために購入、自分の愛の深さを示した。この指輪が購入されたのはパーム・ビーチで、価格は一二万ドルと報道された。しかし、この豪華な指輪は、その後数年にわたって彼がドロシーに買い与えた絢爛《けんらん》たる宝飾品の最初の一つに過ぎなかった。

　リバモアはまた、別の意味で脚光を浴びることとなった。彼はバーナード・バルークとともに、株式市場の新世代相場師と称されるようになった。一九一七年五月一三日付ニューヨーク・タイムズは社説でこの問題を取り上げ、次のように論じている。

一九一七年五月一三日付　ニューヨーク・タイムズ
ウォール街のトレーダーに世代交代の波。相場師から投機家へ

「ウォール街で株式証券の売買に当たるトレーダーたちの様相が最近変わってきた。従来はジョン・W・ゲイツなどを中心に大小の相場師たちがヤマを張り、勝った負けたのトレードを展開するのが常だった。『一〇〇万ドルを賭《か》ける男』と呼ばれるゲイツが相場の先頭に立ち、自分についてくれば大儲けができるといった類いの説得を展開、大挙して株式市場を押し渡っていくというパターンだった。しかしこうした、大バクチを打つようなやり方は過去のものとなった。こうしたタイプに属する最後の相場師と言ってよいのが、ジェームズ・R・キーンだった。潤沢な資金を背に雄牛のように突進し、力ずくで相場を動かそう、上下させようというのがこれまでの相場師だった。

今回のバーナード・M・バルークの市場活動について、だれにも非を唱え得ないことが明らかとなった。昨年一二月に起きた〝リーク事件〟の後、議会委員会による調査がおこなわれたが、この席で証言を求められたバルークは、食品雑貨業者が自分の商売について語るのと変わらない口調で、自らを投機業者であり、同時に投資家であると定義した。一二月の相場下落に際して売り建て、四六万六〇〇〇ドルの利益を上げた点についても、あたかも昨日の天気を報告するような口ぶりで公開された。

彼が株式を売り建てた理由にも、新しい感覚、新しい潮流が読み取れる。彼は単に、相場が高すぎるから売りにまわっただけだと語る。投機の状況をじっくり検討した結果、株価はまもなく崩れるはずと、バルークは判断した。

現代感覚の上に立つ相場師として今一人、ジェシー・リバモアの名を挙げることができる。彼が市場でどんな取引を展開しているかほとんど知られることはないが、リバモアは文字どおり、先祖返りを果たしたかのような相場師である。すなわち彼の活動は彼一人のものであって、集団で相場を操ろうとも、友人知人に耳打ちし、株価に影響を及ぼそうなどとも考えない。ひたすらマーケットの動き、価格の流れに耳をすまし、『買う』か『売る』か、その規模をどの程度とするかを決めている。

伝えられるところ、リバモアが空売りに出たのは昨年の一一月、マーケットが値をくずす一カ月前のことだった。彼が『売り』を進める間、実質的に他のトレーダーのすべては『買い』に全力を挙げていた。株が下がると見たリバモアは、株は上がるという声一色の中、沈黙しつつ孤塁を守り続けた。株価崩壊が始まったとき、彼はすでに五万から六万の株を売り建てていたという。これによって彼の資産に何十万ドル単位の利益が加わったことになる。

バルークにしろリバモアにしろ、頭脳を駆使した正真正銘の投機家、それも群を抜いた手腕の持ち主といえる。しかし、投資と呼ぶか投機と言うかはともかく、昨年二人が株式市場に与えた影響がどうだったかという点から見るなら、多分わずかなものに過ぎない。

他方、火薬製造で財を成したデュポン・グループ、ゼネラル・モーターズのW・C・デュラントなどは、二人の相場師が擡頭《たいとう》できたのもたまたま戦時マーケットが存在したからだと見るかもしれない。莫大な富の蓄積と年々増大する利益を享受するこうした一族は、『将来の多大な実りを見越して株を買い、保有する』という〝家訓〟を貫いている。

一九一五年の半ば、デュポンが、流入する富の多くをボールドウィン・ロコモーティブ社、ゼネラル・モーターズ社、その他割安水準にある株式に盛んに投入しているという話がウォール街に広まった。このうわさが否定されないままやがて戦時景気が到来、〝デュポン銘柄〟は国民一般が目をむく高値に到達した。二六ドルだったボールドウィンは一五四ドルへ、八二ドルだったゼネラル・モーターズは五五八ドルへ、一九一六年にはさらに七〇〇ドルへと駆け上った。デュポンは天文学的数字の値上がり益を手にしたと報道された。

ゼネラル・モーターズ社長デュラントは、友人たちの間で、もし彼が望めば間違いなくこの道の雄にのし上がれる想像力をもつと言われている。しかし、彼が株や相場の話で注目を浴びることは決してない。だが、安値で手当てされた株から巨万の富を得ている事実は広く知られている。デュラントは一般投資家が目をつけるはるか以前に、これはと思う会社を見いだし、株式を購入するのである。彼は自分の判断力に非常な自信をもっており、ひとたび買うと決めた銘柄については、相場調整による上下動など全く意に介さない。

デュラントは一度手にした株式はめったに手放さないと言われている。自分の判断がそう指示するからだそうで、これこそ真の『投資』というものであろう」

リバモアは、だれかが新聞紙上で述べた内容に決して口をはさもうとしなかった。記者が何を記事にしようと、自分の発言が何かの役に立つ場合であろうと、沈黙を守り通した。リバモアのそうした神秘性に記者たちは一層の好奇心と興奮をかき立てられた。

一九一七年、リバモアの取引は概して好調だったが、唯一例外となったのがコーヒー相場だった。彼は後に、二人の息子に次のように語った。「いいか、人のタバコ、人のコーヒーに手を出したり、オモチャにしてはいかん」と。

リバモアが不可避と信じる事態、つまりヨーロッパで荒れ狂う戦争にアメリカは結局巻き込まれるとする予想が徐々に現実味を帯びるにつれ、アメリカではあらゆる商品が値上がりしていった。そしてアメリカの参戦が発表されると、商品価格は一〇〇から三〇〇パーセントもはね上がった。唯一値上がりしない商品はコーヒーだった。値上がりどころか開戦前より値下がりしていた。理由を調べた結果、ヨーロッパ市場がすべて閉鎖され、持ち込み不能となったコーヒーがアメリカに流入、価格を押し下げていることが分かった。リバモアは、ドイツの優秀な潜水艦がさらに暴れるようになれば、貨物船は次々と沈められ、コーヒーは品薄となり、価格は上昇に転じると推測した。

一九一七年冬、彼はコーヒーの「買い」を開始した。しかし九カ月後、目論《もくろ》みは大きくはずれ、リバモアは大損を出したうえ撤収した。これにめげず再挑戦した彼は、以前以上に打診を繰り返し、コーヒー先物相場で精力的に「買い」を進めた。今度は読みが的中した。価格がさらに上昇するのを見て、ポジションを増大させていった。彼の利益は、数字の上では数百万ドルに達した。

しかし、思わぬ落とし穴が待っていた。

リバモアと逆に「売り」を張っていた連中が、大幅な値上がりで巨大な損失をこうむる見通しとなり、ワシントンに押しかけたのである。時の権力者たちを前に、彼らは口々にアメリカのコーヒー愛飲家の利益が保護されてしかるべきだと訴えた。

彼らは戦時価格操作防止委員会の面々に対しても、ジェシー・リバモアがコーヒーの買い占めをおこない、価格を思い切り吊《つ》り上げようとしていると主張した。委員会は即座にコーヒーの上限価格を設定、決められた期間内に商品先物市場の建て玉を整理するよう指示を出した。

さらに、コーヒー取引所も閉鎖に追い込まれた。リバモアはなすすべもなく、買いを清算した。莫大な利益は、流しにぶちまけられたコーヒーのように下水溝に流れ去った。彼は新聞の見出しを新たな教訓とした。「安価なカフェインがアメリカには必要。政府も合意！」

しかし、それ以上に価値をもつ今一つのポイントがあった。それはまたも、自分の見通しは適正であったにもかかわらず、具体的利益につながらなかったという点である。市場には、思いがけない落とし穴が待ち受けるだけでなく、予想不能の展開が起こり得る、ということだった。こうした状況下ではひとまず引き下がり、黙って次のチャンスをねらうしか手はない。またこうした事態は予想不能であるため、事前に防止策を講じるということもできない。起きたときに対処するしかないのである。

彼はまたこのとき、どれほどの力、権力をもつ人間であろうと、長期にわたり市場を支配し、固定化するのは不可能だと得心した。相場は上がるにしろ下がるにしろ、行き過ぎがあれば必ず適正な水準にもどってくる。

ある株が仕手連中の標的にされ、価格を下げていったとしても、その真の評価を知るインサイダー、あるいは目先のきく投資家などが割安感に引かれ「買い」出動しようとすると、すでに底を打っているのが普通である。自由市場では、適正価格へのバネがつねに働いているのである。

リバモアはまた、大きく値崩れした銘柄を常時注視し、その〝性格〟を解析しようとした。大底を打った銘柄というのは、反騰も強力なのである。特に、本来的に何ら問題がないにもかかわらず人為的にかき回され、値崩れを起こした株というのは、元の水準に戻るのもあっという間である。逆に、大きく上昇した後、勢いを失った銘柄、狭いボックス圏内でのたうつように上下する銘柄の場合、リバモアに言わせると、すでに〝死に体〟の状態にあるという。こうした銘柄は「最小抵抗のライン」を保つように見えながら、やがて大きく下落する道をたどる。リバモアは行動を起こす前に、その銘柄がどんなパターンを示しながら動いているのか、しっかり見極めようとした。

一九一七年におけるリバモアの取引実績は、コーヒーを除けば商品、株、いずれも赫々《かくかく》たるものだった。ウォール街で彼は、売り方の雄と見られていたため、株価が下がるとしばしば非難の矢面に立たされた。彼の差し金による株安と疑われたのである。それのみならず、株安を誘うリバモアは非愛国者だと攻撃された。しかし、彼自身はたいがい、戦時の神経質で相場の乱高下に安易な悪役さがしがなされているとして取り合わなかった。

一九一七年一〇月、ジェシー・リバモアはネバダ州リノでやっとネティとの離婚を成立させた。彼はネティがほしがるものを気前よく与えた。自分のために用意した五〇万ドルの信託基金に、ロングアイランドの住宅、内部に備えられた家具調度——。しかし、彼はそうした財物に全く執着しなかった。彼の口座には、なお数百万ドルがうなっていたし、一〇〇万ドルの債務からも完全に解放されていた。返済に法律的義務はなかったが、彼は律義に責任を果たした。リバモアは、自分の自由を妨げる存在、気になる存在をすべて片付け、晴れ晴れとしていた。心置きなく株取引に専念できる自由、人生を謳歌《おうか》できる自由が手に入れられたのである。

彼はネティが持ち去った富、金について全く頓着《とんちゃく》しなかった。彼女に対する怒り、憎悪なしにすべてを持っていかせた。一つには、富や金ならこれから稼げばすむという思いがあった。彼の手元には専用列車、ロールス・ロイス、ヨットが残された。取引をするための資金、そして一定の時間さえあれば、ネティに与えたものなど簡単に取り戻せると彼は信じていた。

一九一八年一二月二日、ジェシー・リバモアとドロシー・ウェントは、セント・リージス・ホテルで華燭の典を挙げた。ピーター・B・バーロウ治安判事が簡単な式を執りおこなった。新婦一八歳、新郎四一歳、ウェディング・ドレスに包まれたドロシーは妖精《ようせい》のように美しかった。かたわらの新郎、ブロンドのリバモアはすらりと背が高く、りりしかった。その体を包む黒の正装は極上の織り地から裁断され、非の打ちどころなく仕立てられていた。新婦の指に結婚指輪をすべり込ませる新郎の顔にほほ笑みが浮かんだ。

その日、二人の宿泊するスイートでドロシーは、結婚指輪の内側に刻まれた文字を声に出して読んだ。「ドッツィ、永遠に永遠に。JL」この誓いの言葉は数年後なお、彼女の頰《ほお》を赤く染め、胸をときめかせた。

ジェシー・リバモアにとって、この出来事は特別大きい意味をもっていた。彼は幸せと満足感でいっぱいだった。一九〇七年の時点ではまだ、すべてが未完成、発展途上にあった。しかし、今では成功への道を的確にたどることができた。自分の思い上がりや傲慢《ごうまん》、虚栄の心なども意識して自制することができた。自分を見失うことがなくなっていた。暗く惨めな出口なしの苦悩、深くずり落ちていくだけの裂け目の恐怖を体験し、人間的成長も遂げていた。マーケットで取引するに当たり、せっかくのルール、自分との約束をもはやないがしろにすることはないであろうし、目配りの不足、不注意から網の中の〝大魚〟を取り逃がすこともないであろう。

　彼はこの女性を深く愛していた。どこかに落ち着き、二人を中心とする家族を築いていく準備がととのったといえた。しかし、コーヒー相場の場合同様、彼はまだまだ思いもかけない事態に出会い、翻弄《ほんろう》される運命にあった。

第七章　新婚生活——大邸宅と、トレード・セオリーの完成

「偶然に賭ける男がつましく暮らす例はない」

——サミュエル・ジョンソン『ドライデンの生涯』

リバモアは新妻ドロシーに、女性がほしがるすべてのものを贈った。結婚式の翌日、ジェシー・リバモアは二人のスイート・ホーム、ウェスト七六番街八番地のタウンハウスにドロシーをいざなった。床にはペルシャから輸入されたじゅうたんが敷き詰められ、ウェッジウッドの最高級品、各種の真新しいクリスタル・グラスが食器戸棚を埋めていた。屋内のどの壁面にも名の知られた画家の名画が掛けられ、ベッド・ルームはこの上なく豪勢にしつらえられていた。エジプト綿のシーツ、極上のダウンの詰まった枕《まくら》とシルクのピロー・ケース、厚手の羽ぶとん——。新装なったバス・ルームには心地よさそうな空間がゆったり広がり、特大のバスタブが一瞬小ぶりに見えるほどだった。何から何まで、究極の品々が用意され、揃《そろ》えられていた。

ドロシーは裕福な家庭の生まれだった。しかしリバモアの配慮にはまさしく圧倒され、感激の

声を上げるだけだった。アメリカでもほんの一握りの人々にしか享受できない贅沢《ぜいたく》さだった。彼女は一つの部屋から次の部屋へと走った。そして新しい部屋に入るたびに前の部屋以上の素晴らしさを見いだし、喜びと感激を募らせるのだった。この家のあるじは、広々と広がるリビング・ルームに誇らしげに立ち、妻による点検が終わるのを待った。この建物は金に糸目をつけずに改修し、室内のすみずみまでデザインしつくされた新妻のための邸宅だった。それでもなお、彼の財力はびくともしなかった。

リバモアとドロシーはビンテージもののシャンパンをグラスに注ぎ、二人の将来を祝した。カップルの口に運ばれるグラスはウォーターフォード・クリスタル、シャンパンを冷やすアイス・バケットはティファニーの銀器だった。どんな極上品、世界の名品も、新たな愛の前できらびやかに過ぎるということはなかった。極細の糸で織り上げられたパリ製のコットン・ドレス、その薄いドレスにやさしくつつみ込まれたドロシーは、息をのむ美しさだった。ニューヨークの朝の光を浴びて彼女は金色に輝き、透明な窓ガラスを通して差し込む夕陽の中で匂《にお》い立つ美しさを放った。

そして、ドロシーと一緒にいないときのリバモアは、彼のすべての神経の末端にまで生命を吹き込むもの、株式市場での取引に全精力を傾注した。

市場を相手とする取引はおそろしく奥が深かった。いくら学んでも尽きないところがリバモアの気に入っていた。つねに市場に打ち勝つというのは不可能であり、解決の見いだせないパズルがそこここに転がっていた。

こうした冷厳な事実を、彼は何度も苦汁をなめながら体得した。自分を「相場の魔術師」などと呼ぶのは外野のたわごとに過ぎず、せいぜい「相場の学徒」だと思っていた。それでいて彼のトレードはしばしば莫大な成果をもたらした。

自分は生涯、〝学徒〟として生きることになるとリバモアは覚悟していた。自分がこの職にとどまるのも、そこに理由があるからだと認識していた。市場には一日として同じ日はなかった。その動きは実に素早く、一瞬にして巨額の利益が逃げ去ったり、転がり込んだりした。そして、うまくタイミングをとらえることができれば、だれもが多大な利益を手にすることができた。

彼の活躍に驚嘆する多くの人々が、リバモアの「直感」を話題にしたが、彼自身その正体に強く魅《ひ》かれるところがあった。

しかし彼に言わせるなら、自分を突き動かす源泉は決して単なるカンや当てずっぽうではなかった。「群盲象をなでる」状態の部外者にはそう見えるかもしれないが、リバモアによる迅速果敢な行動は、全身全霊を傾けてなされる頭脳活動の結晶であった。事実をより分け、必要部分を抽出し、情報を総合し、過去の事例を想起し、現況への対応を考慮し、周囲の投資家たちに注視し、すべてを自分一人の判断で書き上げた〝答案〟であった。

リバモアは、自分の意識下の世界、つまり眠ることのない自分の精神を理解しようと、やむことのない努力を続けた。フロイトを研究し、ユングの論著を読みあさった。人間の内的世界にひそむ力と不可思議さを彼は十分認識していた。その世界は人による創造的表現の源泉だった。それでいて常時人の利用できる領域、意識下にある領域ではなかった。まことに不可思議、かつ謎《なぞ》に満ちた世界だった。人は表面的意識の向こうに、一層深みのある回答を抱えているのであろうか？　その〝向こう側の世界〟を自在に操ることができるのだろうか？　多分できる、とリバモアは考えた。

彼がおりにふれて示す素早い動き、一見勘に頼っているかに見える取引の実際が、ウォール街で語られるリバモア伝説の一因となった。彼の行動を間近に見た人々は口々に、リバモアの取引の基盤は独特の第六感だ、いや、トレーダーの勝負勘だろう、彼の星回りのよさだろう、いやいや、余人にはない念力でテープからのメッセージを受け取っているのだ、と多様な説を披瀝《ひれき》した。しかしリバモア自身、自分の行動のすべてを一〇〇パーセント理解しているわけではなかった。

彼は一四のときから相場に携わってきた。四一になるまでの二七年間に、一体どれほどの取引をおこない、どれほどのドルが口座を出入りしたことだろう。リバモアはアリストテレスを読んだ。アリストテレスの「われわれは、われわれによる体験の集大成である」という指摘を見いだしたとき、彼はこの哲人の偉大性を認めた。実生活による体験が無意識のうちに内部に蓄積され、それが高い知性の力によって外の世界に引き出される――こうした解釈に魅了された。人類の一部はこれを「直感」と呼んでいる。そうした意識下の世界を完全に理解することは可能であろうか？

ある日の夕刻、パーム・ビーチのブラドレーの店ビーチ・クラブで、リバモアとエド・ブラドレーがディナーのテーブルを囲んだ。テーブルには二人以外だれもいなかった。デザートの後、ブラドレーが尋ねた。「JL、優秀な相場師になるには、どんな能力、条件が必要なんだ？」

「エド、優秀なギャンブラーになるにはどんな条件がいる？　似たようなもんさ」

「いやあ、ちょっと違うところがあると思うよ、ＪＬ」

「そうだな、相場師の場合、ゲームのセンスが必要だ。ゲームの流れへの関心と、参加しようという意欲がなければならない。いま何が起きているか冷静に判断し、理解する能力がいる。そのほか必要な能力を挙げれば、他の人間には見えない事実や変化を見いだす観察力、さまざまな事実、データを頭に入れる記憶力、数字などに対する計数能力も欠かすわけにはいかん。


しかし、一番大事なのはエド、何といっても経験だよ。経験ほどすぐれた教師はほかにない。相場で成功しようと思ったら、どの項目も重要だ。相場師の中には、観察力、記憶力の面ですぐれるが、経験がまだまだという若いのもいれば、経験はあっても記憶力、観察力がだめ、あるいは数学的才能がないというのもいる。どの能力も欠かすわけにはいかんが、成功を続けるための絶対条件といえば、やはり場数を踏むということだろう」

「加えて、相場のセンス」ブラドレーが付け加えた。

「そうだ。こいつばっかりはあとでお勉強というわけにはいかん。つまり、相場師という商売は、だれにでもできるというわけじゃない。それだけにネコもシャクシも手を出すもんじゃあない」

「その点ではギャンブラーも同じだ。具体的に言って、相場を張る場合のポイントというのは？」

「うん、いろいろあるが、相場というのは甘い仕事じゃないから、やるならフルタイムでやること、それからどこから出た情報であれ、うまい話に乗らないこと、どっちみち射幸性の強い分野なんだから、底値で買って高値で売ろうなどと思わないこと、扱う銘柄はコントロール可能な数にしぼること。ネコの群れを番するのと同じで、無数の株を操ってどの株からも利益を出すことなどできない相談なんだ。早々に損切ること、いつまでもくよくよしないこと、失敗から学ぶことは多いが、ミスは死と同じでどんなに頑張っても避けることはできん。それから、最高に有利な条件がいくつもそろった場合、つまり成功の可能性が最高度に高まった場合にのみ、真の意味での〝総力戦〟を敢行することだな」

「ロイヤル・フラッシュのような手がなきゃあダメということだ」エド・ブラドレーがニヤリとした。

「相場には、絶対確実などということはまずないと思うべし。いつ地雷を踏むか分からんのだから」

「ギャンブルもまさにそうだよ、JL」

「だからときどき店じまいして何もかも現金化してしまう必要がある。市場とのかかわりを遮断するんだ。休暇を取ってしばらくのんびりする。一年三六五日相場をやろうなどとこんりんざい思わないこと、人間の頭や精神はそれほどタフじゃない。最後にエド、君にも心当たりがあると思うが、いざというときのためにまとまった金を身につけておくことだ。君だって今、一〇万ぐらいの持ち合わせがあるだろう？」

「正確には八万だ」ブラドレーは笑いながら応じた。

「この金があると思えばこそ、チャンスを逃さず、大山を当てたことが何度もある」リバモアは笑みを返し、そして言った。「次は君の番だぜ、エド。ギャンブラーとして生き残るための条件とは何だ?」

「大体君の話と同じだよ、JL」

「違うところというのは?」

「うん、そうだな、知ってのとおり、わたしは結構熱心なカトリックなんだ。神さんとか宗教とかの話をするのは大の苦手なんだが、それでも神への畏《おそ》れ、人への神の愛というのはちゃんと信じてる。これは母親の影響でね、ものごころつくころから一二、三のころまで、つまり放浪の旅に出るころまで、しっかり宗教心を植え付けられたわけさ。ということで、ギャンブラーにも神の支えが必要だと思っている。第二に、君の場合ウォール街という〝紳士〟の町で生きているわけで、少なくとも殴られたり蹴《け》られたり、拳銃で撃たれたりという心配はないと思う。ところがギャンブルはこうした〝荒事〟と無縁じゃない。だから、どんな立ち回りにも耐えられる肉体的強さ、術を身につけておく必要がある。暴力ざたを仕掛けるためじゃなく、身を守るために、あるいは相手の脅しに屈しないために必要なんだ」

「ウォール街にも悪いやつはいる。タチの悪いのにかかると、精神的に殺されたり、不具にされたりする」

「うん、ウソも盗みも、イカサマもある。わたしなら、どれにやられても黙っちゃいないが」ブラドレーは飲み物でのどを湿らすと話を続けた。「そして最後にJL、ギャンブルにも数学の力が必要なんだよ。むずかしい数学はいらんが、数字に強くなきゃだめだ。だからくだらん話にうつつをぬかさず、考えて考えて考えぬかなきゃ、あるいは確率をはじき出し、可能性をとことん計算しなきゃあ、息の長いギャンブラーにはなれん。そうして勝ち残ったやつが、JL、君のような〝大財閥〟になれるわけさ」

「そうした〝ヨイショ〟も、大ギャンブラーの条件なんだろうな」リバモアが笑いながらオールド・ファッションドのグラスを掲げた。それに応じて、ブラドレーがソーダ水のグラスを上げた。二人のグラスが空中でカチリと音を立てた。ウォール街の「グレート・ベア」とアメリカで最も成功したギャンブラーの素顔がそこにあった。


パーム・ビーチで過ごす冬は、リバモアにとって単なる休暇以上の意味があった。このフロリダのはずれは、ニューヨーク、あるいは株式市場と隔絶された世界だった。ときどきE・F・ハットンのパーム・ビーチ支店で遊び半分の取引はしたが、ニューヨークと環境が全く違っており、仕事の延長という感覚はなかった。

さらに、大西洋の大海原が彼の心をとらえて放さなかった。広大な海洋に出ると、自分の小ささがいやでも実感された。ここでは自分の生命が別のポイントに照準を合わせ、絞り込まれていくように感じられた。パーム・ビーチから沖へ数マイルも出ると、海底は大峡谷のような地形を形成、キューバからノバ・スコシアまで連なっている。この海のハイウェーをグレート・ジプシー・フィッシュなどが最高速で突っ走るのである。当然リバモアなど、大物釣りに目のない連中の格好の漁場となる。こんなところでのトローリングの最中、相場にかかわる何かが彼の頭にパッとひらめくから不思議であった。

大型のターボンを追ってキー・ウェストに下るクルージングのさなか、アニタ・ベネチアンの後部デッキでボンヤリしているとき、フロリダ・キーズの沈む太陽、その荘厳さに見とれているとき、そんなときにも何かがひらめいた。つねに驚きに満ち、つねに変化してやまない大洋、その中でリバモアの魂は息を吹き返し、生気を取り戻した。海の上の生命蘇生《そせい》が「同一業種株価連動」の概念を意識化させたとリバモアは信じて疑わなかった。

一九二〇年代、リバモアは自分の投資戦略に加わるもう一つの武器を見いだした。同一業種株価連動の法則である。彼はこの法則を、どの銘柄も単独で値上がりしたり値下がりしたりすることはないという観察結果から導き出した。同一業種の株が連動して上下するのである。たとえばUSスチールが上昇すれば、遅かれ早かれベスレヘム、リパブリック、クルーシブルなどの鉄鋼株がその後を追い、値を上げていく。リバモアはこうした現象を何度となく体験していた。これを重要なトレーディング・ツールとしたのである。

同一業種株価連動の概念というのは極めて簡単で、彼はそれを次のように言う。

「USスチールの経営基盤が健全で、先行きの期待感が高まれば、それを好感して株価は上がっていく。しかし、その健全さ、期待感は鉄鋼産業全体に共通する場合が多いため、ほかの鉄鋼各社の株もスチールにつれて値上がりすることになる。これは値下がりする場合にも当てはまることで、鉄鋼産業全体にかかわる条件が不利になれば、一社だけが好調を保つというのは不可能であり、鉄鋼株全体が沈滞せざるを得なくなる」

こうした原則の中で、リバモアが決して見逃すことのない重要なサインがあった。たとえば、業種全体が値上がりするなかで値上がりを謳歌《おうか》できない銘柄、横ばいに終始する銘柄があったとすれば、その銘柄はどこかに欠陥を抱えていることを意味し、「売り」の対象としての条件を多分に備えていると見てよかった。少なくとも「買い」を考慮するトレーダーは、業種全体が値を上げるなかで湿っぽい動きしか示さない銘柄には注意を払う必要がある。

この発想は値下がりに向かう際にも有効で、特定の銘柄が全体の流れに抵抗したり、なお上昇する気配を見せたりする場合、十分マークする必要がある。

ただし、この法則にも例外があって、ある銘柄の出来高がその業種全体の出来高の五〇パーセントを越えるような場合、同一業種の他の銘柄も遅かれ早かれ後を追うと思って間違いない。

リバモアはまた、堅調な業種を見いだした場合、その中でも最強の株、つまり主力株に追随することを主義としていた。割安株や一歩遅れて上昇する銘柄を漁るのではなく、ひたすら業種の〝牽引役《けんいんやく》〟をひいきとした。そしてまた、どれが牽引役であるか的をしぼる場合、必ずしも常識的な銘柄を選ぶとは限らなかった。時には老舗《しにせ》の大型株を小型株が押しのけ、リーダーの座についた。経営の安定性が抜群であったり、評価の高い新製品を売りだしたりすると、おのずと買い人気も高まるのである。

リバモアはまた、強気と弱気の波が交互にくるように、主役となる業種もその動きにつれ、盛衰を繰り返す事実を見いだした。強気相場で旗振り役をつとめた花形業種が、次の大波のときにも主役を張るというケースはめったになかった。こうした中でリバモアが追ったのはやはり、強気相場を主導する業種だった。その時どきで最大の活力をもつ業種、銘柄に張りつき、そこに利益のチャンスを見いださない限り、どこに最大利益を導き出す可能性があるのか、と彼は考えていた。

リバモアは経験上、業種の動向が株式市場全体の方向を決めるカギだと見極めていた。しかし、この重要なカギを、大小いずれのトレーダーも無視していた。彼はすなわち、業種ごとの値動きを注視していれば、市場全体がどんな方向に動こうとしているかまず分かる、と信じていた。それまで上り調子にあった業種が元気を失い、株価を下げるようになったら、相場はその時点で調整局面に入ったということである。リバモアは一九〇七年の棒下げパニック、一九二九年の暴落を指し、まず主力株がコケた、と評したが、彼が言わんとしたのは以上のようなことだった。

リバモアの私生活は順調に推移した。一九一九年にドロシーが第一子ジェシー・リバモア・ジュニアを出産、夫妻は相談のうえ、子どものいる家庭を維持するにはニューヨーク市からもう少し離れた土地が最適だと決めた。そしてあれこれ検討した末、ロングアイランドのグレート・ネック、キングス・ポイントに居を定めることにした。

一三エーカーの敷地とともに購入された屋敷「ローカスト・ローン」はロングアイランド・サウンド沿い、眺望絶好の場所に建てられていた。しかし建築後一世紀をへており、以前は農家として使われた建物だった。これを大改造し、家族の住まいとするのはドロシーの役目となった。

ドロシーの母親が娘の〝後見〟となった。この母親自身、古い屋敷を改造した建物に続き部屋をもつ立場だった。そしてその設計を経験していた。娘はすべて母親頼みだった。建築家を交えて相談がまとまると、母娘はJLに決済を求めた。彼は妻が望む限りのものを与えようと、惜し気もなくすべての小切手にサインを入れた。こうして大改造のなされた屋敷にアンティーク家具、コレクター垂涎《すいぜん》の絵や彫刻、丹精込めて仕上げられた銀器セット、タペストリーなどが運び込まれた。二万五〇〇〇ドルをゆうに越える価値をもち、長さ一八メートルの大作タペストリーには、戦うギリシャの神々、英雄たちが見事な構図、彩りで織り込まれていた。

ドロシーと母親による二年の努力の末、二九室の部屋と一二の浴室を擁する大邸宅ができあがった。地下室にはバー、遊戯室、完全装備の理髪室が備えられた。この理髪室には住み込みの理髪師がフルタイムで詰め、毎日リバモアの髭《ひげ》を剃《そ》り、髪をととのえた。夫妻それぞれのために重厚でゆったりしたウォークイン・クローゼット、スケールの大きいバスルームが備えつけられた。

リバモアの特別あつらえのスーツは五〇着以上、ネクタイは数百本、ワイシャツも数百枚用意されていた。身長一七八センチの彼は、一八二、三はほしいとつねづね語っていた。そこで彼の靴二〇〇足はすべて、特注品の厚底靴だった。

リバモアが「マウスィー」と呼びならわすようになったドロシーは、屋敷の改修にともない、正門の柱のひとつに大型の真鍮《しんちゅう》銘板を取り付けた。そしてローカスト・ローンを「エバーモア」と改名した。

ダイニング・ルームのメインテーブルは黒光りのするウォルナット製で、一度に四八人の客を迎えることができた。最新設備を施したキッチンは、たいがいのホテルが白旗を掲げる機能性と広さを誇っていた。巨大なフードに覆われたオーブン、うなりを上げる冷却装置とともに、四名の常駐スタッフによる奮闘が、「エバーモア」で供される豪華ディナー・パーティーの支えとなった。ドロシーはディナー・パーティーが大好きだった。彼女はパーティーの席でいよいよ光り輝き、出席者から限りない賛辞を受けた。そんな中リバモアは、静かな力をたたえ、忠実なホスト役こそ自らの任務と心得ていた。

彼女は何かにつけパーティーを開催した。口実ならいくらでもあった。屋敷の婦人用化粧室すら社交界の〝伝説〟となった。室内には大型の鏡が何枚も用意され、それぞれの鏡の周囲を白熱球の舞台ランプが取り囲んでいた。鏡の前には房飾りのついた、サテン張りの椅子《いす》が優雅に淑女を待ち受けていた。鏡の前を離れると、ダマスク織りのカウチが置かれていた。パーティー会場を抜け出し、化粧直しを終えた女性たちがリラックスしたり、しばし横になったり、甘美なうわさ話に花を咲かせたりする場だった。

リバモアは、何もかもが気に入っていた。パーティーの詳細を計画したり、準備したりしないですむところもよかった。そうした仕事はドロシーの役目であり、彼女は自らの務めを喜々として片付けていった。またドロシーのおかげで彼は、各界の妙齢の女性たち、ショー・ガールを含めた多くの人々と知り合いになることができた。リバモアは特に、ショー・ガール、女優といった職種の女性が好きだった。

パーティーの開催には全く不満のないリバモアであったが、その日程については、市場が閉まる週末に限ろうとした。市場が開いている週日には厳格な生活習慣を維持し、規律を乱すことがなかった。鍛錬を欠かさない運動選手のようであった。就寝は毎晩一〇時、朝は必ず六時前に起き出した。静かな環境、早朝のわずかな時間が彼の「思考のとき」だった。朝食は一人でキッチンの隅の朝食用コーナーで取った。そこからはロングアイランド・サウンドの水辺までやぶまじりに続く草地と、一四名のクルーが操船する九〇メートルのヨットが、昇り来る朝の光の中で見渡せた。リバモア所有のヨットだけでなく、ゼネラル・モーターズのアルフレッド・スローン、クライスラー社のウォルター・P・クライスラーなど、隣人たちのヨットも見えた。ニューヨークへの出勤にはお抱え運転手によるロールス・ロイスが使われた。しかし夏のシーズンにはヨットが利用された。屋敷の下の桟橋からクリス・クラフトで沖のヨットに接舷、シティまで一時間のクルーズとなる。

新居で暮らすようになったドロシーは地下室にビールの醸造設備を設置し、ビール作りに精を出した。使用人の一人、フランス系の男がビールの醸造法を知っていると分かり、この男にビール作りを任せたのである。ボルステッド禁酒法が幅をきかせる時代に、彼女は近所の邸宅に自家製ビールを配達して回った。金曜の夜と土曜の朝に注文を受けると、自分の運転手付きロールス・ロイス・コンバーティブル（折り畳みホロ付き自動車）を駆り、土曜の午後に〝商品〟を配って回った。時には、ビール・ケースを山と積んだジェシーのロールス・ロイスを後ろにしたがえ、友人宅を次々と訪問した。彼女は生き生きとしてビール運搬に携わり、ゴシップに花を咲かせ、友人たちと一緒に笑いころげた。ビール注文の電話をうまくさばくのも彼女の仕事だった。隣近所の住人たち、ウォルター・クライスラー、アルフレッド・スローン、チャーリー・チャプリン、だれもが話の面白いリバモア夫人の大ファンとなった。

リバモア邸にはチャプリンがしばしば顔を見せた。そしてリバモアとビリヤード・ゲームに興じ、ビールに手を伸ばした。屋敷の地下室には、ムクの象牙《ぞうげ》で作られた撞球《どうきゅう》、イギリスから輸入されたビリヤード・テーブルがそろっていた。チャプリンもリバモアも腕がよかった。チャプリンはまた、ドロシーのユーモアに強く魅《ひ》かれた。彼は彼女のおしゃべりに何時間もつき合い、なぜドロシーの言うことはこんなに愉快で楽しいのか、なぜ天真爛漫《らんまん》におかしい話がいくらでも発せられるのか、その根源を知ろうとした。

リビング・ルームにはスタインウェイのグランド・ピアノが鎮座していた。リバモアはオペラやクラシック音楽が好きだった。パーティーにはしばしば、マダム・シューマン・ハインクなどのオペラ歌手、著名なピアニスト、作曲家、ブロードウェーのスター、当時のポピュラー・シンガーなどを招待し、華麗な歌声や演奏を披露してもらったりした。

リバモアたちの生活は優雅で刺激に満ちていた。一九二三年、この大邸宅が完成する直前、第二子ポール・リバモアが生まれた。

リバモアは一九二三年までの三二年間、相場一筋に生きてきた。そして四六歳になった。その間、株式市場の〝運動〟、また相場で成功を収める方法について、やみがたい知識の渇きを覚えるとともに、その充足と問題解決に向け、追求に追求を重ねてきた。一貫して学徒の道をたどってきたと言ってよかった。市場を動かす心理に対しても尽きない興味があった。あれこれ考察した結果、たとえ数百万、数千万人の心理が市場にあっても、人間の本性は共通の特性を有しているわけで、心理的パターン一つをしっかり理解することでコトは足りると考えるようになった。リバモアは後年、二人の息子ジェシー・ジュニアとポールから重要な問いを受けることとなった。「お父さんは株で儲けるのに、どうしてほかの人たちはお金をなくしちゃうの？」

「そうだな、株式市場というのは、しっかり勉強しなくちゃならん相手なんだ。それも生半可なやり方じゃなく、腰のすわったやり方でね。わたしが見ていて思うのは、多くの人たちは株を買う場合、電気製品や車を買うほどにも注意や関心を払っていないということだ。株式市場にはいかがわしい金を引き寄せる側面があるし、目まぐるしい動きをするから、人を浮足立たせ、普通の感覚をマヒさせてしまう。それで汗水垂らして得た大事なお金をバカなことで無にしてしまうんだよ。

株式の売買というのは、形のうえでは簡単な手続きでできてしまう。つまりブローカーにこれこれの株をこれだけほしいと言えば、代わりに買ってもらえるし、売るときも電話一本ですんでしまう。それでうまく差益が出れば、何の努力もなく楽に金が儲《もう》けられたように見える。九時から五時まで八時間も働かなくてすむわけだからね。たとえば一〇ドルで買った株を、一〇ドル以上で売れば儲けが出る。投入する金額が大きければそれだけ儲けも大きくなる、そして大金持ちになれる、とだれもが考える。しかし簡単に言ってしまえば、これは無知以外の何ものでもない。

やっかいな相手として、恐怖心との戦いという問題もある。君たちが大きくなれば分かることだが、人の生活のすぐ足元には恐怖心や暴力意識などがつねにトグロを巻き、すきをねらっている。そして、こういった恐怖、粗暴性などは一瞬のうち、ちょっと横を向いたすきに見上げんばかりの大きさになる。これがいったん姿を現すと、生存本能が精神全体を取り仕切るようになり、通常の理性など片隅へ追いやられてしまう。いつもはもの分かりのいい人なのに、恐怖にとらえられると反理性的な行動をとることになる。悪いことにお金が失くなり始めると、恐怖心が急速に頭をもたげ、通常の判断力はどこかへ行ってしまう。人間は進化したといっても、これが現段階での本性、実態なんだ。これを消し去ることはできない。十分に理解し、そのうえで取引に臨むしかない。

それから、相場で成功できない投資家は〝希望〟と縁の切れない人たち、ということができる。市場では、希望は貪欲《どんよく》と表裏一体だ。ひとたび株の世界に入ると、だれもが望みを抱くようになる。ものごとを積極的、肯定的に考え、ベストを希望するというのは、人間の否定しがたい本質のひとつだ。そして人生を生き抜き、競争に打ち勝とうとする場合、欠かすことのできない要素ということができる。しかし市場にあっては、無知や貪欲や恐怖と同様、希望も、理性の目を曇らせ、事実の直視を妨げる。相場で傷を負いたくなかったら、いいかい、事実、現実、論理から一ミリたりとも離れないことだ。好ましくない結果が生じたとすれば、市場が間違ったわけではない、トレーダーが間違いを犯したからだ。小さな黒いコマが転がり込む小部屋の数字でルーレットの勝ち負けが決まるように、欲望、恐怖、希望などが株式市場の何かを決めるわけではない。人の手の届かないところでなされた決定は厳然としたもので、やり直しも抗議も受け付けられはしない」

二人の少年たちは、自分たちもマーケットへの参加が可能だろうかといぶかった。あまりに危険すぎはしないだろうか？　父親に任せておく方が賢明ではなかろうか？

リバモアはいかなる情報も自分の耳に入れないでくれと頼んだ。実際、「頼むから、どんなネタもなしにしてくれ」というセリフを口にしている。また、自分の情報も決して他人には明かさなかった。情報が多くの場合、発信者の善意から漏らされることを彼は十分承知していた。情報提供者は心底から、その情報が相手の役に立つこと、利益の源泉となり得ることを確信している。だから情報は多くの場合、親戚《しんせき》の者、恋人、親しい友人などからもたらされる。そして株に関する情報の場合には、自分もその情報を元に投資をおこなっており、その利益をおすそ分けしたいと親しい人間に伝えるわけである。しかしリバモアのモットーは「情報はすべて危険である。情報はあらゆる形態を装い、採用をもちかける」と、単純だった。

情報の中にはもちろん、にせ情報、あるいは自分の利益のために広めることを意図した悪質な情報もまじっている。だれかの思惑《おもわく》が伏せられたまま、情報だけが拡散するのである。リバモアは、取引を始めてから数年後、それらしい情報がどこからでも漏れてくる事実を知った。いかにも現実味を帯びた、実現可能のような、反駁《はんばく》の余地のない情報例は枚挙にいとまがなかった。社会の尊敬を集める銀行家とか、過去にすぐれた業績を残した人物などがマスコミの取材を受け、その中で漏らすこともあったし、自らが大きなポジションをもつ著名なインサイダー、企業の経営幹部が貴重な情報を提供することもあった。

そして情報というのはたいてい、まことしやかな足場の上に組み立てられている。次のようなコメントなどその典型と言ってよい。「われわれの業界は過去二年間、袋だたきに遇ってきた。しかし、一般の反応は過敏にすぎ、われわれには将来性がまるでないかのような記事もあった。ここで客観的評価に基づく予測を述べるが、当社の株は最大の割安銘柄であり、今が底値だ」

情報というのは、株の世界では「うわさ」とほとんど同義である。買収、吸収合併などにかかわる話が真偽とりまぜて、ウォール街をかけ抜ける。マスコミがそれを増幅する。そうした記事はしばしばスクープと呼ばれ、独占記事と謳《うた》われる。

世の中には自らの「相場観」を喧伝《けんでん》する一方、そのとおりに巨額の資金を動かす人々もいる。そして自分の後に続くよう大衆投資家に訴える。しかし古いバケット・ショップの格言に「ねらった株を上げようと思ったら、カモに買わせることだ」というのがある。

リバモアは次のように語っている。「大衆というのはリードされたがっている。何々をどうせよという指示を待ち望んでいる。安心を求めている。そして動くときは大挙して行動する。だれもが群れの中にいることで安心するのだ。単独で行動すれば心理的負担は一人の身にかかってくるが、集団で行動すれば心理的負担も恐怖も集団の中に吸収されていく。〝逆張り〟という危険に満ちた厳しい荒野を一人で行くより、それは楽だと思う。

少し話が複雑になるが、わたしは『抵抗の最も少ないライン』というルートをつねに求めている。だから〝大衆〟〝集団〟にまじって相場を張ることも、決してめずらしくはない。他方、相場の動きの微妙な変化を読み取り、その変化に同調して動くというのは並大抵ではない。その潮の変わり目を見逃すまいと、わたしは四六時中目を皿のようにしていると言っていい。別の言い方をするなら、大衆と同じ〝バス〟に乗っていても、時期が来たらいつでもそこから飛び降りようと身構えている。そして、逆方向に進む結果となることも恐れはしない。

相場師にとってはここが正念場だ。群れから離れる恐怖より、潮目の変化が見えながら従来の流れに乗って進む方がよほどこわい。みんなと心中するわけにはいかないから、ショートを張っている場合以外、さっさとバスから降りることになる。

以上のようなことから、わたしは二つのルールを設け、厳守することにしている。

まず第一に、四六時中相場にかかわる愚は避ける、と決めている。だからわたしはしょっちゅう株を現金化し、取引を離れて頭を冷やす。特に市場の方向に自信がもてない場合、次の流れが定まるのを待つことにしている。相場が変化すると推論されながら、それがいつ、どんな規模で生起するか読み切れない場合、取引を手じまい、時機を待つわけだ。

第二に、大半の相場師が手ひどい打撃をこうむるのは、大きな潮の交替期だと肝に銘じている。後から見ればたわいない間違いから、市場の動きを正反対に解したり、反対の立場をとったりして深手を負うのだ。相場の流れに変化が起き始めているという自分の判断を確認するために、わたしは小口の取引で打診するという方法をとっている。「売る」にしろ「買う」にしろ、わずかな額からスタートし、自分の判断が正しいかどうか試すのだ。

市場の大きな流れの転換をとらえようと思うなら、ほかにも手立てがある。商いが多いにもかかわらず、株価が伸びない、失速する、高値が更新されないというような場合、それまでの勢いはなくなったと見た方がよい。ただし、これは明確なサインというより警戒信号であり、その後の注意が肝要となる。すなわちババ抜きよろしく強者から弱者の手へ、プロから一般投資家の手へと押しつけられるのである。一般投資家は出来高の増加を市場が活況な証拠、通常の調整局面と見るかもしれないが、知らぬがホトケもいいところだ。

わたしは出来高の表示をいつも、大きな転換の前ぶれではないかと注意して見ている。これは相場全体についても、個々の銘柄についても言えることだ。それからわたしの観察経験からすると、長期に及ぶ強気相場が終焉《しゅうえん》にさしかかると、大量の出来高に後押しされ、株価がけいれんするように上昇する場合がある。しかしその後は頭を振り、よろめき、ずるずると後退していく。こんなときは次の大波が来ない限り、新高値をつけることはない。

一方この最後の大商いの時期というのは、大量の売りを処理する好機となる。しかし、売るにしろ買うにしろ最も有利な最高、最低のポイントで、とねらうのはばかげている。持ち株を売るに当たっては、大量の売買が交錯する上げ相場で売るのがつねにベターであるし、空売りを買い戻す場合も、急激な下落が起きた時点で即買い戻すのがベストだ。

相場を成功に持ち込む場合忘れてならないのは、『最小抵抗ライン』がどの方向を向いているかきちんと見定めることだ。風を背中に受ければ、帆走は容易に実現される。少なくとも風をまともに受ける形は避けなければならない。それから市場が無風状態に陥ることがある。方向の定まらない『もちあい相場』というやつだが、こんなときはさっさと店じまいし、釣りでも何でもいいから、気分転換に出掛けることだ。

市場に風が吹き始めたらまた戻ってくればいい。〝帆走〟が快適に好都合に進められることになる。エネルギーの有り余ったトレーダーにとって〝戦場離脱〟がつらいのはよく分かる。しかしわたしは、どんなトレーダーにも、ときどき相場を休む時期がなければならないと信じている。精神や気持ちのバランスを取り戻すことほど重要なことはないのだ」

一九二三年一〇月五日、リバモアは自分の新相場理論、テクニックを成功裏に実施すべく、ブロードウェー一一一番地から五番街七八〇番地へックシャー・ビルへと事務所を移した。彼は事務所の立地、内部構成を周到に計画した。新事務所の場所についてはまず、ウォール街から遠いアップタウン（山の手）を選択、金融街に渦巻く情報から極力離れようとした。業務の機密保持の面からもその方が得策だった。彼は取引に関する自分の動きをだれにも知られたくないと思った。

リバモアの事務所はビルの最上階、ペントハウスに定められた。この階はリバモアの事務所専用で、専用のエレベーターがこの階に直行した。エレベーターを降りると事務所の前になるが、入り口のドアには何の表札もなかった。ドアを開くと、待合室としても使える控えの間が用意されている。そして部屋には通常、ハリー・エドガー・ダシェがデスクに座っている。このダシェはニューヨークの記者連中から、「気性の荒い〝鬼がわら〟」と陰口をたたかれていた。確かに面構えはボクサーのようで、身長一メートル九五センチ、体重一五〇キロの体軀《たいく》にはだれもがたじろいだ。しかし彼は、いかつい外観の裏に、高い知性を隠していた。三〇分の面接をへて採用を決めたリバモアは、ダシェをこのポストに就けた。彼は元商船の乗組員で、世界中を航海して回っていた。そしてラテン語を含め、六カ国語を操ることができた。旺盛《おうせい》な読書欲をもち、多くの分野で深い知識を備えていた。そのマネジメント能力には非の打ちどころがなかった。彼はオフィスの機密保持に配慮しつつ、組織運営を完璧《かんぺき》にこなした。ＪＬに忠誠を尽くし、ボスの安全のために自らの体を張った。二人の息子もハリーにはよくなついた。ジェシーＪｒ、ポールの兄弟は七つの海をめぐる冒険物語に胸を躍らせた。彼は子どもたちの家庭教師であり、運転手であり、遊び仲間であり、特にパーム・ビーチではボディガードでもあった。

控えの間には窓がなく、ハリーのデスクのほか二、三脚の椅子《いす》があるだけだった。ハリーの背後には床から天井までのドアが重々しく、次の部屋との間を隔てていた。このドアにも、プレートはなかった。訪問者をリバモアに通すに当たって、彼は必ずインターホンでリバモアの確認を取った。次いで椅子から立ち上がり、キーを取り出し、ドアの施錠を解いた。ハリーの芝居じみた〝儀式〟に接した訪問者たちは、グレート・トレーダーのオフィスの〝奥の院〟に行き着くむずかしさを思わずにはいられなかった。

ハリーの許可を得て次の間に通ると、厚板ガラスで仕切られた広大なオープン・ルームが開けている。壁面全体に株価をチョークで書き込むボードが設置され、四人から多いときには六人のチョーク・マンが無言で立ち働いている。足元には彼らが行き来するための狭い通路が設けられている。それぞれのチョーク・マンは頭にヘッドホンをつけ、証券取引所のフロアから株価情報を直接送信してもらっていた。取引所から株価と指し値を知らされたチョーク・マンたちは、それを瞬時のうちにボードに反映させた。彼らはティッカー・テープを頼りとしなかった。データの伝送が遅すぎたからである。一五分以上の遅れが慢性化していたため、リアルタイムの情報を求めるリバモアによってこのシステムが実現された。おかげで彼は情報入手の上で優位に立つことができた。最新情報がどれほど重要か、彼は若いときの経験から身にしみているのだ。

リバモアは、一度に何種類もの銘柄、商品を売り買いする場合、チョーク・マンの数をしばしば四人から五人、六人と増やした。チョーク・マンたちは専用通路を左右に行き来し、無言で数字をボードに書き込んでいった。それが終日続いた。彼らが休みを取るのは昼食のときだけで、その間途切れが出ないようハリーがチョークを握った。リバモアはゼネラル・モーターズを売り買いしているような場合、業種全体の動きを把握したいと、フォード、クライスラーなどの値動きも同時に知りたがった。

会議室用に仕切られたスペースには美しい光沢をたたえた巨大な会議用テーブルが置かれている。そのマホガニー製のテーブルを八脚の豪華な革張りのアームチェアが囲んでいる。めったにないことだが、リバモアはここに客を迎えることがあった。そんなとき、彼はボード全体が見渡せる位置に座り、客の話を聞きながら相場の値動きにじっと見入った。そしてしばしば客の話を中断すると、奥の自室に入り、取引注文を出すのだった。

リバモアの執務室は特大だった。重厚なオーク材、マホガニー材がその壁面を飾っていた。彼はこのパネル材をイギリスの古い領主邸の図書館で見つけ、購入したのだった。図書館を丸ごと解体し、必要な部材だけをニューヨークに運んだ。

デスクもまた巨大だった。極上のマホガニー材がていねいに磨き上げられ、えもいわれぬ艶を放っている。机上には「未決」と「既決」の書類箱、鉛筆、メモ用紙などがあった。マホガニーのデスクに隣り合う壁面は素通しの厚板ガラスになっており、デスクに座った位置からも前方に株価ボードを見通すことができた。

彼のデスクにはまた、三台の黒電話が置かれていた。一台はロンドン、もう一台はパリ、そして三台目はシカゴの穀物商品取引所フロアとの直通電話だった。リバモアは生の情報を即座に入手することを望み、そのための出費を惜しまなかった。戦争の勝敗を決するのは情報や知力であり、情報、知力にすぐれた将軍が高い確率で勝利者になると信じていた。「戦争勃発《ぼっぱつ》のうわさ」は好まなかったものの、正確で信頼できる情報をひたすら追い求めた。

息子のポールは、長じるとともにしばしば、父のオフィスを訪れるようになった。夏の休暇のときは特に頻繁になった。ボードで働くことを許される場合もあった。ボードに書き込みをおこなう従業員たちは時に応じ、特別の符号を用いるよう訓練されていた。相場が急に大きく変動し始めると、彼らはその旨を〝暗号〟でボードに書き記すのである。その意味を詳しく知るのはチョーク・マンとリバモアだけだった。このことをリバモアは後に、『リバモアの相場キー』として公開した。彼のオフィスを訪れ、ボードを目にした客たちは決まって尋ねた。「JL、あの奇妙なしるしは何だね？　絵文字のようにも象形文字のようにも見えるが……？」

「あれで、わたしには意味が完全に通じるんだ」とリバモア。

「その意味とやらを聞かせてもらいたいもんだが？」

「それは容赦願いたい」と彼は笑って言った。「それを説明すれば、せっかくの〝奥の手〟をさらすことになる」

「じゃあ、どの株を買い、どの株を売ればいいか、それもいつ売買すればいいか、分かりやすく教えてはもらえまいか?」

「わたしは推奨株を並べるようなことはしない主義なんだ。ただ、相場が上向きか下向きかということなら、信じるところを明らかにすることができる」

「相場というのは、年中上がり下がりしているはずだよ……?」

「そのとおり。問題はそれがいつ上がり、いつ下がるかということなんだ」

「われわれにとっての問題はむしろ、どの銘柄が上がり、どの銘柄が下がるかということだ。これから値上がりするのはどの株で、時期はいつなんだ、JL?」

「市場全体の流れが分かれば、おのずとそれが見えてくるものさ」

「なるほどね、確かにそうだ、JL」

ある日、オフィスで父と息子が向き合い、話をしているときだった。リバモアがポールに言った。「ほら、あれを見てごらん。ボードの方だ」ポールが振り向くと、チョーク・マンたちが通路を行き来していたが、その姿はよく統制されたダンス・チームのようだった。

リバモアはさらに先を続けた。「いいか、あのボードの数字や記号は普通の人には意味不明のように見えるかもしらんが、わたしには楽譜を目にした指揮者のように、あれが訴えかけてくることが一〇〇パーセント分かるんだ。あの記号の一つ一つが意味をもち、呼吸をし、ビートを打ち、リズムを奏で、光を放ち、全体が音楽になってわたしに迫ってくる。

あのボードに示されている世界は確かな命をもっており、音楽のようにわたしの心をとらえる。わたしはあのボードと心を通わせていると言ってもいい。あのボードの世界に近づこうと努力を重ね、訓練を積むことにより、わたしは偉大な指揮者、偉大なオーケストラ同様、何かをつかむことができたと思う。たとえばモーツァルトの音楽が分かった指揮者であれば、それが何かは説明できないにしても、モーツァルトを指揮する場合に欠かすことのできない何かをつかみ、その本質に沿った演奏をおこなう。それと同じで、わたしがボードを見ていて感じる何かは、他の人間と容易に共有できる何かというわけではないが、あのボードの世界の本質といっていいものと思う。だからこそ、ボードの数字や記号、チョーク・マンたちの動きは、わたしの心にシンフォニーとして響いてくる。マネー交響曲と呼んでいいかもしれない。あそこで歌われる歌には美しい調べがあり、あの音楽に包まれると幸せを感じるのだ」

ポールは熱心に父の話に聞き入り、その一語一語に真摯《しんし》さを感じた。父が生身の姿をさらし、自分の内なる声を吐露するのは珍しいことだった。ポールの目に映るふだんのリバモアは、感情をおもてに出さず、毎日鎧《よろい》をつけているようだった。手放しで愛情を示すこともめったになかった。

第八章　盤石の富とスキャンダル

「株式投資で成功する要諦はいずれもある前提のうえに成り立っている。すなわち、人間は過去に犯したミスを将来も犯し続けるという前提である」

――トーマス・F・ウッドロック

リバモアは、トランプ・ゲームが好きだった。中でもブリッジには目がなかった。毎週月曜の夜、近隣のウォルター・クライスラー、アルフレッド・スローン、ニューヨーク在住の絹の豪商ハリー・アロンソンなどをグレート・ネックの自宅に招き、大金を賭《か》けたブリッジ大会を催した。アロンソンは桁はずれの資産家だったが、リバモアが売り攻勢に出る姿を見るのが好きだった。どうかするとかなり長い時間、こうした攻撃に付き合った。彼はよくリバモアの事務所に足を運び、この偉大なる相場師の仕事ぶりを黙って眺めた。

ある日事務所で、リバモアはイーライ・カルバートソンの訪問を受けた。カルバートソンはブリッジの世界チャンピオンだった。

「ミスター・リバモア、あなたはなかなかのブリッジ・プレーヤーだそうですね」

「ブリッジ好きが集まってワイワイやるだけで、あなたなどとは格が違います、ミスター・カルバートソン」

「では、わたしの方もJLと」

「イーライと呼んでください」

「一つお願いを聞いていただけますか？　あなたは数字に大変強い方だとうかがいました。そこで、ブリッジに関するちょっとした確率を数字で示していただけないかと思いまして。たとえば、フィネス（高い点の札を手元に残し、低い点の札で場札を取ること）が成功する確率とか、切り札以外の絵札で勝つ確率とか、そういったようなことです」

「いいですとも。問題をおっしゃってください。精いっぱいやってみますよ」

　それから三〇分、カルバートソンは問題の概要を説明した。リバモアはメモを取りながら話を聞いた。その一週間後、彼はカルバートソンを呼び、与えられた宿題の答えを示した。カルバートソンはその回答に舌を巻いた。リバモアは彼を、月曜の夜のブリッジ大会に誘った。

「それはありがたいのですが、JL、ゲームのレートが高すぎて、わたしの手には負えません」

二人の間に沈黙が落ちた。

「こうしましょう。あなたは賭け金の額を気にする必要はありません。あなたのチームが負けた場合、あなたと組んだパートナーに払ってもらうことにします。チームが勝てば賭け金はあなたのものです。われわれのようなブリッジ好きは、世界一のゲーム巧者とプレーできるとなれば、賭け金など気にしません。どうでしょう、そんな条件なら参加していただけますか？」

「喜んで」

「分かりました。では、うちの責任者、ハリー・エドガー・ダシェに、どちらに迎えの車をまわせばよいか、伝えてください。うちに来られれば、そのまま泊まっていただくこともできます。部屋はいくらでもありますから。週日の場合、ゲームの終了が一〇時を大きく過ぎることはありません。始まりは六時で、八時にサンドイッチのサービスがあります」

「それでは、月曜の夜を楽しみにしています」

ゲームの当日、カルバートソンにハンディキャップが課せられることになった。カルバートソンをパートナーとする組は一〇〇〇ポイントのマイナスからスタートするのである。しかしどのメンバーも腕達者で、このルールはすぐに取りやめになった。条件は互角となり、だれもがはやり立った。世界一のブリッジ・プレーヤーと組み、時には敵に回して、リバモアを始めとする面々は、この上なく白熱した時を過ごした。


一九二〇年代半ば、リバモアはすでに株取引の名人として名を上げていた。マスコミはしばしば、その活動や人となりに尾ヒレをつけて書き立てた。彼自身の秘密主義、取引手法が、神秘性をますます強めていった。リバモアは自分の取引の実態を分からなくするため、五〇以上のブローカーを使う場合があった。この結果、だれもベールの向こうのリバモアにたどり着くことができなかった。記者の目に映るリバモアはウォール街の謎の人物、容易に生身の姿を明かさない隠された存在だった。

一九〇〇年から二〇年代後半にかけては、各種の銘柄を対象とするプール（共同運用）が広くおこなわれていた。ある銘柄を保有する者同士、つまり投資家、インサイダーなどが集まり、株式の共同運用を取り決めると、「プール」ができる。資金をまとめて運用するので、株価の急激な変動を抑制できた。もともと品薄の銘柄など、突如大口の売りが出ると相場が混乱するが、その抑制が可能となるわけである。少なくとも「プール」の発起人は、これによって市場の秩序が保たれると主張した。しかしこれは建前であって、たいがいの場合、手持ちの銘柄を高値で一般大衆につかませる道具であった。

「プール」に属する個人投資家が持ち株を処分したいと思うとしばしば、リバモアのようなプロのトレーダーに話を持ち込む。自分の株を市場で売ってほしいと頼むわけである。頼まれたプロの方は、手数料を得て求めに応じることになる。リバモアはそうした株の売却を引き受ける条件として、よくコール・オプションを付けることを要求した。つまり、事前に設定した価格で株を購入する権利を求めた。取引所で株価が上昇すれば、オプションを行使して買い取り、市場で売却して差益を確保できる。彼はしばしば自分の資金で相場をつくり、プールの株をうまく売却した。こうすることで自分の行動を説明する必要もなくなる。

一九〇〇年代初頭の株式市場では株価操縦はごく普通のことだった。この種の取引を禁止する効果的な法律もととのってはいなかった。明らかな詐欺行為がない限り、市場操縦が違法だとの観念もなかった。しかし、プールの構成員どうしの株式売買ははっきり違法と定められていた。

同じ株がメンバー間でキャッチボールされる間に無意味に値上がりする可能性があるからである。

リバモアは数え切れないほどの市場操縦を見てきたし、いかがわしい取引の背後にあらゆる種類のトリックが潜んでいることを知っていた。そのためプール運営の依頼が彼のところに集まるのは自然の成り行きだった。リバモアへの依頼は跡を絶たなかった。彼は多くの要請の中から条件のよいケースを選び、ごくまれに「プール・トレーダー」となった。

彼はまず、対象となる株式を発行する企業の調査と評価をおこなった。将来性はあるか、株価上昇を裏づける合理的条件が備わっているかどうか、などを確認するのである。次いで、倒産の心配はないか、あるいは赤字体質ではないかといった点を確認する。こうした点で問題がないと分かると、得意の取引手法を用いて株価の動きを打診するのである。また、マーケット全体の「最小抵抗ライン」はどうかというチェックもおこなわれる。下げ相場にあって、ある銘柄だけを引き上げるなど、どうあがいても不可能だからである。以上のような点で前向きな結果が得られて初めて、依頼を引き受けることになる。

彼はまた、プールの運営にあたって、パートナーの動きに細心の注意を払った。彼らはしばしば、自分たちの運営者をも手玉に取ろうとするからである。

リバモアは、自分が中心になってプールを運営するときには、ティッカー・テープを通じてその意図を広める作戦をとった。すなわち彼は、自分同様、無数のトレーダーが四六時中テープに見入っていること、そしてある銘柄がいつもと異なる値動きをすれば、あるいは「買い」が急に増え株価が上昇し始めると、すかさず波に乗り、買ってくるトレーダーが必ずいること、これで株価が急上昇すると、さらに他のトレーダーの間に関心が広がり、「買い」圧力が高まること（これを普通「テープ・ペインティング」と呼んでいる）、などを十分承知していた。

さらに、彼の目に見通せていることがあった。それは、ある銘柄が過熱すると、これをたかが「プールの買い」と見て、空売りを仕掛ける連中が必ず出現すること、この〝逆張り〟の読みがはずれ、価格上昇が息長く続けば、損を承知の買い戻しが入り、さらに価格が急騰すること、などだった。

プールを運営するリバモアの戦略は明確だった。すなわち、上り調子の銘柄を下支えする強固な土台を築き、大口の「プール銘柄」売却に有利な道筋をつける、ということだった。彼はそれまで、ジェームズ・R・キーン、ジェイ・グールド、コモドア・バンダービルドなど著名なプール・オペレーターのやり方を見ていた。彼らの戦略は単純だった。ひたすら株価を操作し、可能な限り高値にもっていく、そして最高値で売り抜け、下がり始めたところでさらに空売りを浴びせるというやり方だった。

リバモアは、ある銘柄が活気づくと、相場師や投資家がその株に食指を動かすようになるという相場の心理に通じていた。そのあたりの機微をにらみつつ、彼はよく〝寝ている〟銘柄に刺激を与え、目覚めさせた。しかし、最初に「最小抵抗ライン」を確認するという、自らの基本ルールから逸脱することはなかった。どんなに強力なプールをもってしても、市場全体のトレンドに抗してひとつの銘柄の株価を引き上げることはできないと肝に銘じていたからである。

「株価情報を伝えるのに、ティッカー・テープほど好都合な手段はない」と彼は友人たちに語った。テープはリバモアの右腕として働いた。彼にとって株価を〝操作〟する以上に気がかりなのは、むしろ彼のパートナーたちだった。

彼は自分のポジションについては、「上昇局面で売る」という姿勢を堅持した。しかし「プール」を運営する立場に立つと、プールされた大量の株を「最高値、または下降局面で売る」という手法を取った。

また、株価が急落した場合には、「売り」を中断した。わずかながら「買い」を実行することすら珍しくなかった。そうすることで一般投資家の離脱を食いとめようとした。彼は一般のトレーダーの心理をよく知っていた。彼らはよく、株価のピークで売り抜けようとする。その結果、高値から四、五ポイントの下落幅であれば、ポジションを維持するのが普通だ。強力な反騰があり、必ず値を戻すと思うからである。彼らは通常、そのままポジションを保ち、かつての水準に株価が戻るのを待ち望む。

リバモアはまた、一般投資家の好みが安値買いにあることも的確に見抜いていた。というより、なるべく安い値で仕込み、なるべく高く売ろうとするのが人間の自然の心理だと納得していた。一般の投資家というのは、数日前の相場と比べて安ければ安値だと勘違いしがちだった。現実には、さらに値を下げていく可能性がいくらでもあるわけである。賢明なトレーダーは底値が確認されるまでじっと待つ、そして探りを入れた後に、本格的な「買い」に入る――こうした点もリバモアの頭に刻み込まれていた。

一般投資家は、市場で起きたことはそのまま持続すると思いがちだ。その〝誤解〟が「プール」のつけ目でもあった。突如として〝眠り〟から覚め、値を上げ始めた銘柄は、そのまま上昇を続けると彼らの目には映る。彼らの思い込みに乗じ、それを巧みに増幅させようとするうわさもインサイダーたちによって周到に仕掛けられるのである。

リバモアは、「値を下げだしたころに売る」ことこそ大量の株を首尾よく処分する〝正攻法〟だと信じていた。まず不活発な銘柄にカツをいれ、テープを通じて問題の銘柄が目覚めた事実を相場師や投資家に知らせ、さらにテープを利用して情報を拡散させる。最後の仕上げとして間違ってはならないのが、上昇局面ではなく、下降局面で売る――これが、一九〇〇年代初頭における大規模プール運営のお決まりのパターン、すなわち株価を操作し、大量の保有株式をとどこおりなく売りさばくテクニックだった。そして以来、この本質は変わることがない。なぜなら「人間の本性は変わらない」からである。

こうした本質が一つあるために、経験豊富な相場師であれ未経験者であれ、いつの時代にも巧妙な操作に乗せられ、しばしば食い物にされるわけである。彼らはたいてい、インサイダーたちが持ち株を放出するのは華々しい上り調子のときだと信じている。しかし、これは勝手な思い違いに過ぎない。大衆投資家たちは、インサイダーの保有株式やプール銘柄の大半を、高値がついた後、下落が始まってからつかまされるのである。その後の高値が更新されない理由の一つがここにある。すなわち、その銘柄の株が市場にだぶつくわけで、インサイダーが大量の保有株式を放出してしまえば、株価の上昇は不可能になる。

自前のトレーディングに携わっていたときから、リバモアはすでにこのカラクリを知っていた。

彼にとって〝高値更新〟が極めて大きい意味をもつ理由の一つがここにあった。真の高値更新とは、株式供給の思惑《おもわく》など突き抜けて株価が上昇していくことを意味している。その後もさらに上をねらう態勢となり、ここにおいて「最小抵抗ライン」もまた上向きであることが決定的となる。一九二〇年代にこうした相場理論をもつ者は、リバモア以外にいなかった。大部分の市場参加者は、手持ちの銘柄が高値を更新したと思うと即座に売り払い、あらためて割安感のある投資対象を物色するというパターンだった。

株式市場というのは決して割り切りのよい相手ではないし、本来的に市場参入者の足元をすくう存在であり、無為《むい》の努力を要求する存在だとリバモアは感得していた。

彼のルールは基本的に人間心理の逆を行くものだった。具体的に例を挙げると次のようになる。損切りは迅速におこなえ。手じまう積極的な理由がない限り、一層の利益拡大をねらえ。相場の局面ごとに生じる主力株とともに動け。高値は更新と同時に「買い」である。安値株は必ずしも買い得ではない。なぜなら横ばいを続けるだけかもしれないし、値上がりのエネルギーをもたない銘柄かもしれないからである。市場はサイクルを学ぶ相手だと知る必要がある——値上がりも値下がりも永久に続くわけではない。ただし、ひとたび方向が変わると、その新しいトレンドは流れが止まるまで継続する。この全体の流れに逆らうのは愚かである。

一九二二年六月、ニューヨーク証券取引所に食品雑貨小売チェーンのピグリー・ウィグリー社の株式が上場された。創立者兼オーナーのクラレンス・ソーンダースは肥満体の四〇歳、テネシー州メンフィスの出身だった。上場はしたものの人気銘柄にはならず、株価は大幅に下落した。

この事態に青くなったソーンダースは一〇〇〇万ドルの現金をかき集めてウォール街に直行、ジェシー・リバモアのオフィスを訪ねた。

これがウォール街史上最後の買い占め事件となる。

「ミスター・リバモア、ぜひうちの株の株価引き上げをお願いしたいとやってまいりました。必要資金として一〇〇〇万ドル用意しましたが、お引き受け願えるでしょうか？」

「あの株は今三五ドルになっていますが、それ以上の価値があると？」

「ええ。五〇ドルで上場しましたが、それでも安すぎると思っています」

「市場に出回っているのは何株ほどですか？」

「二〇万株です。残りはわたしが保有しています」

「それで、いつからテコ入れを始めたいわけですか？」

「できれば、明日からでも」

「調査のための時間を二、三日いただけますか、ミスター・ソーンダース？」

「それは構いませんが、あなたへの謝礼はいかほどになりますか？」

「わたしは普通、そうした料金は請求しません。その代わり、対象となる株式にコール・オプションをつけてもらっています。ただ今回の場合特別のケースですから、わたしの仕事に対し、相応の報酬はいただきたいと思います」

問題の銘柄と相場の状況を点検したリバモアは、再びソーンダースと会った。

「ミスター・ソーンダース、お引き受けしましょう。報酬の方は、株価の値上がり分の二〇パーセントでいかがでしょう？」

「結構です。仕事にはすぐかかっていただけますか？」

「明日から」

翌日、リバモアはクラレンス・ソーンダースの持ち込んだ軍資金を使い、市場に流通する問題の株をそろそろと買い始めた。第一週の終わり、浮動株二〇万株のうち一〇万五〇〇〇株を買い集めた彼は、ソーンダースのもとを訪ねた。

「ミスター・ソーンダース、今ある株の半分以上を集めましたが、株価はピクリともしません。三五ドルのままです」

「それはどういうことなんですか？」

「端的に申し上げて、市場はあなたの株に関心をもっていないということです」

「そんなばかな！　あれにはもっと価値がある。預けた金を使って、どんどん買い込んでください。あの株が三五ドルなんて絶対にあり得ない。連中に思い知らせてください」

リバモアはマーケットに戻り、「買い」を続行した。その結果一九二三年三月、株価は七〇ドルまで高騰した。ここにいたって彼は、業務遂行上最も厳しい決断を迫られるところに追い込まれた。すなわち市場に、ピグリー・ウィグリーの買い占めが進められているという話が広がっていた。しかしその仕掛け人は同社のオーナー、クラレンス・ソーンダースで、自分の株を処分するためのにわかプールが組織されたに過ぎないと解釈された。その結果、プロのトレーダーたちは空売りに出た。バブル株がはじけるのは目に見えていると、値下がりした後の買い戻しを前提に「売り」に走ったのである。

二〇万のうち一九万八〇〇〇株を手にしたリバモアの目には、その結果がウォール街にどんな影響を及ぼすかはっきり見えていた。友人の多くが売りにまわっていた。彼らの破滅がリバモアの決断ひとつにかかっていた。彼はソーンダースに会わざるを得なかった。

「上々の首尾ですねえ、ミスター・リバモア。株価が七〇ドルにまで上がったうえ、市場で買える株はほとんどゼロといっていい。買い戻しの必要な連中に一九万八〇〇〇株をいやというほど食わせてやるといい」

「そんなことをすれば、天井しらずの値段となります……」

「それこそ、われわれの望むところじゃないですか、ミスター・リバモア」ソーンダースは上機嫌だった。「見る目がないくせに、きいたふうな口をきく相場師連中の鼻をあかす絶好の機会だ」

「わたしの考えは違う。あなたのやり方は賢明とは言えません」

「何ですと？　買い集めた株を売らんというわけですか？　それじゃ初めの約束と違う」

「わたしの友人の多くが破産します。友人の破産を手伝うと約束した覚えはない」

「気でも狂ったんですか、ミスター・リバモア。彼らはあなたが買い集める株の向こうを張って、空売りしてきたんだ。それでも友人と呼べるんですか？」

「そういうことも含めて、全体でゲームが成立するのです」

「しかしそれはあなたのゲームであって、わたしのゲームではない。彼らは以前、わたしの株を鼻であしらった。今は『買い』を競い合っている。身勝手というものだ」彼はリバモアの出方をうかがった。しかし、リバモアは何の反応も示さなかった。「ところで、やり方が賢明でないと言われたが、どういう意味で賢明でないわけですか?」

「ある銘柄が突如として暴騰すれば、トレーダーたちは空売り筋の買い戻しによる『踏み上げ』相場に気づくでしょう。彼らはこの株に近づかなくなります。新たな『買い』がなくなり、急転直下、暴落します」

「とんでもない話だ。あんたは自分の友だちの心配ばかりしている。わたしが連中のキンタマを握っているせいだろうが、これまで連中はわたしに、慰めの言葉ひとつかけなかった。いいか、わたしはあんたと違ってストリートの大物じゃない。あれこれ手を出せる身分じゃなく、これが唯一の〝勝負玉〟なんだ。それにあんただって、最初の三五ドルから値上がりした分の二〇パーセントが自分の儲けになる。今なら一〇〇ドルだってメじゃない。べらぼうな儲けが目の先にぶら下がってるんだ。このまま行く方がそれこそ賢明というものじゃないか」

「そう思いたければどうぞ。このまま株の引き渡しを強行すると言うなら、わたしは下りる」

「まさかダニエル・ドリューの言葉を知らないわけじゃあるまい? 彼は『自らが保有していないものを売ったら、買い戻すか、牢獄に行くかだ』と言ったんだ」

「もちろん承知している。それと同時に、他人から与えられたくないと思う仕打ちを他人にするな、という徳目もだ。わたしはこれからもこの世界で生きていくことになる。末長く……」

「気持ちが変わらんようなら、これ以上話しても仕方がない。今後の幸運を祈るよ。この件で無駄骨を折らせて気の毒と思うが、わたしのせいじゃない」

「商売の話ならまたあるさ。では失礼」リバモアはその場を去っていった。

その翌日、クラレンス・ソーンダースは自分の主張を実行に移した。空売りを買い戻し、株券を引き渡すよう要求したのだ。数時間のうちにピグリー・ウィグリー株は七〇ドルから一二四ドルへと狂騰した。

しかしやがて、奇怪なうわさがウォール街の口から口へと伝わっていった。出所は全く不明ながら、オーナーのクラレンス・ソーンダースが自社株を買い占めていたといううわさだった。これは新証券取引法に違反する行為だった。このうわさが理事会の耳に届くところとなり、その日の午後、ピグリー・ウィグリー株の一時取引停止が決定された。うわさが真実と証明されるとともに、株価は八二ドルまで急落した。リバモアの友人たちは胸をなでおろした。

その後、クラレンス・ソーンダースはすべてを失い、破産した。しかし、自分は株式市場を相手に完全勝利を収めたのに、ジェシー・リバモアと友人たち一統に横ヤリを入れられ、勝利をめちゃめちゃにされたと言い続けた。


新聞記者にとってリバモアは、いつ何どきもつかみどころのない人物だった。彼は自分のトレードにかかわるうわさを、是認することもなければ明確な否認もしなかった。メキシカン・ピート（ペトロリアム＝石油）のケースも例外ではなかった。相場がはね上がっていくのに空売りに出た彼は、八五〇万ドルの損を出したとうわさされた。確かにこの銘柄はノンストップで七五ポイントも上昇、無数の投資家が読みを間違え、やけどを負ったと報道された。この〝負け組〟の中にリバモアも含まれていたというわけである。

「わたしのトレードに関心をもつ諸君、メキシカン・ピートにかかわる諸君の疑問に対し、わたしは否定も肯定もしないつもりだ」彼はニューヨーク・タイムズにこのように述べた。

「その理由は何ですか？」一人の記者が尋ねた。

「気の利いたせっかくのジョークを壊したくないからだ」

「遠慮はいりません。壊してください。ところでお尋ねしますが、あなたとお友だちのグループは八五〇〇万ドルの損をかぶったうえ、窮地脱出のため示談によって決済したという話があります。本当ですか？」

「このジョークはわたし自身も楽しんでおり、壊すに忍びないんだ。ただし、諸君が何かを求め右往左往する姿というのはジョークからほど遠い」リバモアは笑って言い、さらに続けた。「問題の日はリリアン・ラッセルの告別式があった日で、わたしがヒッポドロームの会場に出掛けている間に株価が高騰し、大金を失ったと報道されている。しかしわたしはあの告別式に参列していないし、当日は夕方五時にオフィスを出た。れっきとした証人もいる。昨日そのように話したにもかかわらず、別の筋書きになっている」

「メキシカン・ピートについて話してくれませんか？　損害を受けたことは確かなんでしょう？」ニューヨーク・タイムズの記者が質問した。

「君のところの新聞は、わたしが一株あたり二二五ドルでメキシカン・ピート側と話をつけ、買い戻したと伝えている。記事ではこの情報の出所は証取会員のブローカーだと断ったうえ、わたしの顧問弁護士であり友人でもあるＥ・Ｌ・ドヘニー同席でわたしが午後四時、問題の私的決済をおこなったと報じている。しかしわたしは、まさにその時間にポキプシーでボート・レースを観戦していた。これにも文句のない証人がいる」

「ということは、損害を否定するわけですね？」別の記者がいらだって声を上げた。

「わたしが言いたいのは、メキシカン・ピートについてわたしがしくじったかどうか、普通の人間ならまともな結論を下せるだけのコメントを与えたということだ。さらに言うなら、メキシカン・ピートの株価がどれほど高騰しようと、自ら空売りした銘柄であれば、必ず市場で決着をつけ、買い戻す。これまでわたしは、株式市場の外でこそこそと問題解決を図ったことはないし、これからもあり得ない」

「昨日の記事に、あなたは一〇万株を売り込み、行き詰まったとありましたが、これについてはどうですか？」

「あの記事を書いた記者は、ウォール街の内情を知らない新米記者と言わざるを得ない。浮動株のほぼすべてを平然と空売りするような人間は到底相場師とは言えない。あの記事の中でわたしは、ヒッポドロームに出掛けた日の午後、メキシカン・ピートを買ったということになっている。わたしがあの株を何株購入したか正確に知っていたら、あんな三流小説のような記事が紙面に載るはずはなかった」

一九二〇年代を通じ、この手の記事が次々と掲載されては、消えていった。こうした受けとめられ方を極力避けようとするリバモアの姿勢が、結果的に新聞の販売部数を一層のばすこととなった。彼が記者を避けようとすればするほど、ジェシー・リバモアを知りたいとする記者たちの〝強迫観念〟は募っていった。

こうした状況下、決して記者の耳には入ることのない秘話があった。その話を聞き、息子のポールは深い感銘を受けた。それは、だれも聞いたことのない話をして、とポールが父にせがんで聞きだしたものだった。

「うん、あれは一九一八年、世界大戦が終わった後のことだった。お前はまだ生まれていなかった。戦争が終わり、綿花相場は一時的に下がるだろうが、その後はまた上昇に転じるとわたしは読んだんだ。終戦になれば軍需が止まり、綿花の価格は下がるが、二〇年代の初めには民需が戻り、反転していくとにらんだわけだ。

そこで一九一九年、数え切れないほどの仲買い業者を使い、潜行しながら綿花を買い始めた。わたしの予想どおり、相場は下がったよ。ところが一八カ月後、気が付いてみたら綿花はほとんどすべてわたしの手の中にあった。市場の綿花を余さず、わたしが買い尽くしていたわけだ。この事実をアメリカ政府は見逃さなかった。

わたしの買い占めが終了するころ、農務長官から電話がかかってきた。急いでウッドロー・ウィルソン大統領に会ってほしいという電話だった。わたしは列車でワシントンに出向いたよ。そしてホワイト・ハウスに直行した。ホワイト・ハウスでは農務長官と大統領がわたしを待っており、すぐ二人のところに案内された。

あいさつの後、ウィルソン大統領が切り出した。『ミスター・リバモア、われわれはシカゴ先物市場におけるあなたの綿花買い占めに関心をもっています。事実として間違いありませんか？』

『はい、大統領閣下』

『あなたの先見の明には敬服いたします。綿花相場は現在低い水準にありますが、わが国が戦時経済から離脱し、民間の活力が増すとともに需要が増え、価格は上昇していきます。その点を見越しての投機だったのですね？』

『そのとおりです、大統領閣下』

続いて農務長官が発言した。『それで、ミスター・リバモア、インフレという問題はあなたもご承知と思います。需要の増大とともに、綿花のすべてを押さえておられるあなたは、言い値で商品を買わせることが可能となります。恐ろしい勢いで値段が上がっていく結果となりましょう』

『われわれはインフレを警戒しています。綿花のような重要な原材料が大きく値上がりすると、わが国の今後の経済、自力による経済発展に支障をきたすこととなります。お分かりいただけますか？』大統領がこう付け加えた。

『はい、十分に』

『そうですか。これはわたしの個人的興味からお聞きするのですが、ミスター・リバモア、よろしいですか？』

『結構ですとも』わたしはそう言って、具体的質問を待ち受けた。

『どうして、どんな理由から、買い占めを図られようとしたわけですか？』

『自分にできるかどうか、知りたかったからです』

『アメリカの綿花相場を牛耳《ぎゅうじ》る理由が、できるかどうか知りたかったから、ですと？』農務長官が思わず口走った。

『そうです。最初のうちこそ手こずったものの、可能かどうか、とにかくやってみようと思ったのです。それだけです』

『ところでミスター・リバモア、現在の事態を解消するのにどの程度の期間が必要ですか？　つまり、ほかのトレーダーたちが現況に気づき、綿花の価格上昇に加担する前に問題が解決されればと望んでおるわけですが』大統領が尋ねた。

『ご心配いりません。今日のご趣旨にしたがって処理していきます』

『どんな形で？』農務長官が口をはさんだ。

『買ったときと同様、そっと売り戻せばすむことです。買い入れた価格で売ることにしましょう。国の威信を傷つけるのはわたしの本意ではありませんから』

われわれは握手して別れ、その後わたしは約束を実行した。この話を思い出すたびに、自然に笑いが込み上げてくるよ。アメリカ大統領、農務長官、それにわたししか知らない話だ。もっとも、今後はお前も仲間入りすることになる」

リバモアがガン・コレクションにのめり込んでいったのも一九二〇年代のことだった。邸宅

「エバーモア」が完成した後、彼は敷地内に射撃練習場を造った。この射撃エリアは海岸近くに設けられた。浜辺が尽きるあたりにちょっとした崖《がけ》があり、そこから屋敷裏まで草地が続いているが、この崖を起点として彼は、かなりの幅をもつ長い溝を掘削させた。深さ一メートル八〇センチ、全長三〇メートルほどの廊下のような射撃場だった。弾丸の届く辺りはY字状に広がっている。溝の側壁は木材で固められ、扇状の先端部はがっちりした木の部材、砂、厚さ一インチの鉄板で覆われていた。どんな弾丸もここで止まる仕組みだった。

拳銃、ショット・ガン、ライフルの膨大なコレクションを所有する彼は、ドロシーと二人の息子に銃器の使い方を教え、家族で射撃を楽しんだ。並はずれた射撃の力をもつポールは一一歳のときすでに、四五口径オートマティックを数分で分解し、組み立てる技術を身につけていた。兄のジェシー・ジュニアとドロシーも、ポールに負けない腕達者だった。

リバモアは自分の収集した拳銃、高性能ライフル銃、ショット・ガンの一部を読書室に保管していた。またレイク・プラシッドの自宅周辺で狩猟を楽しんだ彼は、鳥撃ちのための自分専用のショット・ガン、クラシック・タイプのパーディ・ショット・ガンをイギリスから取り寄せ、コレクションに加えていた。

リバモア家の射撃施設にはスキート施設も併設されていた。ロングアイランド海峡に向かって放たれるクレー・ピジョン（陶製の標的）をねらって散弾銃を撃つのである。一個五ドルのこの〝鳥〟をねらい、彼は飽かずに引き金を引いた。時に腰だめの姿勢で獲物をねらった。弾が命中すると、標的は粉々になって落下した。

ドロシーも、特にライフルの腕前は折り紙つきだった。射撃場に立つと男たちに一歩もヒケを取らなかった。何より彼女は銃を恐れなかった。

ある日、リバモア兄弟は読書室、および階下の銃器室に詰め込まれた小火器の数を数えた。種類はいろいろだったが、全部で四〇五丁あった。リバモアは息子たちに、射撃場で過ごすと株の重圧から解放されると語った。

彼は発散の場を必要とするストレスをつねに抱えていた。

リバモアは五〇軒以上の証券業者、ブローカーとの間に直通の通信線を敷設していた。そして一九二三年、マンモス・オイル株でプールを運営することになった。しかしこれが予想外の方向に進展し、火の粉をかぶる結果となった。後に「ティーポット・ドーム・スキャンダル」と呼ばれる贈収賄事件に巻き込まれたのである。

一九二二年一〇月、業務のうえで深いつながりのあるE・L・ドヘニー、ハリー・F・シンクレアの二人がリバモアを訪ねてきた。マンモス・オイル一五万一〇〇〇株を一株四〇ドルで売りさばいてほしいという注文である。市場で一般株主に売り渡すに当たり、整然と業務を遂行するようにとの注文も付け加えられた。

マンモス・オイルはシンクレア・オイルの子会社で、シンクレアはアメリカ海軍から高収益の油田の貸与を受けていた。後に明らかになったことであるが、この儲《もう》け話には時の内務長官アルバート・フォールがからんでいた。

マンモス株売却の方は、リバモアがプールを運営しているという話が伝わり、募集数以上の応募が寄せられた。初日の寄り付きで八〇〇〇株が一株四三ドルで売れ、その日のうちに四万株が終り値四〇・七五ドルで売りさばかれた。その後も売れ行きは上々で、三日のうちに一五万一〇〇〇株すべてが一般投資家の手に渡った。

一九二四年二月一六日、ティーポット・ドーム・スキャンダルが勃発《ぼっぱつ》、株式市場を震撼《しんかん》させた。マンモス・オイル株はたちまち値を下げていった。ジェシー・リバモアはこのニュースをパーム・ビーチのブレーカーズで聞いた。彼はここに前年の一二月二八日から滞在していた。同行していたのは、彼専属の通信オペレーター一人である。

パーム・ビーチまで彼は、専用車両で来ていた。金に糸目をつけず用意した車両で、三室のベッド・ルーム、ギャレー（調理室）、広々としたリビング・ダイニングを備えていた。子どもたちのそれぞれに家政婦がついていたから、一家が旅行する際には、執事、シェフとともに彼らも同行した。家族以外の者は、一般客に交じって寝台車で寝泊まりした。リバモアは通常、この車両をニューヨーク操車場に留め、いつでも出発できるよう整備させていた。パーム・ビーチに逗《とう》留《りゅう》中の基地はマイアミ操車場だった。この車両は、レイク・プラシッドの自宅に帰る場合、あるいは大口の商品取引のためにシカゴの穀物取引所に出掛けるときにも利用された。

ティーポット・ドーム・スキャンダルでは二人の政府閣僚が連座していた。フォール内務長官とデンビー海軍長官だった。事件は巧妙に仕組まれていた。海軍に所属する油田が内務省に移管されたのに続き、アラスカの海軍炭鉱も内務省によって運営されることとなった。フォール長官がトップを務める内務省は、これを極めて有利な条件でいくつかの民間企業にリースしようとした。この民間企業の中にマンモス・オイルが含まれていたのである。

当時、クーリッジ大統領が政権の座にあったが、この贈収賄事件のあおりで政府は存亡の危機に立った。詐欺罪を裏付ける通信文、その他の文書が次々と明るみに出た。このスキャンダルによってマンモス・オイルはもちろん、相場全体が売られ、下落した。

マンモスを売りさばいたリバモアは、事件が公けになるころには、すでに「売り方」にまわっていた。そして多くの銘柄を空売りしていた。しかし彼は、主要人物ではないにしろ、事件の関係者と名指しされた。そして連邦政府裁判所の召喚を受ける身となった。

彼はニューヨーク・タイムズに次のように語ったと伝えられる。

一九二四年二月一六日付　ニューヨーク・タイムズ

「石油に関する公聴会が毎日のように開かれ、驚くべき発言内容が伝えられている。こうした発言によって、多くの市場関係者の信頼が揺らいでいる。上院、下院での熱病のような調査が今後も続き、他の事柄にも問題が飛び火するようなら、信頼の失墜は甚大なものとなろう。このような状況で、相場の先行きに安閑としていられるのは超楽観主義者のみであろう」

同紙は翌日、次のように報じた。

「相場にいくばくかでもかかわる者は、ジェシー・リバモアによる昨日のメッセージを福音として受け入れた。と同時に市場は『売り』一色となった。下落は正午に最高潮に達し、あらゆる業種の銘柄がその影響を受けた」

スキャンダル発覚を契機に、アメリカ社会はハチの巣をつついたような騒ぎになった。パーム・ビーチにいたリバモアはしばらく出頭を逃がれていたが、結局下院委員会に呼ばれることとなった。宣誓証言をして席についたが、応答に特に困難はなかった。しかし、E・L・ドヘニー、ハリー・F・シンクレアの両名は、贈賄の容疑で厳しく追及された。ドヘニーは無罪となったものの、シンクレアは禁固九カ月の有罪宣告を受けた。内務長官アルバート・フォールは収賄を認定され、監獄に送られた。彼は獄につながれた初めてのアメリカ政府閣僚となった。

この問題に関するリバモアの最後のコメントは次のようなものだった。「今後は、優秀な人材がワシントンに送り込まれるべきだ。わが国はビジネス立国なのであり、したがって政府の要所要所にビジネスマンとして成功した人物が配置されるべきである」

リバモアは後に、新聞報道を自らに有利にはたらくよう仕向けたとしたとして槍玉《やりだま》に上げられた。ティーポット・ドーム・スキャンダルのさなか、相場を急落に導こうと画策したというのである。さらに次のような暴露記事が登場した。

一九二四年三月八日付　ニューヨーク・タイムズ

「『ジェシー・リバモア氏は二万五〇〇〇ドルの礼金を提示、報道内容の操作を裏づける証拠物件を引き取る意向。その内容は、相場に影響を与えようとしたとの流言に関与している模様』」

流言はさらに広まり、同氏はパーム・ビーチのブレーカーズから新聞各社に以下のように打電した。

『わたしが今日の午後、何らかの声明文を発表するといううわさが各地をめぐっているが、断固としてそうしたうわさを否定する。わたしはだれに向けても、いかなるメッセージも電報も送っていないし、私的な見解も発表していない。したがって昨日から出回るようになったうわさは、何か下心を抱く人物、あるいは人物たちにより、流されたものである。三週間前の二月一四日、マーケットの短期的予測についてわたしの個人的見方を示してほしいとの依頼を二名の株式ブローカー、ならびに著名な投資家より受け取った。わたしは自分の見方を簡潔にまとめて、このメッセージはあくまでも私信であり、内密の話であると伝えた。

だれかが、わたしの許可を得ないまま、そのメッセージを公表した。当初は私設の通信線を通じて流れていたものが、やがて新聞各社の回線を通じて配信されるようになった。プライベートなメッセージ、私信の内容を暴かれ、信頼を裏切られたわけであるから、今後一切わたしからの個人的メッセージはだれに対しても、送らないこととする』」

リバモアは疑いなく、メディアを手玉に取る術を会得し始めていた。彼らを自分に都合よく利用するようになった。ウォール街での身の処し方、取引の手の内を明かそうとしない彼の流儀は、いやがうえにも記者たちの好奇心、取材意欲をかきたてた。一般のやじ馬的熱気も高まり、リバモアに関する記事が載るたびに新聞の売上げが伸びた。

彼が運営した最後のプールは、デフォレスト・ラジオ社の新規公募だった。同社の株式七万五〇〇〇株が一九二四年一一月八日、一株二一ドルで提示された。二一ドルは売り出し価格としては破格の高値であった。

ウォール街は一九二四年、無線技術（ラジオ）に関する新発明に沸き立っており、ラジオと名のつくものなら何でも高値で売れる環境下にあった。デフォレスト株もこのブームを巧みに利用して、売り出されたものだった。

しかし、この株は後に紙くずと化した。

他方ジェシー・リバモアは、パーム・ビーチの自然を満喫していた。ヨットをパーム・ビーチに係留し、いつでも沖釣りに出られる態勢に置いていた。

一九二五年一月、彼は六人の客を乗せ、愛艇のへさきをフロリダ・キーズに向けた。キーズの海域でリバモアは巨大なサメを釣り針にかけた。船のファイティング・チェアに腰を下ろしたまま五五分間、彼はこの巨大ザメと死闘を繰り広げた。しかし、ふと竿の握りをゆるめた瞬間、ロッド（釣り竿）は恐ろしい勢いで暴れだした。ロッドの打撃をまともに食らったリバモアはそのまま気を失った。キャプテンとクルーたちは彼を船内の特別室に運んだ。

彼はけがが回復するまで三日間、その特別室から外に出ることができなかった。それでも彼に沖釣りを断念させることはできなかった。彼の仕留めた獲物は計二五六尾と記録されている。この中にはメキシコ湾でモリを打ち込まれた巨大アカエイも含まれている。このアカエイはリバモアのヨットに引き寄せられるまで、九マイルも船を引きずったつわものだった。重量二六七キロ、横幅六メートル、頭から鋭い剣のついた尻尾《しっぽ》の先まで九メートルという大物だった。

しかし、人生凪《なぎ》の日ばかりではなかった。途方もない金満家ともなれば特に、どこに危険が待ち受けているかわからなかった。一九二五年三月一五日、キングス郡次席地方検事大人ルイス・ゴールドスタインはブレーカーズ・ホテルのポーチで椅子《いす》に腰をかけ、うつらうつらしていた。ひどい雨の日だったが、男二人が声高に何かしゃべりあっている声に目を覚ました。

「あの男には一〇〇万ドルぐらいどうってことないって」一方の男が言った。「何たって、一回の相場で五〇〇万も一〇〇〇万も稼ぐやつなんだから」

「よし、じゃあ上の子をやろう。ジェシー・ジュニアって方だ。あいつは活発な子だから、たいてい一人でどっかを走り回ってる。あいつなら人目につかない場所でさらえるぜ」

ゴールドスタイン夫人はすっかり目を覚ました。そして椅子から立ち上がった。彼女はジェシー・リバモアを知っていた。この男たちが彼の息子に何をしようとしているかも十分すぎるほど理解できた。夫人は男たちの顔を見てやろうと声のする方にポーチを移動していった。男たちは顔を上げ、彼女の方を見た。そして夫人に気づくとエリを立て、帽子を目深《まぶか》にかぶり、そそくさと雨の中へ去っていった。

ゴールドスタイン夫人はすぐ、ことの次第をリバモアに伝えた。時を移さず彼はニューヨークに電報を打ち、私立探偵をパーム・ビーチに送るように、そして残りのシーズン中、子どもたちの護衛に当たるよう要請した。

しかし私立探偵がパーム・ビーチに到着することはなかった。

三月一八日、ハリー・エドガー・ダシェはロールス・ロイスのハンドルを握っていた。同乗者はジェシー・ジュニアとポールの二人、彼らはセミノール・インディアンとワニの格闘を低湿地地方に見に行った帰りだった。子どもたちも前部座席に座っていたが、まっ先に煙を見つけたのはハリーだった。車がブレーカーズに近づいていくところだった。まっ黒の巨大な煙がホテルの向こうの端を包み込んでいた。ハリーはロールス・ロイスを駐車すると、子どもたちと一緒にホテル正面の広大な芝生を横切り、建物の方に歩み寄った。

群衆の中にドロシーがおり、子どもたちのところに走ってきた。

「よかったわ、あなたたちがハリーとよそに行ってて」

「こっちの端はまだ燃えてないよ」とジェシー・ジュニア。

「いや、すぐ燃え広がる」ハリーが判断した。

そのときリバモアが駆けつけてきた。彼はフロリダ・キーズへの出帆に向け、クルーとヨットの準備をしていたのだった。

「一体、どうしたんだ」彼が尋ねた。

「この辺りはいつ火が出てもおかしくない土地なんです。熱帯の太陽ですべてが乾燥し切っていますからね」

「あたしたちの荷物、大丈夫と思うわ、JL。クルーズの前でちょうど荷づくりがすんでたから」

「マウスィー、荷物の心配なんかしなくていい。いくらでも買えるんだから」

「でも、あたしたちのイニシャルがケース全部に入れてあるのよ。あんなすてきなイニシャル、ほかにないわ」二人はそれぞれ、ルイ・ヴィトンの手作りイニシャル入りのトランクを一二個ずつ持ち込んでいた。

「ベル・キャプテンにもう頼んだの」

「何を?」

「部屋に戻って、できたら持ち出してほしいって」ドロシーが答えた。

「あ、あれ、あれを見て!」ハリーが彼らの宿泊するスイート・ルームのあたりを指さした。

「あの、窓のところ! すごい。何てこった!」

荷物が次々と四階の窓からほうり出されていた。下は芝生で、はね返り、転がったトランクを、待ち受けたベルボーイたちが拾い、炎から遠いビーチに運んだ。

「こいつは驚いたなあ。マウスィー、あれはみんなわれわれの荷物だよ」リバモアがうめくように言った。そして、「マウスィー、お前は子どもたちとここにいなさい。ハリーとわたしで手伝えることがないか見てくる」と続けた。リバモアとハリーは荷物の落下地点を目指し、走っていった。二人が着いたとき、一四個の荷物の最後の一つがビーチに運ばれ、重ねられたところだった。

ハリーが先に、荷物を点検した。「こいつは参った、信じられん! あの高いところから放り投げられ、地面でバウンドし、ベルボーイたちに蹴られたりしてるのに、どっこもびくともしていない。JL、これ、すごいことですよ」

リバモアも荷物を見て言った。「うん、ハリー、全くの驚きだ。マウスィーに頼まれたら、連中またこれを全部四階のあの部屋に投げ込むかもしらんが、それでも傷ひとつつかんだろう」

「へこみにしろ引っかき傷にしろ、何もありませんよ。また買うとしたら、絶対ルイ・ヴィトンですね、ＪＬ」

「うん、そう、買うとしたら、だ」リバモアはニヤリとした。「しかし、一つ問題がある」

「問題って、一体どんな？」

「考えてみろ、擦り切れも壊れもしない代物だぞ。二度と買う必要なんかない」

二人は笑いつつ、ドロシーに万事オーケーのサインを送った。

焼け落ちたブレーカーズ・ホテルは一年という記録的スピードで再建された。新生ブレーカーズの設計を担当したのは、ニューヨークのウォルドーフ・アストリア・ホテル、コーラル・ゲーブルズのビルトモア・ホテルを設計したシュルツ＆ウィーバーだった。一九二七年には各界の面々が、ブレーカーズ・ホテルこそアメリカ一のリゾート・ホテルと評した。リバモアもその意見に同調するだけでなく、新装オープンのはるか以前に、スイート・ルームを予約していたのだった。

一九二五年の春は、リバモアにとって何かとせわしない時期だった。しかし、この年の四月九日、彼はキングス・ポイントの大邸宅で大けがを負う災難に遭遇した。新たに建設された邸宅の翼棟を点検中、はしごから足をすべらせて六メートル下の地面に転落したのである。すぐにリムジンでマンハッタン西七六丁目八番地の住まいに移送された。

リバモアを診察した医師団は、右腕、ならびに肋骨数本がおれていると診断した。レントゲン写真による検査も医師団の診断を裏付けた。彼は安静の身となった。

この後彼が再び株取引にかかわるのは、一九二五年八月二五日になってからだった。彼はレイク・プラシッドの住居から取引の指示を出した。USスチール五万株のロング・ポジションをとったらしいとか、ホワイト・モーターズを保有しているらしいとかのうわさが立ったが、彼はそうしたうわさを認めることは一切なかった。

一九二七年一〇月二七日、リバモアはニューヨーク五番街八二五番地、すなわち六三丁目と六四丁目の間に新しいアパートメントを購入した。これがその後、ニューヨークにおける彼の住まいとなった。新居の購入に妻のドロシーは奮い立った。例のごとく母親と二人で、金をかけ時間をかけ、エネルギーのありったけを注いで内部を飾り立てた。

第九章　ボストン・ビリー――リバモア邸に強盗

「富というのは難渋のタネでもある」

――ジョン・ポール・ゲティJr.

一九二七年五月二九日日曜日深夜、リバモア邸「エバーモア」の敷地内にたき火の火が一つあった。この火を囲むのはアーサー・バリー、〝ボストン・ビリー〟と呼ばれたジェームズ・F・モナガン、ジェシー・リバモアの元お抱え運転手エディ・ケイン、そしてアーサー・バリーの女友だちアナ・ブレーク。アナはブロンドの髪をショートカットにした魅力的な女だった。

男たちはカシの大木の根元にそれぞれ居場所を定め、腰を下ろしていた。アナ・ブレークは草《くさ》原《はら》に座っていた。彼らの視線の向こうには、月光に照らされた海面、クリス・クラフトを係留した長い桟橋、その沖合い九〇メートルほどのところにはリバモアの大型ヨットがあった。左方向には広大な森につつまれた宏壮な建物が黒々と立ち上がっていた。彼らは屋内の明かりが消えるのを待っていた。屋敷内でディナー・パーティーが進行中であることも、ゲストとして招かれているのがハリー・アーロンソンとその夫人であることも、彼らは知っていた。アーロンソン夫妻はリバモア家と親しい間柄にあった。小人数のディナー・パーティーがどのように進められるか、リバモア邸内のレイアウトがどうなっているか、元運転手のエディがボストン・ビリーに伝えていた。

アーサーとボストン・ビリーは、ダーク・グレーのビジネス・スーツに白いシャツ、ネクタイ、中折れ帽というい で立ちだった。きれいにヒゲを剃《そ》り、二五歳前後の若者二人は、後にリバモアが証言したとおり、押し込み強盗というよりウォール街の証券マンといった印象だった。アーサーは筋骨隆々、たくましい体のもち主だったが、ボストン・ビリーは一メートル七〇センチ、七二キロほどの並の体格でしかなかった。しかし気性の激しさでは、ボストン・ビリーは前者の比ではなかった。

たき火の火で、彼らはウィンナー・ソーセージをあぶった。彼らの持ち込んだ小さなピクニック・バッグには、ウィンナーをはさむパン、飲み物も用意されていた。おさえた声で会話を交わし、彼らは時計の針が午前二時三〇分を指すのを待った。

「すると、金庫には一〇〇万からの宝石がオレたちを待ってるわけだ」アーサーが言った。

「そうともよ、あのリバモアって男はカミさんに首ったけだもんで、好きなだけ宝石を買ってやってるんだ」元運転手のエディが請け合った。「全部で数百万ドルにはなる。それも、ハリー・ウィンストン、ヴァン・クリーフ&アーペルズといった一流どころからの買い物だ。全部一級品だし、台からはずすのも造作ない」

「売りさばくのも簡単というわけだ」ホットドッグにかぶりつき、ビールをのどに流し込みながらボストン・ビリーが言った。

エディが続ける。「なんでも、リバモアは万一の破産に備え、宝石を買ってはカミさんにやってるという話だ。株ですっからかんになっても、山ほどの宝石を質屋に持ち込めば、そりゃあ、楽に一〇〇万ぐらいの金にはなる。次の取引の資金が調達できるという寸法さ。前に聞いた話だと、もうそんな例があったということだ。そっくりカバンごと大物宝石商ハリー・ウィンストンのところにもっていき、それをカタに金を借りたそうだ。もともとあの店で作らせたり、買ったりしたブツなんだがな」

「頭のいい宝石商ねえ。売るときに儲《もう》けておいて、その後同じ宝石でまた儲けるわけだもの。それにしてももめるでしょうね。女の方がだまっちゃいないわよ。一度くれたものを無理やり質草にされたら、金持ちの奥さんだって、そりゃ怒るわよ」

「実感がこもってるぜ、アナ」ボストン・ビリーがからかった。

「くだらんことを言うな、ビリー」アーサーがあわてて間に入った。「で、お前、そんな話をどこで仕入れたんだ、エディ？」

「どこの屋敷の使用人も、その家のことならあらいざらい知るもんよ、なあビリー」

「ああ、そういうことだ」ボストン・ビリーが答えた。「この前の仕事《やま》でも、そんな話が役に立った」

悪党どもはリバモア邸の隣家ウォルター・レースラーの車庫からカナリヤ色の高級車、クライスラー・ロードスターを盗み出していた。レースラーはこの車を友人のジョージ・オーエンスからその日に使おうと借りたものだった。しかしこの派手な車は、グレート・ネック界隈《かいわい》で走らせればすぐ人目につく車だった。彼らはこれを、リバモア邸の入り口付近の奥に隠していた。

屋敷内の灯がすべて消えるころ、四人はたき火の火をじっと見つめていた。それから数時間が経過した午前三時三〇分、たき火にビールの残りがかけられた。火はジュージューと音をたて、完全に消えていった。二人の男が立ち上がると、ネクタイをまっすぐにし、中折れ帽をかぶり直した。そして屋敷の方角に向かった。エディとアナ・ブレークも立ち上がった。

ボストン・ビリーは一本の木に立て掛けられたはしごに手を伸ばした。金属製のはしごは長さ一メートル二〇センチ、幅六〇センチ、全体が五つに折り畳まれていた。必要に応じて簡単に全長六メートルのはしごに組み立てることができた。このはしごを考案したのはボストン・ビリーで、できあがった代物は特注品だった。建物の二階から押し入る場合、彼は必ずこの特製はしごを使った。そして自分の犯行を誇示するかのように、現場にこの証拠品を残して立ち去った。

彼らはサンルームの下まで歩いていった。そこが主寝室の真下に当たることはすでに調査ずみだった。ボストン・ビリーはもってきた金属ばしごを開くと、つなぎ目の部分を金具でしっかり固定した。そして、この長大なはしごを建物にそっと立て掛けると、登り始めた。後に、花壇の周囲のやわらかい土の上に、アナの足跡の一つが発見されることになる。

アーサーとボストン・ビリーがバルコニーに着いた。ボストン・ビリーは肉切りナイフを取り出すと、真鍮《しんちゅう》の留め金を静かに起こした。彼らは、リバモア夫妻が休んでいる主寝室の前に通じる通路に入り込んだ。肉切りナイフが後に生け垣の間から発見された。エディとアナ・ブレークは隠した車のところに戻り、合図を待つこととなった。

ドロシー・リバモアはベッドに入っていたが、寝つけずにいた。その耳にもの音が聞こえた。彼女は夫のわき腹をつつき、ささやいた。「JL、何か音がしたわ」

「そんなことあるもんか、さっさと寝た方がいい、マウスィー」

「いいえ、間違いないわ」耳をすませる二人の耳元に再度もの音がひびいた。

「わたし、ちょっと見てくるわ」

「わたしは、銃を取ってくる」

ドロシーはベッドから立ち上がるとローブを羽織り、ホールに入っていった。そこは大型のクローゼットと、それぞれの浴室に通じる一画だった。そのとき、帽子をかぶり、銃を手にした黒い影が通路の向こうから現れた。

「何か、ご用?」ドロシーは男に静かに尋ねた。

「も、もちろん、用がある。部屋に戻れ。亭主にもベッドでおとなしくしてろと言え」

男はアーサーだった。ドロシーは言われたとおりに行動した。

ベッドの端に腰を下ろしたリバモアは、電話の受話器をそっと上げ、テーブルの上に置いた。ひょっとしたらオペレーターがこちらの様子を聞き、必要な措置を取ってくれるかもしれないと思ったのである。

「この家でほしいものがあったら、何でもいいからさっさと持っていきなさい」ドロシーは拳銃を向けられながら言った。「この家には小さい息子が二人いるの。子どもたちに危害を加えてもらいたくないわ」

「息子に危害を加える気はない。おとなしく座ってろ」アーサーが言った。

「客人の部屋はどこだ？」ボストン・ビリーが聞いた。

「廊下をずっと行ったところ。左側の四番目の部屋よ」ドロシーが答えた。

「おれが向こうへ行く。お前はこの二人を見張ってろ」ボストン・ビリーが言った。

アーロンソンの部屋まで歩いたビリーは、部屋のドアを開け、中へ消えた。絹商人として財をなし、リバモアと親交を結ぶアーロンソンは、ニューヨークを商いの本拠とするだけでなく、市内に住まいをもっていた。その日も週末をリバモア邸で楽しもうと、夫人を伴い、リバモアのアニタ・ベネチアンでニューヨークからやってきていた。

部屋に侵入したボストン・ビリーはアーロンソン夫妻を起こし、夫人のこめかみに銃口を突き付けて夫を脅した。「そのプラチナの腕時計をはずしてよこしな。スター・サファイアの指輪もだ。ドレッサーの上の真珠のタイピンと現金ももらおうか」アーロンソンは言われるまま、すべてを渡した。ボストン・ビリーは現金を数えた。二〇〇ドルほどだった。彼はその中から一ドル札二枚を抜き出すと、アーロンソンに渡した。「家に帰るまでのタクシー代だ。それから言っとくが、自分の命とリバモアの命が惜しかったら、外からだれかが来るまでここでおとなしく寝てろ」

ボストン・ビリーはリバモアの寝室に戻ると、アーサーと合流した。

「わたしたちのお客様にけがをさせなかったでしょうね」ドロシーが言った。

「大丈夫だ。心配ない。家に帰るタクシー代として二ドルまでやったんだ」

「二ドルですって？　あの人たちの住まいはニューヨーク市内なのよ」

それを聞いて二人の強盗が笑った。リバモアまでも。「駅までのタクシー代なら間に合うぜ。あとは汽車に乗ればいい」ボストン・ビリーが言い、さらに続けた。「さあ、手を出しな」

アーサーがドロシーの腕に銃口を向ける間、ビリーが彼女の指から最高級のサファイアの指輪を抜き取った。ビリーはさらにリバモアの方に向き直ると、その指からも同じサファイアの指輪を抜き取った。「ヒェー、豪勢なペア・リングだ。お熱いことで」

「ねえ、お願い、それだけは持っていかないで。大事なクリスマス・プレゼントなんだから」

ボストン・ビリーは二つの指輪に見入り、感に堪えないといったふうにため息をついた。そしてドロシーの方を見た。彼女はすでに泣き出していた。「どうも、失礼いたしやした」彼はそう言うと、二つの指輪をドロシーに返した。一万五〇〇〇ドル以上の価値をもつ宝石だった。

ボストン・ビリーは続けて言った。「こんなものより金庫の中身の方に興味があるんだが、ご開帳願おうか、ミスター・リバモア」

「あそこには何もない」

「何もないかどうか、見てみりゃ分かる」リバモアに銃口を意識させつつ、アーサーが言った。

「メガネがないと、ダイヤルを合わせられん」

「じゃあ、そのメガネはどこだ？」ボストン・ビリーが聞いた。

「ドレッシング・ルームだ」

「案内してもらおうか」ボストン・ビリーが言い、銃身をリバモアの背に食い込ませた。二人はドレッシング・ルームまで行き、メガネをもって帰ってきた。

強盗はリバモアを、壁の肖像画のところまでまっすぐ歩かせた。その裏に金庫が隠されていた。肖像画を横に動かし、ボストン・ビリーが命じた。「開けろ！」

リバモアはメガネをかけ、番号を合わせようとした。しかし手がひどく震え、番号をうまく組み合わせることができなかった。「どうも、開きそうにない」と彼はつぶやいた。

「どいてろ。オレがやってやる。ちょっと待ってな」ボストン・ビリーはそう言うと、はしごのところに戻っていった。すぐにハンマー、タガネなど、七つ道具の入ったバッグをもって現れた。ボストン・ビリーの手にかかると、まるで子どものオモチャのように金庫の扉が開いた。しかし、彼がつかみ出したのは数枚の書類だけだった。「くそ、こんなものしか入ってないのか！」ボストン・ビリーはそれを辺りにまき散らした。

「そこにあるのは、それだけよ。さあ、ほしいものをもって、さっさと出てって！」ドロシーが高い声を上げた。

賊どもは別の寝室へ、二つのドレッシング・ルームへとすばやく動き始めた。高価な宝石があちこちに無造作に置かれていた。彼らはここで、八万ドルの真珠のネックレス、一万五〇〇〇ドルはするサファイアとダイヤの指輪をせしめた上、アーロンソンから現金二〇〇ドル、二〇〇〇ドルの真珠のネクタイピン、一〇〇〇ドルのスクエア・ダイヤモンドの指輪を奪っていった。リバモアは手持ちの宝石の評価額の八〇パーセントが戻る盗難保険をかけていた。

賊たちは間抜けにも、ドレッシング・テーブルに置かれた二万ドルのサファイア、ジェシー・リバモア愛用の金のカフス、ダイヤの飾りボタンも残していた。彼らは高価な宝石を見つけるたびに、額を寄せ合い、その特徴や値段をしゃべり合った。それから自分たちのバッグにほうり込んだ。

彼らは邸内に小一時間もとどまった。その間あちこちを物色したり、しゃべったりしていた。後に調べに当たった警察当局は、こうした強盗の場合、押し入って一〇分程度で引き揚げるのがほとんどだとコメントした。

はしごを伝って屋外に逃れた二人の賊は、敷地内の車道に向かって走った。そして車道の端で待っていたクライスラー・ロードスターに転がり込んだ。車内の仲間、アナ・ブレークとエディはすぐに車を発進させ、駅の方向に逃走した。

日曜日の早朝、五時三〇分から四五分にかけて、男三人に女一人のグループを目撃したジョン・ガーナン夫人は、駅舎の近くに住んでいた。家の窓越しに四人の姿が見えたという。「あの日は眠れなくて、朝早い時間ですが、起きていたんです。そしたら自動車の音が聞こえて、窓の外を見たら、カナリヤ色のクライスラーが見えました。車には三人の男とブロンドの若い娘が乗っていました。髪はショートで、スポーツ・コートを着ていました。帽子はかぶっていなくて、一八歳ぐらいに見えました」警察に対するガーナン夫人の供述はさらに続く。「朝早い時間でしたから、若い娘が男三人と一体何ごとだろうと思いましたよ。車は駅のところまで行って止まり、男と女が降りました。それから駅舎の方に歩いていったようですが、わたしが見たのはそこまでです」

ガーナン夫人の観察力と記憶力は確かだった。「汽車の音は聞こえませんでした。もっとも、特に聞く気があったわけではありませんで、ベッドに戻ると寝てしまったのです。わたしはあの車がレースラーさんの家のガレージから盗まれたことも、持ち主がオーエンスさんだということも知っています。同じあの日、警察が車を見つけた後、持ち主が引き取りにきて運転して帰りましたからね」

この目ざといガーナン夫人に目撃されていない事実があった。それはギャングどもがタクシーを盗み、ニューヨーク市内まで運転していったことだった。盗難車は市内で発見された。

強盗事件で精も根も尽きはてた月曜日、アーロンソン夫妻はほうほうのていでニューヨークに帰っていった。メモリアル・デー（戦没将兵記念日）をリバモアたちと過ごす計画だったのだが、そんな気持ちも吹き飛んでいた。リバモアは夫妻をロールス・ロイスで送らせた。

しかし、ドロシーはめげなかった。せっかくの休日を台なしにしたくないと言い、正午にはニューヨークから六人の友人を呼び寄せた。友人たちと、ジェシー・ジュニア、ポール、二人の専属のお手伝いさんが、豪華ヨット、アニタ・ベネチアンに乗船した。船上ではパーティーのための用意が万端整えられていた。ヨットは屋敷背後の桟橋沖から、いつ戻るという言葉もなく出帆していった。

他方、この強盗事件の前、パーシー・A・ロックフェラーもディナー・パーティーの後を襲われ、一万九〇〇〇ドルを奪われていた。彼は警察による捜査とは別に、バーンズ探偵社に事件の調査を依頼していた。リバモア邸での事件を知ると、探偵社はすぐ警備員マイケル・リンコーンズを送り込んだ。ナッソー郡警察局も二人の刑事ポール・クローリーとジェシー・メイフォースを派遣した。彼らはリバモア邸で合流、完全武装で屋敷の周囲、敷地内をパトロールした。

事件捜査の全体を指揮するのはナッソー郡警察局警部ハロルド・R・キングだった。ロングアイランド、ニューヨークで同様の強盗事件が頻発しており、警察は一連の事件の捜査を同時平行して進めていた。過去三年の間にボストン・ビリー一味は一〇〇万ドル以上の現金、宝石を盗み出していた。彼らが襲った相手はコネチカット州グリニッチのパーシー・A・ロックフェラー、ニュージャージー州ディールのウィリアム・デュラント（ゼネラル・モーターズ筆頭株主）、ロングアイランド・ポート・ワシントンのジョシュア・E・コスデン（イギリス皇太子来訪中に被害に遭った）をはじめ、上流階級の錚々《そうそう》たる人物だった。

リバモアは、電話の受話器を上げておいたのになぜ役に立たなかったか、その理由を警察から聞かされた。電話のスイッチがインターコム（内線通話）に切り替わっていたため、強盗たちの話が聞ける可能性のあったのは内線電話を取った使用人だけだった。しかしあの時間、使用人たちはすべて眠り込んでいたのである。

六月一日水曜日、ジェシー・リバモアは一通の手紙を読んだ。消し印はブルックリンになっていた。

「今晩ふたたび参上する。仕事の件で会いたし。——紳士強盗」文面は鉛筆で書かれていた。

その日の夕刻、使用人の一人が電話を取った。男の声だった。

「リバモアさんは在宅かい？」

「いいえ、いらっしゃいません」

「だったら伝えといてくれ。われわれの警告に従わない場合、何が起こるかわからないとな」

脅迫文を見たキング警部は、警備のため四人の私服刑事をリバモア邸に送り込んだ。リバモアも独自に複数の警備員を屋敷周辺に配置した。

リバモア邸に強盗が侵入して六日たった六月五日、警察に有力情報がもたらされた。事件に関係した容疑者の一人が東行き列車に乗車、午後七時一三分にロンコンコマ駅で下車するはずという匿名電話がナッソー郡警察局に入った。ロンコンコマはロングアイランド鉄道の幹線に設けられた駅で、ペンシルバニア駅から五〇マイルのところにあった。ここは、ロングアイランド・ハイウェーの終点にもなっていた。

ロンコンコマ駅に列車は定刻に到着した。すでにキング警部に率いられたナッソー郡の刑事三名、およびサフォーク郡の刑事一名が張り込んでいる。彼らは乗客がプラットホームに降りてくるのを待った。

アーサーとアナ・ブレークが降りてきた。刑事たちは行動を起こし、足早に二人に近づいていった。四人の刑事に気づいたアーサーは拳銃を抜こうとして腰に手を伸ばした。しかし、武器のないことに気づいた彼は、やにわに降りたばかりの列車に走り込んだ。アナ・ブレークはプラットホームで動けずにいた。刑事の一人が彼女の逮捕にかかった。残りの三人は銃を抜くと、アーサーを追って車内に入り、車室の通路を奥へ進んだ。強盗追跡は車両から車両へ猛然と進められた。ついに、犯人は身動きできないところに追い詰められた。銃口のねらいがピタリと定まった。キング警部が叫んだ。「死にたくなかったら抵抗をやめろ！」アーサーは屈服した。

他方、プラットホームでは、刑事が近づいてくるのを目にしたアナ・ブレークが小さな厚紙の箱を捨てようとした。刑事はその箱をもぎ取り、アナの両手に手錠をかけた。箱の中には一万五〇〇〇ドル相当の宝石が入っていた。

刑事たちは逮捕した男女二人を、ロングアイランドのミネオラから来ていた車に押し込んだ。そしてアナ・ブレークの住まいに急行した。

必死の逃走と追撃、拳銃を振り回しての逮捕劇を目の当たりにした乗客、駅員たちは、私服の刑事をてっきりギャングと思い込み、悪党どもが善良な市民を襲って、拉致《らち》したと勘違いした。乗客の通報を受けた駅当局はすぐサフォーク郡、ナッソー郡の警察に連絡を入れ、ロンコンコマ駅のプラットホームで誘拐事件が起きたと伝えた。彼らは、西部劇さながらの列車強盗と男女拉致事件だったと証言した。駅から通報を受けた両郡の警察当局は非常警報を発し、ナンバー・プレート「ニューヨーク２Ｚ３３」のフォード車、もしくはシボレー車を緊急手配した。しかしやがて、この車がナッソー郡検察局に所属する公用車両と判明、非常警報は解除された。

アナ・ブレークの家に着いた刑事たちは、そこでアーサーの弟を見つけ、拘束した。

翌六月六日、ナッソー郡裁判所最上階の一室でアーサーは、自分がビル・ウィリアムズ、もしくはアール・ウィリアムズと理解している人物、通称ボストン・ビリーとともに、前の週にリバモア邸に押し入り、被害総額一〇万ドルの強盗を働いたという供述書にサインした。アーサーはまた、ナッソー郡検事エルビン・エドワーズとの司法取引に応じた。すなわち、アーサーが他の二人は事件に関与していないと主張したのを受け、彼が知る限りの情報すべてを当局に提供すれば、アナ・ブレーク、弟のウィリアム・バリーの釈放が保証された。

アーサーの供述を得て、刑事たちはニューヨークに向かった。そしてマンハッタンのウェスト・サイド、セントラル・パーク近くの安アパートを急襲した。司法取引に基づくアーサーの情報により、ボストン・ビリーを逮捕しようとしたのだが、ビリーは一足違いで逃亡していた。

アーサーが供述書に署名した後、ジェシー・リバモアとドロシーはミネオラの地方検察局に呼ばれた。アーサーと対面していながら、事件が暗がりの中で起こったため、二人ともアーサーを確認することができなかった。しかし事件に関連するさまざまな出来事、アーサー逮捕の状況などから、事実に間違いのないことが明らかとなった。

たとえば、アーサーがドロシーの要求に応じて紙巻きタバコを一本さし出し、火をつけたこと、一度奪ったサファイアの「ピンキー・リング」を彼女に返し、その際「こいつはあんたに幸運を運んでくる〝石〟かもしれん」と述べたこと、などが決め手となった。

押収された八〇〇ドルの腕時計が警察の調べによって、ニュージャージー州ラムソンの邸宅から盗まれたものと特定された。これによって、一連の強盗事件と彼らの関与が初めて裏付けられた。

供述書の中でアーサーは、その日ボストン・ビリーと会ったのはペンシルバニア駅で、ビリーは彼に新聞記事を示し、その晩リバモア家で晩餐会《ばんさんかい》がおこなわれると耳打ちしたと述べている。彼らはグレート・ネック駅まで汽車で行き、それからリバモア邸まで歩いていった。調書の中でアーサーは次のように告白している。「わたしはボストン・ビリーに加担してこの屋敷に侵入し、強盗を働きました。自分の行為が法律に違反することも知っていました。屋敷に押し入り、リバモア夫妻を脅迫しましたが、そうした緊迫した状態にあるにもかかわらず、夫妻がいさぎよく堂々とした態度を保っているのを見て、本当に申し訳なく思いました。しかし結局、悪事を最後までやってしまいました」

アーサーはさらに、クライスラー・ロードスターの盗みについてもありのままを告白した。隠しておいた車でグレート・ネックの駅まで行ったが、ちょうど列車が出た後だった。そこで、駅構内に無人で止めてあったオーバーランド・タクシーの空車を徴発、ニューヨークに向かった。ニューヨーク市内に入る前の郊外でこの車を乗り捨てた――。

アーサーの指紋を照合した警察は、彼の逮捕状がマサチューセッツ、コネティカット両州から出ていることを発見した。さらに一九二三年、パトロール巡査部長ジョン・ハリソンを殺害した罪でニューヨーク州スカースデールで告発されてもいた。しかしアーサーは、実際に巡査部長を撃ったのは仲間だと主張、暴行に対する告発に切り替えられた。結局、三カ月の刑を宣告されたが、彼がこの期間まるまる刑務所で暮らすことはなかった。刑期をわずか一五日残す時点で仲間から鉄ノコの差し入れを受けると、これを使って脱走した。

新聞はアナ・ブレークについて、年齢三五歳前後、ブロンドの髪の魅力的な女性と報じた。身長は一メートル五〇センチ、異様に長い黒のドレスの上にやはり黒のシルクのコート、頭には、ゴールドの刺繡《ししゅう》の入ったぴったりした黒の帽子をかぶっていた。彼女はウィリアム・バリーともども、司法取引によって罪に問われることなく、釈放されていた。

アーサーの供述に基づき、改めて洗い出しを始めた警察は、彼がかかわった強盗事件の多さに仰天した。彼はそれまでに関与した事件を初め八件と言い、次に一五件、さらに二二件と増やしていった。襲った相手は、パーシー・A・ロックフェラー、ゼネラル・モーターズのウィリアム・デュラント、アメリカン・キャン・カンパニーの総帥F・W・ホイーラー、イーグル・ペンシル・カンパニーのオーナー、アルフレッド・ベロルジェイマー、退役軍人のジョン・C・スティルウェル大佐と、名流紳士ばかりだった。

また、リバモア邸に押し入るに当たり、元お抱え運転手のエディが内部情報を提供した事実も浮上した。この結果エディに対する逮捕令状が用意された。

警察は最後に、アーサー・バリーとアナ・ブレークを発見するにいたった詳細を発表した。きっかけは、日曜日の逮捕劇に先立つ火曜の夜と水曜の夜、警察にかかってきた二本の匿名電話で、調査の結果、電話の発信元はブロンクスの公衆電話と判明した。電話の主は身元を明かさなかったが、ナッソー郡の警察当局に、リバモア邸から奪った戦利品の配分をめぐって仲間割れが起きたと告げ、つかみ合いのケンカになった末、一人のギャングは鉄棒で頭を殴られたと語った。そしてアーサーの名前を暴露するとともに、アーサーとアナ・ブレークの人相、特徴、二人が乗る汽車、行く先を明らかにした。

アーサーはジョン・ハリソン巡査部長殺害事件についても、さらに尋問を受けた。これに対しアーサーは、巡査部長を殺《や》ったのはボストン・ビリーであると主張した。これに激高したボストン・ビリーことジェームズ・フランシス・モナガンはニューヨーク・タイムズに手書きの反論を送り、中でバリーを「自分の兄弟をも電気椅子《いす》に送りかねない裏切り者」とののしった。そして、アーサーが巡査部長殺しの実行犯である証拠を握っていると主張した。

二人が手を下した犯行の実態は拡大に拡大を重ねていった。アーサーが警察を案内した犯行現場はウェストチェスター郡だけで二二カ所に上った。こうした邸宅、屋敷で彼とボストン・ビリーは、宝石を中心に五〇万ドル以上の盗みや強盗を働いていた。強盗事件の被害者の一人、ライに居住するマレーは、現場検証で再訪したアーサーに、事件当日の紳士的態度に感謝すると述べた。そして、「あのとき奪った大学の飾りピンはどうなった？」と聞いた。

アーサーはやぶのそばの草地を指さして答えた。「金にはならん代物だったから、あの辺りに投げ捨てた」

マレーは警察が去った後、四つんばいで記念のピンを捜し求めた。

警察はアーサーを巡査部長殺しの現場、スカースデールにも引っ張っていった。事件の模様を再現するとともにアーサーは、ボストン・ビリーについて、すぐ拳銃を振りまわす飲んだくれで、女にだらしない男だったと述べた。

改めて強盗の被害額を算定した結果、その総額は三年間で二〇〇万ドルに上ることが判明した。一九二七年七月六日、アーサー・バリーに懲役二五年の刑が言い渡された。宣告を聞きながら彼は、自分のすべすべした白い両手を見つめ、不敵な薄ら笑いを浮かべた。

アナ・ブレークは彼に走り寄ると、両腕で彼を抱き、その唇に自分の唇を熱く押し当てた。そして刑務所暮らしに必要な金を彼の手に渡した。アーサーが連れていかれると、彼女はその場に泣き崩れた。アーサーはボストン・ビリーを「ウジ虫」と呼び、自分はヨーロッパに高飛びし、アナ・ブレークと新しい生活を始めるつもりだったと語った。

一九二七年七月七日、ナッソー郡警察のゴードン・ハーレー刑事は、コネティカット州サウンド・ビューに建つバンガローの裏口で待った。正面の扉のかたわらには、バーンズ探偵社の警備員チャールズ・シェラトンが立っていた。バーンズ探偵社のシェラトンは、パーシー・A・ロックフェラーが強盗に襲われた後、ロックフェラー家に継続して雇われ、任務についていた。七カ月にわたってボストン・ビリーを追跡してきたが、それまで何度か取り逃がしていた。今度こそドジは踏まないと彼は気を引き締めた。

事前に決めた合図に合わせ、二人はドアを押し開け、突入した。中にボストン・ビリーがいた。彼は銃に飛びつくと、裏口から逃げようとした。しかし、戸口にはハーレー刑事が待ち構え、ビリーの足をねらって拳銃を発砲した。屋内を左右に逃げ、弾丸を避けようとしたがかなわず、犯人は悲鳴を上げてその場にうずくまった。手当てのため彼はメモリアル・アソシエーテッド病院に搬送された。

病院でボストン・ビリーは、数件の強盗事件について関与を認めた。しかしリバモア邸事件については否認した。スカースデールでの巡査部長殺しも、アーサー・バリーの証言を否定、自分ではないと言い張った。逮捕されたボストン・ビリーは警察の調べに対し、自分は新聞の社交欄の愛読者で、この欄を見てどこの金持ち家族が、いつディナー・パーティーを開くか、だれが客として呼ばれるかといった情報を得ていたと証言した。

ビリーはあれこれの強盗事件について関与を否認したが、目撃者の証言がそれを覆していった。ボストン・ビリーの本名がジェームズ・フランシス・モナガンであることも明らかとなった。

彼の母親メアリー・モナガンが留置場に面会にやってきた。息子の姿を見て、母親は泣き崩れた。そして息子に言った。「早くここから出ておくれ……」

彼は応じた。「何も心配ないって。いい弁護士がついてるんだ」

その後、母親は記者たちに語った。「たとえ犯罪者であっても、わたしはあの子を愛しています」こう言って彼女は泣いた。「きっと神様は、息子をわたしの側に返してくださると思います。わたしはいつも息子と一緒です。あの子が必要なら、わたしの最後の一ドルだって与えます……」

その翌日、アーサーがシンシン刑務所から大陪審の前に引き出された。アーサーはこのときも、スカースデールで巡査部長を殺害したのはボストン・ビリーことジェームズ・モナガンであると繰り返し、ビリーを強く非難した。

ボストン・ビリーは、殺しの犯人はアーサー・バリーだと言い返し、アーサーは自分が罪から逃れるために人を陥れようとしていると主張した。

ナッソー郡地方検事エドワーズは、ボストン・ビリーことジェームズ・モナガンに関する判断をナッソー郡大陪審に委ねるべきだと決断した。ビリーの今回の犯行が四度目の犯行と認定されれば、彼は仮出獄を認められない終身刑に服することとなる。ボストン・ビリーはすでにマサチューセッツ州で三件の重罪判決を受けたばかりか、脱獄囚として指名手配されていた。

一九二七年七月二一日、拘置囚人たちが利用するスプーンのチェックがおこなわれ、一個紛失していることが判明した。ボストン・ビリーの監房が捜索された結果、細く削られたスプーンが発見された。房のカギをあけるピッキング用だった。ナッソー郡保安官は、即座にボストン・ビリーの独房監禁を命じた。彼は独房行きに大暴れで抵抗した。最後には押さえ付けられたものの、「あそこはいやだ。クソみたいなとこだ。気が狂う！」と金切り声を上げた。

ストロンソン保安官は、「今度暴れるようなら拘束ジャケットを着せざるを得ない」と語った。その翌日、独房につながれたボストン・ビリーは、自分のマットレスに火を放った。それ以降、彼は房の外からつねに監視される身となった。

一九二七年七月二九日、ボストン・ビリーことジェームズ・モナガンは、強盗罪による有罪判決を受けた。ジョン・ハリソン巡査部長殺害に関する告訴は取り下げられた。ボストン・ビリーに五〇年の刑が言い渡された。判決を受けるため法廷に現れたボストン・ビリーは、「やってきましたぜ。死刑はないはずだから、また必ず逃げてやる」と言い放った。

その言葉は真剣に受けとめられ、彼はシンシン刑務所に送られた。カレッジ・ポイントで護送船に乗せられるまで、監視は厳重を極めた。それでも行く道々、ビリーはストロンソン保安官にまた絶対脱獄してやると断言した。

一九二九年一月六日、ナッソー郡の刑事たちは二年に及ぶ捜査の末、リバモア家の元運転手エディ・ケインの身柄をウィスコンシン州ケノーシャで拘束した。エディは同年一月七日リバモア邸強盗事件での関与を認め、同年五月二二日、三年半から五年の刑を言い渡された。そして州刑務所に送られた。

エディが強盗の一味だったと分かり、ドロシーもジェシー・リバモアも言葉を失った。二人ともその事実を認めようとしなかったが、エディが犯行を自供した。

一九二五年三月、パーム・ビーチで子どもたちを誘拐する相談が発覚した後、一九二七年にはボストン・ビリー強盗事件の直撃を受けた。その後も脅迫状が舞い込んできたし、この事件が最終的結末を迎えるまで長い期間が必要とされた。リバモアはすっかり気分を滅入らせ、異常なほど家族の安全に気を配るようになった。

しかし、憑《つ》かれたように次々と豪華パーティーを催すドロシーを、何ものも止めることはできなかった。

第一〇章　忍び寄る影――金融大恐慌勃発

「一九二九年の大暴落について特異な点はどこにもない。こうした出来事は二〇年おき、三〇年おきに起こるものである。なぜなら、これが金融に関する記憶の長さだからである。〝純〟な一般投資家が参入し、将来の夢を楽観的に描き出すにはこの程度の時間が必要になる」

――ジョン・ケネス・ガルブレイス『一九二九年の大恐慌』

一九二九年初頭の株式市場は沸騰するような強気相場にあった。リバモアも渾身《こんしん》の力で相場ビジネスに取り組んだ。しかしそうした意気込みも、突然の訴訟で一時水を差される格好となった。一九二九年四月四日、九三人の投資家が総額一四五万ドルの賠償を請求し、ミズナー・デベロップメント・コーポレーションを提訴した。この企業にはT・コールマン・デュポン、ジェシー・リバモアなどが役員として名を連ねていた。投資家たちは、ボーカ・ラートンの土地開発事業がバブル崩壊で頓挫《とんざ》し、損害を受けたとして訴えを起こしたのだった。不満を募らせる投資家たちのリーダー役となったのは、元駐トルコ大使ヘンリー・モーゲンソーの息子マクシミリアン・モーゲンソーだった。

マクシミリアン・モーゲンソーは八七〇ページに上る、当時としては史上最長の訴状を提出した。その中で彼は、デュポン、リバモアなどによって経営されるミズナー・デベロップメントが詐欺を働いたと主張、フロリダ州ボーカ・ラートンにおいて開発された土地が実態とかけ離れて喧伝《けんでん》されているばかりか、開発の中心企業であるミズナーは不動産管理、不動産売買のいずれについても専門的知識のないまま、会社運営をおこなったと非難した。

訴状はさらに、「不正」な企業運営はこの会社が一九二五年四月一二日、不動産開発に全く経験のない建築家アディソン・ミズナーを社長に任命したときに始まったと述べ、ミズナー社長が脚本家である自分の兄弟ウィルソン・ミズナーを不動産会社の秘書役に任命したことも、資格のない人物を秘書役に選んだということで「不正」に当たると断じた。

新聞各紙はこの訴訟事件にいさみ立った。他方、ミズナーの経営陣はすぐさま、そして秘密裏に和解交渉に入った。やがて和解成立の運びとなったが、その詳細が明らかにされることは決してなかった。事件そのものの報道も徐々に姿を消していった。

事件の発端はアディソン・ミズナーの思いつきにあった。パーム・ビーチの著名な建築家アディソン・ミズナーは一九二五年、パーム・ビーチの南部に広がる〝未開の地〟ボーカ・ラートンを開発するという壮大なアイデアを得た。ここに「建築学的視点から世界で最も美しいレジャー・ランド」を実現したいと望んだミズナーは、この地に初年度、一〇〇〇室を誇る壮麗なホテル、ポロ競技場、カジノを建設すると構想した。その後も、多様で大規模な土地開発を進め、巨大なホテルをさらに三棟実現するとぶち上げた。

この大開発事業の全体を統括し、資金調達を本務とするミズナー・デベロップメント・コーポレーションが設立された。その発起人リストには、ハロルド・ヴァンダービルト、パリス・シンガー、ジェシー・リバモア、アービング・バーリン、W・K・ヴァンダービルト二世、アディソンおよびウィルソン・ミズナー兄弟、エリザベス・アーデン、T・コールマン・デュポン、ロッドマン・ワナメーカーなど、経済界、エンターテイメント界、その他各界の錚々《そうそう》たる人物がキラ星のごとく名を連ねた。

この企業はボーカ・ラートンの入り江を中心に全長二マイルに及ぶ海岸線を有する一六〇〇エーカーの土地を購入した。当初の資本金五〇〇万ドルのうち五〇万ドルが株式公開され、一般から資金が公募されることになった。この公募株式は一週間足らずで完売となり、開発対象とされた地域の地価は猛烈な勢いで上昇していった。

こうした土地の販売広告が当時の地元新聞に掲載された。

一九二五年五月一五日付　パーム・ビーチ・ポスト

「ミズナー・デベロップメントのオーナー、経営メンバーはいずれも、底知れない財力を誇る上流階級の紳士淑女たちである。この貴顕紳士たちが、天才的創造力に恵まれたアディソン・ミズナーの構想と設計にもとづく、世界に類を見ない夢のリゾート・シティ実現に向けて積極的行動に出るよう呼びかけている。ここに結集した大株主たちの資産を合算した総額は、アメリカ全土の富の三分の一にも達すると試算されている。どの区画購入者にも、短期間に大きな利益がもたらされると予想されるが、こうした背景からすれば当然の成り行きであろう」

ミズナー・デベロップメントの知名度を高めるためのあらゆる宣伝、マーケティングに、著名な出資者たちの名前が利用された。そして一九二五年八月六日、同社の取締役が選出された。当時、デラウェア州上院議員に当選したばかりのT・コールマン・デュポンが会長の職に就くとともに、ジェシー・リバモアが財政委員会委員長となった。しかし、リバモアをはじめ委員会の面々が、社内の現実、事業の実態を認識するのに長くはかからなかった。彼らは、土地開発プロジェクトの推進に自分の名前を使うのをやめてくれと言うようになった。そして開発プロジェクトの成功を自分たちが個人的に保証しているかのように触れ回るのは禁止すると言い渡した。

リッツ・カールトンを含めて三棟のホテルが追加建設され、三つのゴルフ・コース、複数のポロ競技場、延長数マイルの立派な舗装道路が付設されるといった〝約束手形〟を、新たな土地購入者にちらつかせるべきではないという申し入れもなされた。

そして一九二五年一一月二四日、組織発足後一年もたたないうちに、「プロジェクトの成功率は非常に高いと言えるが、適切なビジネス手法が取られていない」という言葉を残し、T・コールマン・デュポンが会長職を辞した。リバモア、その他数名の取締役も事業から手を引いた。

一連の情報が新聞をにぎわすとともに「ボーカ・ラートン・ブーム」は急速にしぼんでいった。事業開始から六カ月、会社は二五〇〇万ドルを越える売上を得ていたが、取締役会は分裂状態に、またデュポンの否定的見解がニューヨーク・タイムズに掲載されるに及び、資金の流入は突如として止まった。そしてプロジェクトそのものも崩壊のやむなきにいたった。

この事件はリバモアによき教訓を残した。「自分の知る世界に専念せよ」という痛い教訓であり、リバモアの「知る世界」とは、株式市場にほかならなかった。彼はフロリダの〝バブル崩壊〟で失った金を取り戻すべく、相場ビジネスに復帰した。パーム・ビーチで土地バブルに踊った関係者たちは、「絶対損のないビジネス」と信じたプロジェクトだったが……。

一九二八年晩秋から一九二九年初春にかけての冬の季節、天井知らずの強気相場を相手に、ジェシー・リバモアは徹底して買いに出た。しかしやがて、目をサラのようにして潮目の変化を求めるようになった。それは必ずやってくる変化であり、買いを手じまわなくてはならない分水嶺だった。そして彼は経験上、上昇相場が続くうちに早期に持ち株を売るのがベストと心得ていた。売り抜ける必要のある株を大量に抱えている場合はなおさらだった。

一九二九年の夏早く、市場はなお沸き立ち、衰えの気配などどこにも感じさせなかった。しかしリバモアは、手持ちの買い残をすべて売り払った。主力銘柄をリスト・アップした上での点検結果が「過熱し過ぎ」だったからである。

「最小抵抗ライン」も、上昇から横ばいへと移ってきていた。彼は自問した。この横ばいは、強気相場の最後の一跳ねに向けての調整なのか、あるいは市場全体を包み込む大きなうねり、激震の予兆なのか?

市場のトレンドはすでに変化したのだろうか? あるいは、投資家の目前で変化が起こっているのに、興奮と期待が肥大し、目が曇ってそのサインが見えないだけなのだろうか?

リバモアの経験と直感は、今がピークだと金切り声を上げていた。しかし問題は、その時期だった。重要なのはあくまでも、ピークが来るかどうかではなく、いつ到来するかだった。彼はかつて、早く飛び出して失敗したことがあった。変化についての読みに間違いはなかったものの、その時期をつかまえそこない、巨額の金を失う羽目に陥った。そこで彼は〝打診〟してみることにした。

五番街七三〇番地ヘックシャー・ビルの作戦司令室から〝秘密指令〟が発せられた。すなわち以後六カ月に及ぶ作戦行動の実態を隠蔽《いんぺい》するため、一〇〇社ほどの株式ブローカー、証券会社を使い、しかも常時注文の相手を変えながら、取引を増大させていったのである。ボードの暗号を見やり、作戦を練る彼は、自分の取引戦略をだれにも話そうとしなかった。ひたすらメディアを遠ざけ、自分だけのポジションをとることに邁進《まいしん》していった。

リバモアは数種類の銘柄を選び、わずかな株数を空売りし、テストを開始した。買い戻しの期限がきても株価は下がらず、二五万ドルがふいになった。しかし、彼の手持ち資金からすれば何ほどの額でもなかった。

彼は連日六人のスタッフを総動員し、ボードの下を際限なく歩かせた。ロンドン、パリへの直通電話も休むひまはなかった。シカゴの穀物取引所につながる直通電話は彼に、主な銘柄は軒並み空前の下落幅で下げていると伝えてきた。国内、海外いずれの経済にも一貫して疑問を拭《ぬぐ》い切れないリバモアは、世界が深刻なデフレに向かっていると感じた。

彼は、探りのための二度目の〝手〟を放った。自分の相場観、〝アンテナ〟が感知する強力な警戒反応を確かめようと、再度テストを試みたのだ。しかし、これも空振りに終わった。相場はなお上昇を続け、損を出しつつ買い戻さなければならなかった。それにめげず、夏の終わりに第三の探りを入れたが、これが確かな手ごたえをもたらすこととなった。

空売りから入って利益が生じたのである。決して巨額の利益ではなかったが、利益は利益であった。そしてリバモアは、自分の予想の正しさを確信した。

彼の忍耐がついに実りをもたらした。この得も言われぬ満足感は釣りの醍醐味《だいごみ》に通じるものだった。魚影を追う自分の目を信じつつ、我慢に我慢を重ね、最後に思いを遂げる爽快感《そうかいかん》を味わいたいがために、彼は釣りをやめることができなかった。マーケットという海で今、大物が釣り針にかかっていた。今度はこの獲物を手元にたぐり寄せる必要がある。彼の見通しは正しかった。相当な規模の取引をスタートさせてよい状況がととのったということである。

少年の彼は「突撃小僧」と呼ばれ、長じては「ウォール街のグレート・ベア」「ウォール街の一匹狼」と評されるようになった。こうした世間の期待と評価にこたえられる時が再度到来していた。

一九二九年夏、リバモアは慎重に空売りを開始した。市場はなお、火を噴く勢いを維持しており、彼は苦もなく取引を進めることができた。猛り立つ強気相場のさなか、空売りするなどまさに狂気の沙汰《さた》と見えたがために、必要な株式の借り入れも楽々と進めることができた。景気は最高、流動性も文句なし、潤沢な資金が産業界を循環し、インフレ懸念は一切なし、消費者物価も下落の一途と、経済環境はまさに順風満帆だった。リバモアの友人たちはあきれ顔で彼に尋ねた。「一体この時期になぜ『売り』なんだ?」と。

リバモアはこうした指摘にも十二分の目配りをしていた。それでも彼の〝カン〟にもとづく方針を覆すにはいたらなかった。彼の場合、「勘」「直感」といっても当てずっぽうに近い単なる印象でないことを彼は十分心得ていた。これまでの経験と彼のもてる知識のすべてが一体となり、腹の底で〝地鳴り〟を発していた。眠りを奪い、夢見を寸断し、その声に従わない限り主張をやめない強いエネルギーを備えた〝声〟であった。

さらに市場にも、大天井を打った兆候が多々見えていた。大口の「買い」が入っても、それをきっかけにさらに激しく上昇する活力はなかったし、バランスが崩れればなだれを起こす危うさがあちこちに見えていた。もう少し細かく見れば、海を行く巨艦のように、小回りをきかせることができず、確実に、そして非情無比にひずみを蓄積していっていた。そうした目前の状況は、過去の市場暴落直前の様相と何ら変わらなかった。リバモアにはそのシグナルがいくつも見えていた。主力銘柄は伸び悩んでいたし、高値が更新されることもなくなっていた。〝スマート・マネー〟は興奮気味の一般投資家にババをつかませ、密かに退場していっていた。

市場には、濡《ぬ》れ手に粟《あわ》を夢見る能天気な一般大衆がにぎやかに繰り込んできていた。油にまみれた機械工から町の散髪屋、靴屋の店員、新聞売りの少年、主婦や農民にいたるまで、一〇パーセントの手数料を払い、大挙して株の売買に参入していた。彼らにとって株式市場は、〝打ち出の小槌《こづち》〟以外の何ものでもなかった。株を買いさえすれば、利益が転がり込んできた。こうした事態は史上初の出来事だった。何しろ経済的繁栄は無限のごとく続いており、株価が大きく下落するなどそら事のように思われた。現実に右肩上がり以外あり得ない売買取引がおこなわれ、株長者がそこここに出現していた。そして最も重要だったのは、株の売買が小金を握った庶民ならだれもが参加できる、しかも〝絶対儲《もう》かる〟ゲームだったことだった。

リバモアの冷静な目にも、奔流のような資金によって株価が急騰していく様子がきちんととらえられていた。かつては、株価収益率が八倍から一二倍であった優良株が、あっという間に三〇倍、四〇倍、五〇倍、そして六〇倍へと急上昇していった。ラジオなど〝技術革新銘柄〟に代表される投機株も「人気株」として買われ、高騰した。

一九二九年秋、デスクに向かったリバモアは、大きなガラスの仕切り越しに株価ボードを見やった。グリーンのボードの前では、ヘッドホンを頭にかぶった六人のチョーク・マンが立ち働き、証取フロアの値動きを逐一書き出していた。各種の記号がいつものとおり、〝音楽〟を奏でていた。しかしその曲調は荒々しく、急調子に向かってさらに突き進んでいた。大交響曲のクライマックスが目前に迫っているのは明らかだった。何年も続いた甘い調べも、終わるときがきたのだ。激しさ、荒々しさは狂乱すれすれのところにあったし、和音はしばしば耳障りな悲鳴となった。速いテンポに乱れがないとは言い難かった。リバモアは執務室を出ると、ボード正面の巨大な会議テーブルに席を移した。無言のまま何時間も椅子に座り、狭い足場を行き来する男たちの姿を見続けた。こんなとき、彼の脳細胞に何かが生じ、徐々に形を整えていく。そして時が満ち、ある決断が下される。彼は時おり席を立ち、執務室に戻るとブローカーを通じて取引をおこなう。そしてそのつど、信頼するアシスタント、ハリー・エドガー・ダシェに声をかけ、メモ書きを命じるのだった。

証券取引所が引けると、彼はよくハリーとその日の〝締め〟を競って計算した。計算器を使って金額を弾き出すハリーに対し、リバモアは自らの記憶を頼りに、その日扱った銘柄の株数とその金額を算出した。ハリーが計算結果を叫ぼうとすると、リバモアが手を上げて制し、自分の得た数字を静かに伝えるのがつねだった。彼の口から吐き出される数字はセントの単位まで正確であり、それにうなずく以外、ハリーの出番はなかった。

そしてついに、市場崩壊の時、激震に見舞われるときがやってきた。

ブラック・マンデー

「破局はいきなり、その日の取引が開始された直後にやってきた。売買の声が上がり始めて三〇分後、クライスラー、ゼネラル・エレクトリック、インターナショナル・テレホン&テレグラフ、スタンダード・オイルの株五万株が大口投資家、機関投資家から一度に売られ、関係者の体を凍りつかせる価格が表示された。つい数カ月前の夏、強気相場の中でも燦然《さんぜん》たる輝きを放っていたAT&T、ピーク時には三一〇ドルをつけた優良株が二〇四ドルという、胸の悪くなるような急落を見せ、USスチールは一九〇ドル、一八〇ドル、一七〇ドル、さらに下値へと直滑降を続けた。一一〇ドルで取引されていたRCAも二六ドル以上では買いが入らない有り様である。動転した一部ブローカーが顧客の株を不必要に売り立て、これが値下がりに弾みをつけた。だれもが浮足立ち、冷静な判断力を失っていた。トレーダーの一人が奇声を発して、狂人のように証取フロアから走りだしていくのを、他の投資家、場立ちたちは茫然《ぼうぜん》と見送るばかりだった。必死で声を張り、死に物狂いで何かを訴える無秩序の群れ、狩られる者のおびえ、うつろな表情を帯びた多くの顔——そこは、追い詰められた者たちの世界だった。

結局正午までに八〇〇万株以上が取引され、その日の前場を終えた。過去の取引記録をすべて塗り替える狂乱の半日となった。その後すぐ、理事たちの協議が始まった。フロアの地下、狭苦しい小部屋で秘密会合をもった理事会メンバーは、紫煙の立ちこめる中、パニックが静まるまで取引を中止すべきか否か検討を重ねた。

株式市場の暴落と同時に、各社の電信機が緊急ニュースを次々と打電し始めた。『連邦準備制度理事会、メロン長官をまじえてワシントンで会合』『政府緊急会議開催』『フーバー大統領、ラモント商務長官と打ち合わせ』『有力銀行頭取、J・P・モルガン・ジュニアのオフィスに集合。金融危機の打開について協議……』。そしてほどなく、株式時価総額の減価分が明らかとなった。一五〇億ドルにものぼる全米投資家の資産が瞬時のうちに消えた。その直撃を受けて命を絶つ者、血を流す者が続出し始めている。

勤め先の破産を知って心臓発作に見舞われる者、絶望してホテルの窓から身を投げる投資家、室内の窓を固く目張りし、ガスの元栓を開く者、服毒する者、拳銃で頭を打ち抜く者——無残な死が世間を一層暗くした。一生の蓄えを失った者、愚かな夢を見て敗れた者、一時の幻想に踊った者、いずれも判で押したように次のような意味の言葉、悲痛なメモを残した。『すべてを失った。借金を払い切れないと家族に伝えてくれ』

とどまることのない暴落の津波が、アメリカの株価総額の三分の一以上を消滅させた。その悲嘆と苦悩の記憶は、あらゆる世代の国民の脳裏に深く刻み込まれることとなった。暴落の火の粉をかぶった数十万単位の投資家のうち、大半が会社事務員、秘書、年老いた独身女性、零細企業経営者など中流層であったが、彼らのささやかな夢、老後への備えが藻屑《もくず》と消えた。そして国中が打ちのめされ、深刻なトラウマに冒されることとなった。一〇年以上の歳月が経過してなお苛烈《かれつ》な印象は消えることがなかった

——ウィリアム・クリンガマン『一九二九年大恐慌の年』

もとより他人の不幸、悲惨な境遇に喜びはなく、気持ちは重く沈んでいた。自分の人生はなぜこんなことになったのだろうと、リバモアは思わずにいられなかった。あの日は、彼にとって最も輝かしい日、最も偉大な一日だった。それなのに、なぜこれほどまでに空虚、うつろな気分なのだろうか……？

二〇世紀の初期、気分の沈滞は情動的不安定、あるいは性格の弱さから引き起こされる心の状

態と解されていた。憂鬱《ゆううつ》さというものの分析的解明はなされておらず、通常と異なる環境に人が置かれた結果、脳内の化学的バランスが崩れ、それにもとづいて起こる現象という説明がなされるのはまだ先のことだった。つい数十年前まで、抑鬱《よくうつ》状態の強い患者に対してはしばしば、電気ショック療法が適用された。頭に電極が装着され、白熱電気による強い衝撃が脳に与えられるのである。この療法によって症状が改善されたという証明はなく、いたずらに患者の脳にダメージを与えるだけで終わった。

一九三〇年、抑鬱症に悩むリバモアは、私生活の面でも困難に見舞われることになった。彼の愛するマウスィー、妻のドロシーが酒に溺《おぼ》れ、ドロシーの母親が完全に彼女の分身となる事態が生じたのである。親子は連れ立ってショッピングに出掛け、旅行に出掛けた。やがて母親がリバモア邸の翼棟の一部に住むようになり、家族問題、個人的問題の逐一についてドロシーは母親の言葉を頼るようになった。そして母娘の最大の関心事といえば、主として各地に点在するリバモア家の住居の飾り立て、リバモアの金を湯水のように使うことだった。

リバモアの母親はまた、大のギャンブル好きだった。彼女はかなりの個人資産をもっており、ギャンブルの費用はそこから支出された。また彼女の腕は確かだったから、負けるより勝つことの方が多かった。

一九三〇年のヨーロッパ旅行のおり、スペインに入った一行はスペイン大使アレクサンダー・P・ムーア宅を訪問した。ムーアはリバモアの親しい友人で、ムーアがリリアン・ラッセルと熱烈な不倫関係にあったとき、リバモアが身を挺《てい》してかばった男だった。

三人を歓迎したムーアは、ドロシーの母を時のスペイン国王に紹介した。意気投合した王とドロシーの母は、たちまち熱い仲となった。そしてこの関係は数カ月続いた。スペインにとどまった母親はほとんど毎晩カジノに出没する一方、王との逢瀬《おうせ》を楽しんだ。

ドロシーは二人の関係を「いいじゃないの」と賛同した。彼女に言わせると、母親は何年も未亡人生活に甘んじてきたのだった。リバモアとムーアはこの〝世紀の情事〟に当惑しつつ、肩をすくめるばかりだった。

リバモアは義母に少なからぬいらだちを感じていた。自分が妻から遠ざけられているように感じるからだった。少なくとも、義母が夫婦の間の障壁となっているのは確実だった。彼は感情を表に出すタイプではなかったから、不満を黙ってのみ込み、妻には何も言わなかった。そうした意味において彼は、まさしく両親のニューイングランド気質を受け継いでいた。両親はきまじめで、窮屈なほど感情を抑制して生きた。自分の感情をあらわにしない態度は、リバモアの人格にしっかり根付いていた。彼は、こうしたスタイルはビジネスの上では欠かせないと考えていた。すぐれたポーカー・プレーヤーのように、感情の起伏を押し殺し、手の内を読まれないようにする必要があった。情動の表出は、商売上タブーであると同時に、心理的にも抵抗のある〝振る舞い〟だったから、リバモアのストレスはやむことがなかった。そうしたギリギリの緊張から精神を解き放ってくれるのが、ポジションを清算した後の休暇であり、長じて手を伸ばすようになった種々のレジャーだった。大海原をヨットで帆走すると、浮世の憂さは徐々に癒されていった。

実は、彼には今一つの、そして秘密の気分転換法があった。リバモアは美しい女性に極めて弱かった。そして女性たちは、ハンサムで、財力と社会的力に恵まれた男に抵抗できなかった。まして、目の前の人物がウォール街の聖域に通じた人物で、宝物殿の扉を開く秘密のカギをもち、裸一貫から巨万の富を築いたアメリカン・ドリームの体現者、となればなおさらだった。

彼のりゅうとした装い、エレガントな身だしなみは生半可なものではなかった。一分のスキもないスーツはサビル・ローの仕立てであったし、シェービングと整髪は毎朝、敷地内に住む理髪師が屋敷内の理髪施設で整えてくれた。リバモアが女性たちと知り合うチャンスはいくらでもあった。たとえば、フロー・ジーグフリートや、彼の同業者の周辺にはショー・ガールが群れていたし、マウスィーが限りなく催すパーティー、ロングアイランドの近所のだれかれが開くパーティーにも多くの女性が集まった。そしてだれかしらの女性が彼に魅せられた。

彼は徐々に週日をニューヨークで過ごすようになった。そして美しい花々が香水の芳香とともにリバモアに寄り添うようになった。いくつものうわさが生まれ、ウォール街界隈《かいわい》で、またロングアイランドのグレート・ネックでは上流社会のゴシップとして、広くささやかれるようになった。うわさはやがて、ドロシーの耳にも入ることとなった。彼女は愛するJLに正面から挑んだ。

「JL、わたしひどい話を聞いたの……。あなたについての話よ」

「どんな話だ?」

「あなたと女の人、きれいな女性の人との話。あなたが、昔のわたしのようなショー・ガールとお付き合いしているという……」

「いいかい、マウスィー」

「いいえ、だめよ。あなたと議論する気はないの」

「だって、この話を持ち出したのは君じゃないか」

「そんなふうに話をそらして、わたしを混乱させないで。わたしはこの問題であなたと言い合いをしたくないの。ただ、本当じゃないと言ってちょうだい、ＪＬ」

「……ああ、本当じゃない。根も葉もないうわささ」

「じゃあ、もういいわ。この話はこれきりにしましょ。たとえ本当だとしても、わたしは本当じゃないと思いたいの」

「二度とないことさ、マウスィー」

彼女は笑顔を見せると、彼の手を取った。ドロシーは夫を信じていなかった。しかし、夫の火遊びがこれでやむことを期待した。妻は前以上にアルコールに手を伸ばし、前以上に頻繁に、エバーモアで、ヨット上で、パーム・ビーチのブレーカーズで、レーク・プラシッドの住まいで、パーティーを開催するようになった。

リバモアの振る舞いはしかし、やまなかった。〝不行跡〟は依然として続いた。もっとも彼の私生活がビジネスに影響を与えたことは一切なかった。というのも、ビジネス・ライフこそが彼の〝真の人生〟であり、愛してやまない人生であり、決して完全な満足を与えてくれることのないチャレンジングなゲームだった。株取引という高度に知的な営みは、彼の中で、人生を構成するさまざまな要素の中でも別格な意味をもっていた。リバモアの精神と切り離すことのできない重要な柱と言ってよかった。この相手は、くめども尽きないスリルを与えてくれた。ティッカー・テープは、その秘密の一端を運び出してくれる〝使者〟のようなものだった。その〝使者〟との対話、新しい事実の発見は、彼に何ものにもかえがたい喜びを与えるのであった。

リバモアが取引を通じて知る株式市場の秘密は、あるときは啓示のようであり、あるときはツタンカーメン王の墓を開ける瞬間のようであり、つまり歴史の暗闇《くらやみ》から忽然《こつぜん》と姿を現した秘密とのめくるめく対面と言ってよかった。

第一一章　タイミングの秘訣――出撃と退却の時

「男の事業には潮の干満が影響する。上げ潮に乗れば幸運と富に恵まれるが、引き潮に船を出せば、浅瀬につかまり、不運と悲惨に泣く」

――シェークスピア『ジュリアス・シーザー』

リバモアはパーム・ビーチの「ビーチ・クラブ」で長い時をすごした。オーナーのエド・ブラドレーとは、肝胆相照らす仲だった。ブラドレーが店を開いたころ、フロリダでのギャンブルはご法度《はっと》だった。しかし彼は、ジョン・D・ロックフェラーのパートナーで、スタンダード・オイルと鉄道会社を経営する現地の実力者ヘンリー・フラグラーの黙認を得ていた。これが唯一必要な手続きだった。

ブラドレーの作成した事業定款《ていかん》には、ビーチ・クラブは社交目的の施設であり、その時々の経営陣の合意によって、ゲームや各種の娯楽の提供を業として運営される、とあった。

施設への入場にはさまざまな制約があり、まず二五歳未満の者は入場禁止だった。ギャンブルをおこなうエリアでの喫煙は厳禁、賭《か》け金の清算は二四時間以内にすませなければならなかった。服装規定も厳格で「午後七時以降は正装用のイブニング・ドレスを着用のこと。例外は認められない」とされた。燕尾服《えんびふく》にホワイト・タイがスタンダードで、最低でもタキシードの着用が求められた。

「フロリダ在住者は入店禁止」という不文律も存在した。このルールはモンテ・カルロのカジノでも真似され、モンテ・カルロの地元住民はカジノからシャットアウトされた。

しかしブラドレーの店の場合、すべてが彼の裁量に任されていた。彼は、地元の人間がバクチに負けて苦しみ、犯罪に走るような事態が起きるのを嫌っただけだった。したがってブラドレーの目に「合格」と映れば、カジノへの扉は地元民にも開かれた。もっとも「合格判定」のお墨付きをもらえるのは、もちろん裕福な名士に限られた。こうした仕組みとルールのもと、ブラドレーのビーチ・クラブは、四五年以上の長きにわたって営業してきたのだった。

一九三〇年一月のある夕刻、ホワイト・タイに燕尾服といういで立ちのジェシー・リバモアがカジノに姿を見せた。午後七時まであと少しという時刻だった。リバモアは着るものへのこだわりを楽しんでいた。その口の燕尾服もスリムな体に見事にフィットしていた。彼はこの燕尾服を四着、イギリスで同時にあつらえていた。そのときから数年が経っていたが、手直しは一切していなかった。リバモアの体形は変わることがなかった。

ゲーム・ルームに足を運んだ彼は、そこに親しい友人ウォルター・P・クライスフーの姿を見つけた。彼は午後七時が近いというのに、ゴルフ・ウェアのままルーレットに熱中していた。ルーレット盤が勢いよく回転し、小さな黒い玉が周辺ではねている。リバモアは彼の横に腰を下ろした。ウォルターがドレス・アップしたリバモアに目を留めた。

「ハロー、ウォルター」

「ハイ、JL。めかし込んでるが、もうそんな時間かい?」

「七時一〇分前だ」

「負けが混むと時間がたつのも早い」

「悪いのか?」

「もう五〇〇〇は持っていかれたぜ」

七時をわずかに回るころ、エド・ブラドレーがやってきた。ルーレットの胴元がボスを見やった。ブラドレーは黒い小球をとらえようと手を伸ばした。すかさず胴元が球をすくい上げ、ボスに手渡した。

「ウォルター、もう七時だ。そのウェアを着替えてからにしてくれ」

「エド、その前に今のツキをひっくり返さなきゃならん。五〇〇〇ドルも負けてるんだぜ。取り返すまで待ってくれよ」

「着替えてからでも取り返せるさ。この席はほら、ちゃんと確保しといてやる。ここはそれに、朝四時まで営業してるんだ」

「なあ、エド……」

「ウォルター」ブラドレーは一瞬彼の目を見すえた。とがめられることに彼は慣れていなかった。

その点ではクライスラーも同じだった。ブラドレーはポケットに手を突っ込むと、「幸運の銀貨」を取り出した。「あんたのツキがどうなのか、一丁占ってみよう」

「よかろう」

「どっちだ?」

「表」

ブラドレーが指ではじくと、コインは回転しながら舞い上がり、回転しながら落下してきた。それを空中でとらえ、彼は言った。

「あんたの勝ちだ、ウォルター」ブラドレーはコインを確かめずに言った。そして胴元にうなずいた。クライスラーの負けたチップが戻された。

クライスラーが去った後、リバモアとブラドレーはダイニング・ルームの小ぶりなカクテル・テーブルに向かい腰を下ろした。ダイニング・ルームが混み合うのはたいてい八時以降で、今は閑散としていた。ブラドレーはソーダ水を、リバモアはオールド・ファッションドをオーダーした。二人の間を短い沈黙が支配した。

口を開いたのはリバモアだった。「結局は〝自分流〟を通すんだな、エド」

「必ずというわけじゃないんだが、せっかくのルールを破られると、どうも落ち着かなくてな。あんたにもあるだろ、何かルールが」

「うん、あるにはあるが、時にこれを破ってしまうから始末が悪い」

「今回の暴落ではそれがなかったと聞いてるが……?」

「うん、今回は文句なしだった。きっちりルールどおりにやって、成果を上げたよ」

「ギャンブラーにしろ、相場師にしろ、土台のルールを崩しちゃだめだよな」

「それに、そのルールを作るというか、見つけるというか、そこに至るまでにイヤというほど時間がかかる」

「一生の仕事と言っていい。もっとも、一生かけても一〇〇パーセント自分のものにすることはできん気がする。ギャンブラーにしても、相手の心の奥底は分からんから」

「エド、そりゃ当然だよ。自分の中身だって完全には分からんのだから」

ブラドレーは笑った。「違いない。自分自身とは一日二四時間付き合ってるし、これほど大事なものは他にありゃあしない。それでいて大部分の人間が自分を分かっちゃいないんだからな」

「女心は言うに及ばず、か」

「そのとおり。途方に暮れるばかりだぜ」そのとき飲み物が運ばれてきた。ブラドレーが自分のグラスを上げた。二つのグラスが宙で触れ、かわいた音をたてた。「永遠に理解不能の女性に。神秘的なのは結構だが、度が過ぎると困りもんだ。時には幸運に恵まれんことを」

「乾杯」とリバモアが応じた。

男二人の間にしばらく心地よい沈黙が流れた。やがてリバモアが切り出した。「エド、かけ値なしに言うが、君は世界屈指のギャンブラーだ。アメリカ中のギャンブラーを相手にしながら、一貫して勝っている。その君に聞いてみたいことがあるんだ」

「よかろう、何でも聞いてくれ」

「相場で勝つ条件は何だと思う？」

「よせよ、ＪＬ。いつかわたしが聞いたことじゃないか。それにだ、わたしに相場の何が分かるというんだ？」

「頼むよ、エド」リバモアはグラスに口をつけてから言った。「君は何年か前、シカゴの商品相場で大山を当てたことがあるじゃないか」

「分かった。自分なりに答えてみよう」ブラドレーは間を置き、それから話し始めた。「勝利の条件は三つあると思う。まず第一がタイミングの問題、いつマーケットに出て、いつ引くかという問題だ。いつ出撃し、いつ退却するか、と言ってもいい。次が金の問題だろう。手持ちの資金をすべて失うような愚をおかすべきではない。そんなことになれば、ゲーム・オーバーどころか、人生もジ・エンドだ。最後が心理的平静さを保つことだと思う。これが一番重要じゃないかな。冷静さを失わない自制心が必要だ」

「まるで、ギャンブルに勝つための心得だな」

「人生はギャンブルさ、ＪＬ」

リバモアはニコリと笑い、今度は彼がグラスを掲げた。「頭を使って世渡りする者に乾杯、というのはどうだい？」

「そう、頭を使って世渡りし、引き際を心得ている者に、だ」二人はまたグラスの縁を触れ合わせた。「そこだよ、ＪＬ。そこに人生の醍醐味《だいごみ》がある」

●70年の歳月を経てなお相場の真理をつく「ピボタル・ポイント理論」

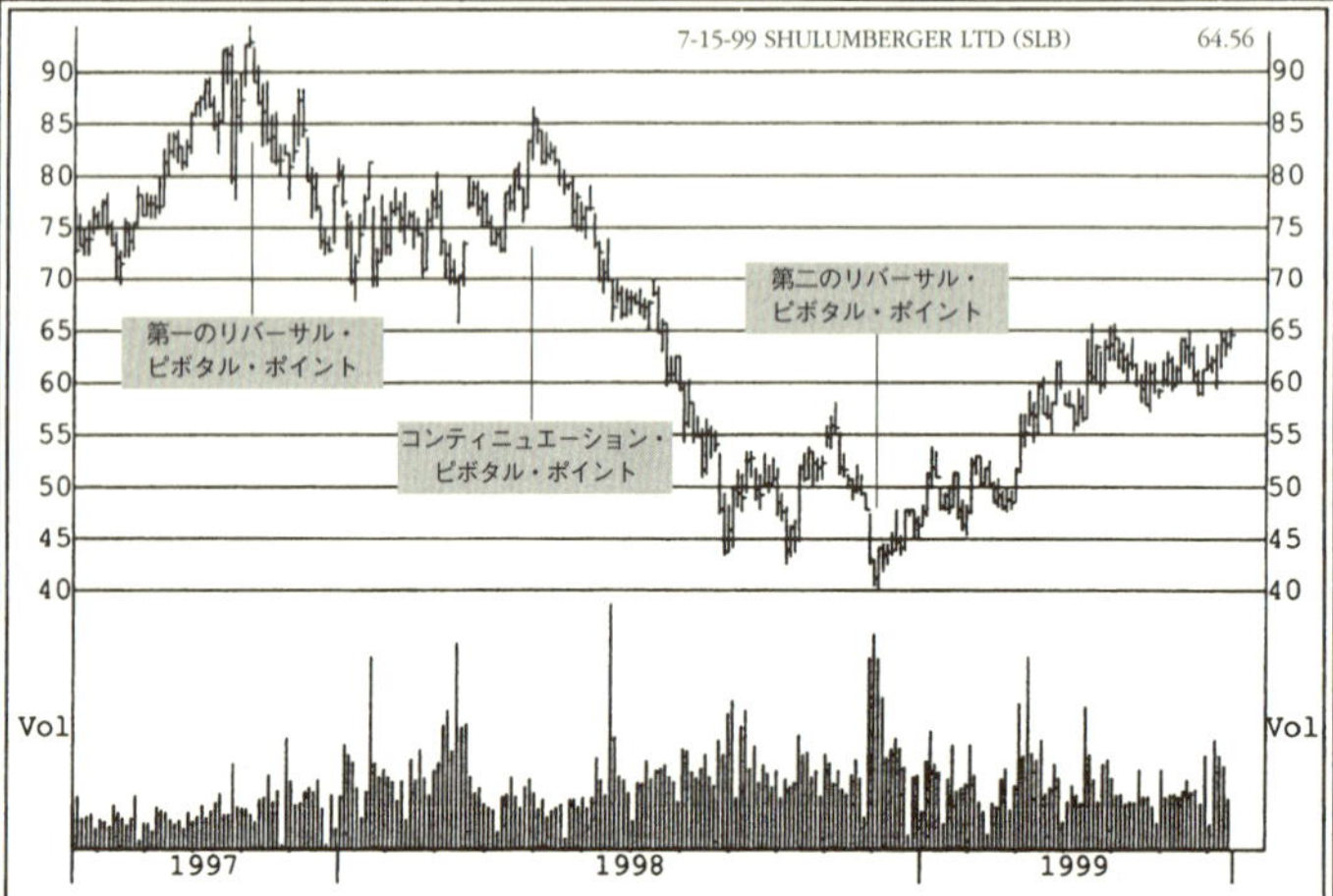

石油掘削会社シュランベルジェの株価の推移と出来高。1997年の後半に上昇から下落への転換点が、99年には下落から上昇への転換点が見られる。98年前半に株価が跳ねているが、長期的には下落傾向にある。

相場師には、タイミングがすべてだった。それは、「もし」株価が動いたら、ということではない。株価が上昇、あるいは下落し始めた「瞬間に」ということである。

一九二九年の大暴落は、リバモアが「ピボタル・ポイント」と名付けた概念の正しさを彼自身に確信させた。一日で一一・七パーセントの下落を記録したブラック・チューズデーは、証券市場が開始されて以来最大の「ピボタル・ポイント」だった。リバモアはこの概念を見すえつつ、タイミング戦略の核を形成したのである。

この「ピボタル・ポイント」について、彼は成長した息子たちに次のように話してきかせた。

「『ピボタル・ポイント』というのはわたしの命名だが、わたしの片腕と言ってよいテクニックで、取引を進める上で威力を発揮してくれる手段だった。一九二〇年代、三〇年代の相場師たちがだれも知らない考え方だったよ。ひと言で言えば、市場にいつ切り込み、いつ引き揚げるか、そのタイミングを決める道具だ。

ピボタル・ポイントの一つに『リバーサル・ピボタル・ポイント』というのがある。ちょっと説明がむずかしいんだが、わたしの言い方で言うと、「地合い、いわば値動きの核となる部分が大きく方向転換するポイント」のことだ。ベーシック・トレンドの転換点、新しい動きが始まることが確実に認識できる瞬間と言ってもいい。わたしの取引手法では相場が長期的なトレンドの天井圏にあるか底値圏にあるかはさして問題ではない。

それから、第二のタイプのピボタル・ポイントとして、『コンティニュエーション・ピボタル・ポイント』と名付けた概念がある。

リバーサル・ピボタル・ポイントがトレンドの明確な方向転換を示す瞬間であるのに対し、コンティニュエーション・ピボタル・ポイントの方は、その直前までの動き、流れを確認する瞬間であることを理解する必要がある。

『リバーサル・ピボタル・ポイント』が確認されたら、わたしの場合、最高条件の取引タイミングが出現したことになる。

リバーサル・ピボタル・ポイントはたいてい、売買高の大幅増と一緒にやってくる。この出来高の急増は、巨浪のような買いの殺到に対する大規模な売りの応酬、あるいはその逆の動きによって形成される。

この買い手と売り手の激しいせめぎ合いによって、反転の事態が引き起こされる。上昇相場ならここで上げ止まり、下落相場ならここで下げ止まることとなる。すなわち、ここから新しい動きが始まるわけだ。この地合い反転を示す大商いは、しばしば出来高平均の一〇〇パーセントから、五〇〇パーセント増という規模に達する。

わたしはこのリバーサル・ピボタル・ポイントが普通、長期に及ぶトレンドの後にやってくる事実を突きとめた。そうした点からも、相場の大きな波をとらえ、スケールの大きい成功を手に入れるには忍耐が肝要だと感じている。

このリバーサル・ピボタル・ポイントが真の転換点かどうかを確認するには、どうしても腰のすわった忍耐が必要だ。わたしはその確認をおこなうためのテスト法を開発した。まず『探りを入れてみよう』というのがその基本なのだが、最終的な取引規模を頭に描きながら、小口の取引で、結果を見るのだ。その結果が予想どおりであれば、本格的な売買へと進んでいく」

リバーサル・ピボタル・ポイントの確認を取るために、リバモアは二度、三度とテストを繰り返すことがあった。その場合、同一業種内で二社以上の対象を選び、トレンド・テストをおこなった。ここから類似の結果が導きだされると、これが最終確認となる。

リバモアは、息子たちへの説明をさらに続けた。

「『ピボタル・ポイント』には今ひとつ、『コンティニュエーション・ピボタル・ポイント』がある。これは株価の動きの生理みたいなものだが、一定方向のトレンドを保ちながら、相場が一時的に反発したときのことだ。このポイントは、その時のトレンドに乗る第二の好機と言える一方、取引規模を増大させるチャンスでもある。ただし、このポイントはあくまでも大きい潮の流れの中の反発や一服感であって、本格的な調整、トレンドの入れ替わりと混同してはならない。

わたしの場合、株を買うのに株価が高すぎるというケースはないし、空売りから入るのに株価が低すぎるということも決してない。このコンティニュエーション・ピボタル・ポイントの到来を待てばよいからで、そのシグナルをとらえたら、まだ取引を開始していない場合は新たに取引し、すでに取引をしている場合は、買い増すなり売り込むなりする。見込み違いから株価が逃げていくのを追いかけるというパターンは愚かというしかない。そんなとき、わたしなら次の好機を待つことにするね。相場が新たなコンティニュエーション・ピボタル・ポイントを迎えた瞬間に動き、通常以上の資金を投入するといい。というのも、このポイントはそれまでの流れのダメ押しを意味する点でもあるわけで、その後もトレンドが継続する可能性が極めて高いからだ。

わたしは空売りする場合にも、このピボタル・ポイント理論を活用して、何度も大物を仕留めたものさ。具体的にどうするかというと、まず前年あたりに安値を更新した銘柄を物色する。もしこれが〝見せかけ〟のピボタル・ポイントに過ぎない場合、つまり新安値の後、上昇気運に乗るかのように見えて、また下降軌道に戻り、前回の安値をさらに割り込んでくるような場合、株価はさらに値を下げると判断して間違いない。さらなる安値が先行きに待っているわけだから、こうした銘柄は当然売り込む対象となる。

このピボタル・ポイントをつかまえることで、わたしはまず間違いのない〝仕込み〟をすることができた。リバーサル・ピボタル・ポイントを見つけ、そこから取引を始めることができれば、大きい潮の流れにうまく乗ったことになる。このスタートがうまくいけば、当面の相場での損はあり得ない。つまり死活的意味をもつピボタル・ポイントを取引の出発点とすることができれば、その後の小さな調整、変動は、買い増し、あるいは売り込みのチャンスにこそなれ、手持ち資金をおびやかすリスクとはならない。

わたしは以前、相場の流れが分からないまま間違ったポイントで取引をスタートさせ、何度も痛い目にあった。そうした体験を経て、というより、そうした失敗の原因を突き詰めていった結果、このピボタル・ポイントの糸口を探り当てることになった。

ピボタル・ポイントが固まる以前に行動を起こすのは時期尚早で、危険だ。大金を投じた銘柄の進む方向が、その後大きく転換する恐れがあるからだ。他方、ねらいとする銘柄の株価がピボタル・ポイントを通過し、五パーセント、ないし一〇パーセントも変動した後となると、遅すぎの感は否めない。株価が本格的に動きだしているわけで、相場師の側が絶対的に有利であるとは言えないからだ。

取引開始、目標達成に重要な意味をもつピボタル・ポイントであるが、決してこれが成功要因のすべてというわけではない。相場師には忍耐が必要だ。というのも、相場全体、あるいは特定銘柄の場合もそうだが、従来から続く惰性的な動きが完全に振っ切れるまで、相当の時を必要とするからだ。

わたしはピボタル・ポイント理論を確立してから、このポイントの瞬間に限って相場を張るようになったが、大きな成果を上げるのは決まって、粘り強くこのポイントの到来を待ち、ここぞというときに行動を起こしたときだった。

それから、相場の流れが最大の動きを見せるのは、かなりの確率で最終局面の二週間ほど前の時点だ。これは商品相場の場合でも同じだ。したがって相場師は、忍耐強く待ち、そして行動を開始するだけでなく、取引を開始した後も、再度気長に時の到来を待たなければならない。気長に待つといってもボンヤリしていては何にもならないわけで、吉兆にしろ凶兆にしろ、微妙な変化を見逃さないよう神経を張り詰めて見守る必要がある」

リバモアが大きく息をのみ、最大に身構える相場状況の一つが「一日逆転のポイント」であった。これは危険を告げる赤信号であり、市場からの緊急脱出を促すシグナルでもあった。この現象は、長期間続いたトレンドが最終段階にいたるとしばしば現れる。「一日逆転のポイント」について、リバモア自身は次のように語っている。「このポイントの特徴は、最高値をつけながら、つまり取引価格の〝瞬間風速〟は前日の高値を凌駕《りょうが》していながら、その日の引け時近くになってストンと下がり、前日の安値を下回る水準で引ける点にある。同時に、通常その日の出来高は前日の商いを上回る」

こうした状況が生じるにはやはりそれなりの理由がある。拡大トレンドに沿い、それまでの株価上昇は最小抵抗ラインを保ち、ノーマルなメカニズムのうちに進んできた。ところが突如として買いが殺到、わずか三日程度で一五ポイントも価格が上昇すれば、やはり異常というしかない。この銘柄としての健全なパターンが崩れたわけで、これは危険信号と受け止めるべきであるし、早々に避難するのが賢明だろう。

リバモアは、「忍耐・我慢」とともに、撤退する「勇気」の必要性も強調した。すなわち株価が上昇の道をたどる間、ポジションを抱いて忍耐強く待つ必要がある一方、「一日逆転のポイント」が察知されたら、これを危険信号ととらえ、勇気をもって適正な行動をとらなければならないと述べた。この適正な行動の中にはもちろん、手持ち銘柄の売却も含まれていた。リバモアは「忍耐」と「勇気」に備わる力を信じていた。

彼は、自らが案出した「ピボタル・ポイント」理論を〝つえ〟とすることで、いつ市場に足を踏み入れるべきか、そのタイミングを的確にとらえることができた。底値で買い、高値で売るという行き方はリバモアの関心外のことだった。彼のねらいはひたすら「タイミングよく買い」「タイミングよく売る」ことだった。

しかし、現実の株式相場にこの理論を当てはめて行動していくには、並大抵でない忍耐力が必要だった。自分にとって好都合な環境が市場で形成されるのをひたすら待たなければならなかったからである。リバモアは自分のねらった銘柄がこうした好都合の環境にいたらずとも、気にかけなかった。遅かれ早かれ同様のパターンが他の銘柄に生じると思っていたからである。それでも忍耐しなければならないことに変わりはない。うまくタイミングをとらえるカギは忍耐にあったのだ。

リバモアはつねに、「時」こそ株取引を成功させる必須条件と考えていた。そしてつねづね「考えをめぐらすことで金がもうかるわけではない。ひたすら待つことで金が手に入る」と語っていた。

彼のこの〝思想〟はしばしば誤解され、リバモアは株を買い込み、それが値上がりするのをじっと待った、と解釈された。しかし、これは明らかな間違いで、彼は繰り返し、ほとんど、あるいは全く株を持たず、機が熟すのを忍耐強く待った。その間、現金は寝かせたままだった。リバモアの言葉をもってするなら、「条件が完全に揃《そろ》った狙《ねら》い目が目前に現れるのを待つ」ということだった。ここぞというときの到来とともに、つまりあつらえ向きの条件がいくつも重なったと確認すると、彼は間髪を入れず膨大な資金を投入していった。

ある銘柄の長い〝一生〟が今まさに始まらんとする瞬間をとらえた「ピボタル・ポイント」は、当然のことながら、相場師が行動を起こすべスト・チャンス以外の何ものでもなかった。足を踏み出すべきポイントにひとたび確信を抱くと、リバモアは怒濤《どとう》のように攻撃を仕かけていった。だてに「突撃小僧」と呼ばれたわけではないのである。

彼の残した『株式をいかに売買するか』と題する一書の中に、次のような記述を認めることができる。

「目指す銘柄のピボタル・ポイントを特定することのできる投資家、またそのポイントでの値動きが何を意味するか理解できる投資家は、株取引の正しいスタート地点に立ったといえる。ただし、ピボタル・ポイントから出発したと思っても、その後の値動きが予想どおりの軌跡を描いて進まない場合、先行きに危険信号がともったものと認め、早々に資金の安全を確保する行動に出るべきである。

ピボタル・ポイントに関する理論をまとめて思ったことであるが、これによってわたしは、黄金の原野に踏み込んだほどの喜びを味わうことができた。自分の理論にもとづき、自分が判断を下した結果、それが正鵠《せいこく》を射、多大な実りを手にするのである。これほどの快楽、これほどの満足がほかにあるであろうか。この悦楽、満足感は、だれかから耳打ちされて、あるいはだれかの指南のもと、相場で大当たりを得た場合の比ではない。株式市場で自らの力による発見を経験し、独自の売買を進める者、忍耐力を発揮し、危険信号への警戒を決して解かない者は、やがて株取引にかかわる合理的な思考体系を構築することになろう。

わたし自身の過去を振り返るなら、我慢する気持ちを失い、ピボタル・ポイントの到来を待ち切れなかった場合、そして安易に〝安い儲け筋〟に手を出し、自分をごまかしていた場合、そんなときには決まって巨額の損失を背負う羽目に陥ったものである」

リバモアは、彼の見いだしたピボタル・ポイントが商品相場にもうまく当てはまる事実を知った。しかし、この理論が決して不備のない、だれにも利用できる取引手法だとは考えなかった。自分の取引戦略の核をなす部分だと位置付けていたに過ぎない。

彼はまた、自分のピボタル・ポイントは将来、さらに磨きがかけられ、完成の域に近づいていくことになろう、と述べている。自分の理論をたたき台に後続の相場師たちがもっとすぐれた戦術を生み出していくと信じたリバモアは、彼らがそれをもとに目のくらむほどの成果を得たとしても、羨望《せんぼう》の気持ちを抱くことはないと書き残している。

彼はさらに、次のように言う。「相場全体、あるいはある銘柄の先行きについて、将来の動きをどう予想しようと問題はない。しかし実際の行動に移すのは、その予想の妥当性を市場自身が確認してからだ。ゆめゆめ貴重な資金を投じて相場の動きを確認してはならない。自分の予想を株式市場で実証しようとしてはならない。すなわち、頭の中で将来の値動きをどう思い描こうと、市場がその判断の正しさを認める明確なシグナルを発するまで、岩のごとく待ち続けなければならない。そのシグナルが出た暁には、資金投入という実際行動に出ることだ」リバモアにとってピボタル・ポイントこそが、市場からの確認シグナルだった。

彼は息子たちに次のように語った。

「株式市場というのはしばしば、場数を踏んだ相場師の予想さえ裏切り、わが道を進んでいく。こんなとき、大やけどを負いたくなかったら、自分の見立てを捨てなければならない。相場の主張、動きに相場師の方が合わせるのだ。賢明な相場師ならテープに打ち出された事実にたてつく愚は決して犯さない。市場はつねに、絶対的に正しい。それに対し人間は、しばしば誤った予想を抱き、進む道を踏み誤る」

「新高値」の出現は、ジェシー・リバモアにとってつねに福音だった。彼の立場からするなら「新高値」は、当の銘柄が頭上の〝殻〟を突き破り、さらに伸びていくエネルギーを示唆するものだった。彼はまたチャーティストではなく、数値をもとにあらゆる思考を組み立てていくタイプだった。

チャート以上にリバモアが重視したのは、頻繁に現れ、数値の形でとらえられる「本格的新高値フォーメーション」だった。チャートは利用するにしても、補助的手段以上のものではなかった。

強力なエネルギーを蓄えた「本格的新高値フォーメーション」がなぜ繰り返し出現するのか、その原理の詳細は分かっていない。しかしリバモアは、人間の本性、心理に根差す結果だろうと考えた。「基本的にマーケットは時代を超え、市場参加者の欲望、不安、無知、希望などに突き動かされ推移していく。その結果、数値集団として類似のフォーメーション、パターンが繰り返し顔を出すことになる」

相場全体、あるいは特定業種から発せられるシグナルを的確にキャッチすべく、リバモアは相場をリードする主力株につねに目をこらした。タカのように鋭い彼の目が、執務室と会議室を隔てるガラス越しに、刻々と書き記されるボードの値動きを追った。

主力株の動きを注意深く追うことで、マーケットがどの方向に向かっているか確かな手がかりが得られ、適切な判断を下すことができた。また、各業種の主力株、その中のひとつの銘柄に注目することによっても、それぞれの業種がいつ上昇エネルギーを失い、失速するか、逆にいつエネルギーを蓄積し、飛躍の準備をととのえたか、確認することができた。

リバモアの意識の中で主力株というのは、ダウ・ジョーンズ平均株価に代わる指標の意味をもっていた。主力株が危うい動きを見せ始めれば、リバモアにとってそれは赤信号の点滅であり、マーケットの先行きを見すえる彼の警戒心は一気に張り詰めることとなる。こうしたシグナルはしばしば、主力株の勢いが弱まり、新高値をつけなくなったときに現れた。そしてこうした時期を過ぎると、問題の銘柄は相場全体の方向転換に先駆け、早々と下落傾向を示すことになる。

一九〇七年、一九二九年の両暴落でリバモアはいち早く株価下落に対応する手を打ったが、その決断を促した理由の一つがこの点滅信号だった。主力株の後を追う銘柄はなお沸騰し、市場全体も活況を呈していたが、主力株はすでに足元をぐらつかせ、後退し始めていた。当然のことながら、それ以前に何度も暴落を体験したリバモアはこうした激しいもみあい、出来高の増大が何を意味するか明確に理解していた。

彼はまた、「現在の相場をリードする銘柄の値動き追尾」に有効なシステムを案出していた。そもそもリバモアが主力株の動きに並外れた関心を抱く背後には二つの理由があった。その第一は、彼が取引の対象とするのは決まって相場をリードする銘柄だったからである。

彼はこの点について次のような言葉を残している。「株式市場の真の姿を知ろうと思ったら、その時々の牽引役《けんいん》、つまり相場を先導する銘柄に的をしぼり、事実をつかみとることだ。相場をリードする株にはその時の市場の本質が凝縮されていると見て間違いない。そうした株を選んで取引を進め、それで利益が出なかったら、その時の市場から利益を得るのは不可能と見なすべきだ」

「第二に、相場をリードする銘柄を自らの戦場と定めることで、自らの取引対象が限定され、取り扱い株が管理できる範囲内に収まることとなる。神経を一定範囲に集中させることができれば、その枠内に存する可能性、潜在力を最大限引き出せることにもなる。人間の内部に巣くう欲望にはきちんと歯止めをかけておかなければならない。すなわち欲望のおもむくまま、最安値で仕入れ、最高値で売り抜けようとするなら、結局墓穴を掘る結果となろう」

リバモアはまた、株取引におけるタイミングというのは、決して高値の価格帯のことではないし、高値こそ手元株売却のシグナルというわけではないと信じていた。「なぜなら、新高値が記録されたからといって、それ以上株価が上がらないというわけではないからだ」また、売りの場合でも、同様だった。「ある銘柄が値を下げ、最安値をつけたとしても、それ以上下落しないという意味では決してない。わたしの場合、下降局面で買いに入ることはないし、上昇局面で売りから入ることもない」

新高値をつけた銘柄に買いを入れ、新安値をつけた銘柄に売りを入れるやり方は、多くの投資家から「逆張り」と称されてきた。

リバモアの手法は、その時点で何をなすべきか、市場に語らせるというやり方だった。すなわち市場が彼に語りかける事実を、彼は「手がかり」と言い、「シグナル」と称した。自分が先を読むということはなく、テープが伝えてくるメッセージに従うことを信条とした。そうした姿勢に徹していると、一部の株価は次々と新高値を塗り替え、長期にわたって値を上げていった。リバモアもこの間、そうした株式を手放すことはなかった。

リバモアは言った。「人間と全く同じで、すべての銘柄には特有の個性があり、くせがある。攻撃的なタイプ、控えめなタイプ、感情的なやつ、神経質なやつ、気まぐれな銘柄、退屈な銘柄、単刀直入型、論理型、ありきたりのタイプ、予想外の動きをするやつと、挙げていけばキリがないほどだ。株の本質をつかもうとするとき、わたしはしばしば、人間を知ろうとするように接したものだ。そしてやがて、一定の状況下で相手がどんな反応を示すか、かなり予想できるようになったよ。

株の個性に注目したのはわたしが初めてではない。それぞれの銘柄の特性や習性を詳細に分析し、その分析結果をベースにそれぞれの個性に応じた売買をして、宝の山を築いた相場師をわたしは何人も知っている。ただし注意しなければならんのは、株の個性というやつは、しばしば変わるんだ。

わたしは、特別の異常性をもたない、優等生のような株、つまり調整の時期をノーマルな形で通過し、市場全体のトレンドと歩調を合わせて株価を刻む銘柄の場合、投資家は特別の心配、不安を抱く必要はないと信じている。また、新高値圏にある銘柄でも現実に売り買いされているわけで、こうした事実も投資家の不安払拭《ふっしょく》の力となるだろう。

だが、安心も度が過ぎると問題になる。相場が最終段階に達したシグナルを見逃してはならないし、トレンドの逆転、方向転換の前段に当たるピボタル・ポイントを察知するのにも鋭い観察眼が必要だ。わたしのモットーは、『危険サインへの警戒を怠るな』さ」

リバモアの株取引の目的の少なからぬ部分を占めるのが〝ゲーム〟に勝つことであり、その中でも大きい部分を占めるのが、絶好のタイミングで取引することであった。株式市場の本質を究めようとする彼の探求はやむことがなかった。ピボタル・ポイント理論、新高値に関する見解、業種別株価連動の法則や牽引役に関する理論、いずれも他の追随を許さない独創的アイデアであり、現在でも議論されるテーマである。しかし、彼自身の胸の内にあったのはひたすら、あくなきチャレンジ精神だった。

それと同時にリバモアの中にもまた、他のだれかれと同様、金によって実現されるあれこれへの強い欲求があった。金というのは彼にとっても魅力だったのだ。

一九三一年、ポール・リバモアが八歳の誕生日を迎えようとしていた。ポールの父母は驚いたことに、息子のためにバーナム&ベイリー・サーカスを自宅に呼び寄せようと計画した。一万六〇〇〇坪の広さをもつエバーモアの敷地でプライベートなサーカス興行を打とうというのである。当日の前夜、舞台のテント、楽屋のテントが張られ、野外観覧席が設営された。何台ものトラックが夜のうちに到着し、ゾウをはじめ芸達者の動物たちが荷下ろしされた。明け方には、大勢のピエロ、ブランコ乗り、ライオン使い、綱渡りの軽業師、大サーカス進行役、曲馬団メンバー、各種曲芸師など芸人たちも大挙してやってきた。一〇時には近くから見物客が集まり始めた。ポールが目を覚ましたとき、屋敷正面の広大な敷地はサーカス・テントを中心とする夢の世界になっていた。

忽然《こつぜん》と姿を現したエバーモアの別世界をポールは目をまん丸にして見つめた。その日の前日まで、玄関前の広場は人の気配の全くない彼一人の遊び場だった。その広場に今、大勢のピエロや特殊車両が行き来し、ゾウ、ライオン、トラ、軽業師、着飾った馬、曲乗りの芸人などが群れていた。しま模様のテントのあちこちで作業員が忙しく立ち働き、開演の準備に余念がなかった。

その準備の様子を歩き見ながら、ポールは両親の手をしっかり握りしめた。サーカスの公演は正午に始まった。そのころには招待客たちの車が屋敷の玄関前から外の道路にまで連なった。いつもは兄弟が敷地内の移動で利用する三人掛けの電気自動車が、専任運転手のもと、その日は観客たちの運搬に大活躍した。

サーカス公演は午後いっぱい続いた。公演がはねた後、リバモア邸で大規模なパーティーが開かれた。ポールが高さが二メートルもある巨大なケーキにナイフを入れた後、すべての人々に食事と飲み物がふるまわれた。その日はポールにとって最もすばらしく、晴れがましい日だった。この輝かしい思い出が彼の胸から消えることは永遠になかった。

後になってポール・リバモアは、両親の心の中に自分に対する負い目があったのだろうと納得した。というのも父母の視線はつねに兄のジェシー・ジュニアに向けられていた。父も母も、自らの愛情がジェシー・ジュニア一人に注がれていることを隠そうとしなかった。ポールはすでに幼な心にそのことを理解していた。しかし彼は、その困難な状況を克服することができたし、自分自身のなかで心の平穏、幸せを確立していた。

ジェシー・ジュニア、ポールいずれも、両親に接する機会はそれほど多くなかった。冬は寄宿学校での生活が待っていたし、夏にはほとんどキャンプに出かけた。幼いころには二人とも、それぞれに専属の乳母がついたし、乳母の手を離れると、メード、運転手、私立探偵などが彼らの面倒を見た。二人がよくなついたハリー・エドガー・ダシェも、兄弟の身辺警護に当たるとともに、時に数学や外国語の教師となり、また人生の師としての役割を果たした。

使用人たちはすべてフランス語を話した。マウスィーは、屋敷内でフランス語が飛び交うようになったのも、そんな背景があるからだと思っていた。男の子二人もフランス語を巧みに操った。特にポールのフランス語は完璧《かんぺき》だった。決してフランス語を口にしようとしなかったのは、当主のジェシー・リバモア一人だった。

彼は相場以外のことに振り向けるべき余分のエネルギーを持ち合わせていなかった。

第一二章　リバモアのルール――資金管理

「ルールの第一は『金を失うな』であり、ルールの第二は――ルール第一を忘れるな、ということだ！」

――ウォーレン・バフェット（自身のルールを問われて）

ある日の午後、リバモアはブラドレーが経営するパーム・ビーチのビーチ・クラブにいた。ゲーム・ルームのテーブルにはほかに、ウォルター・クライスラー、ユナイテッド・フルーツのオーナー、エド・ケリー、それにT・コールマン・デュポンがいた。四人は高額の賭《か》け金によるブリッジを楽しんでいた。ほどなくゲームはお開きとなり、ランチを囲むテーブルとなった。四人が注文したのはビーチ・クラブ自慢のロブスター料理だった。

フロリダのロブスターは、メイン産のロブスターと異なり、巨大なザリガニといった姿形をしている。アメリカ上流階級の舌と胃袋にこのフロリダ・ロブスターの味を紹介したのはブラドレーだった。有名なロブスター・サラダでは、山のような生野菜の上にロブスターの切り身が盛り付けられ、その上からシェフじきじきの味付けによる極上のマスタード・ソースがかけられていた。四人はこの珍味に加え、二本のヴィンテージ・ロジャー・シャンパンを注文した。メイン・ディッシュに先駆け、グリーン・タートル・スープが運ばれてきた。このスープもまた、この店の自慢の一つだった。値段の方もとびきりで、当時としては破格のカップ一杯で一ドルという価格だった。

「このロブスターのことで去年珍事がもち上がったのを知ってるかい？」とクライスラーが口を開いた。

「へえ、どんな？」とエド・ケリー。

「ブラドレーはこの味に目がないもんで、バハマで獲れるロブスターをすべて買い取ると約束したんだ。全部といえば一万ダースからあるんだが、彼はそれを知らなかった。ブラドレーの注文に狂喜したバハマの住民はロブスター狩りに血まなこになった。ブラドレーという頭の少しおかしいアメリカ人が獲れるだけのロブスターを全部買い取ると言ったというんで、大騒ぎになったわけさ」

クライスラーはそこで口をつぐんだ。大ぶりの銀のボールからグリーン・タートル・スープがそれぞれの皿に供された。

「それで？」とデュポンが先を促した。

「ブラドレーは自分が大ポカをやらかしたことに気づいたんだが、知ってのとおりあの男のことだ、みんな買い取ると言った手前、途中でもういいとは言えんわけさ。続々と持ち込まれるロブスターに戦々恐々となりながらも、黙って買い続けた」

「そいつをニューヨークのフラグラーのところに高値で売り付け、大儲《おおもう》けしたというオチじゃないだろうな?」とリバモアが口をはさんだ。

「いやいや、とてつもない大型ハリケーンが襲来して住民もロブスター漁も打ちのめしてしまったのさ。おかげでブラドレーはその後の出費から救われることになった」

「運のいいヤツだ!」とエド・ケリーが声を上げた。「馬に蹴《け》られてもケツですんだ、みたいな話だな」

みんな笑った。

「運がいいと言えば、君もだろ、JL。ウォール街のうわさでは小麦で相当儲けたというじゃないか。どうやって儲けたか昼メシのサカナに聞かせろよ」

「うん、わたしはアメリカの小麦需要は過小評価されていると感じ、小麦の値段はそのうち上がるとにらんだんだ。そこで、わたしの言葉でいうピボタル・ポイントが現れるのを待ち、五〇〇万ブッシェルの小麦を購入した。買い値は七〇〇万ドルほどだった。

その後、値動きを詳細にチェックしたんだが、湿っぽい動きを続けるばかりで、はかばかしくない。かといって、わたしの買い値を割り込むというわけでもないんだ。しかしある朝、上向きの買い値がつくとともに、二、三日上げ相場が続くことになった。その動きには腰があり、再度のピボタル・ポイントが形成されたんだ。その辺りでしばらくウロウロした価格は、商いの増加とともにまた上昇し始めた。

これはいい形だと思ったもので、もう一度五〇〇万ブッシェルの買いを入れた。そしたらこの後も値段が上がっていくんだ。これはマーケットの最小抵抗ラインが上を向いているということで、わたしにとっては好都合の流れであるわけさ。

わたしの頭のなかには、二度目の五〇〇万ブッシェルで利益を上げるのが極めて難しいという思いがあった。それに当初から、この相場については一〇〇〇万ブッシェルで勝負すると決めていたんだが、その予定ラインにも到達していた。わたしは一歩引き、様子を静観することにしたんだ。そしたら相場は完全な強気で、数カ月の間相場は着実に値上がりしていった。

結局、平均買い入れ価格より二五セント上がった時点で、手持ちの小麦すべてを売り抜けたのだが、とんだドジを踏む結果になった」リバモアはそこでちょっと口を閉じた。ロブスター・サラダが出され、二本目のシャンパン・ボトルが開けられた。

ウォルター・クライスラーが「しかし、二五〇万ドルからの利益をモノにしたわけだろう？ それが、なぜとんだドジなんだ？」と口を入れた。

「そりゃあ、ウォルター、そのあと三日でさらに二〇セント値上がりする小麦相場を指をくわえて見てただけだからさ」

「まだ、よくのみ込めんぜ」とクライスラー。

「わたしは一体何を恐れたんだ？　小麦を売る正当な理由は何もなかった。ただ何となく早く換金して利益を確保したかっただけなのさ」

「それでも、文句や不満の出る結果とは思えんがなあ。ウォルターの言いたい筋をちゃんとのみ込んでいるのか、ＪＬ？」エド・ケリーが新たに口をはさんだ。

「分かった。分かりやすく説明しよう。競馬の賭《か》けをめぐる古いジョークを知っているかい？ある男が競馬場に出掛け、コロガシでうまくやろうとしたんだ。そしたら予想が的中、二レース終わった時点で相当な配当を手に入れた。この配当金ぜんぶを第三レースにつぎ込んだら、これも大当たり。こんな具合に稼ぐそばから次のレースに全部つっ込み、第八レースまで勝ち進んだ。これがその日の最後のレースさ。彼はそれまでの儲け、何十万ドルという金をまたそっくり馬券にした。ところが、これが惨敗さ」

「うん、よくある話だ」とクライスラーがうなずいた。

「この男、競馬場を出たところで友だちの一人と出会ったんだ。友だちは彼に『今日の結果はどうだったい？』と聞いた。

『うん、悪くなかった』と男。そして『二ドル負けただけだから』と続けたんだとさ」

テーブルは笑いに包まれた。「出来のいいジョークだ、ＪＬ。しかし、その話と小麦の相場とどこで結びつくんだ？」クライスラーが疑問を呈した。

「つまり、わたしは勝てるレースなのにビビッた。この男ほど肝が太くなかったということさ。手にした紙の上の利益を早く現金に換えたいという、自分の中のあせりに振り回されてしまった。せっかくの儲けを手放したくないという恐れ以外に手じまう理由は何一つなかったんだ」

「恐怖を感じるのがそれほど悪いことなのか？」とデュポン。

「それでどうしたんだ？」とケリーが尋ねた。

「わたしは、自分の過ちをはっきり自覚した。つまり自分の感情や気持ちに売買の決定権をゆだねるのではなく、『市場が発信する論理的に間違いのないシグナルを確認して行動する』というルールに従わなかった自分を意識したんだ」

「それで……?」

「また、マーケットに戻ったさ。小麦相場は最初の取引より平均で二五セント高くなっていた。それでも、その後の値上がり幅は三〇セントほどあった。その時点で危険信号が点滅し始めたんだ。間違いなく『退避!』の合図だったよ。わたしが、ブッシェル当たり二ドル六セントというピーク付近で売った後、一週間足らずで一ドル七七セントにまで後退した」

「JL、君はたいした肝っ玉の持ち主だよ。しかし、ちょっとばかり欲が深すぎやしないかい?」

「それは、君が果物《くだもの》を売る商売に携わっているからだよ、エド。果物でも株でも商品先物でも、相場を読むことに大した違いはないだろうが、最初の売買のとき、小麦の先物市場には下落を示す何の予兆もなかった。

しかし、二度目に売ったときの様相は大きく違っていた。疑いようのない値下がりのシグナル、相場が天井を打ったというサインが見てとれた。いつものことだが、テープはたくさんの警戒信号を発してくれる。問題は、テープを見る側にそれを受けとめる力があるかどうかだよ」

「君の話は確かに筋が通ってるが、それにしてもJL、君の運も相当なもんだぞ。さっきのブラドレーとおんなじで、馬に蹴られても危うく致命傷を逃れるんだもの」とクライスラーが言った。

「ウォルター、だれかの運が少し上を向いたからって、まわりの者が迷惑するわけじゃない」リバモアはこう言って友人たちを見回した。「それに、ここにいるだれもが何かにつけて幸運に恵まれ、ここに至っているんだと思うぜ」

再度、賛同の笑いがはじけた。

リバモアの知的好奇心をかきたててやまないテーマが三つあった。「タイミング」「資金管理」「感情の制御」の三分野である。この中のひとつ、資金管理について、彼は五項目のルールを立て、よりどころとしていた。彼はまた、取引に関する自分の理論を数年がかりで息子たちに伝えようとしたが、その理論の大きい柱の一つが資金管理だった。

ある日、父は二人の息子をエバーモアの読書室兼書斎に呼び出した。頑丈で堂々としたデスクの向こうに父が座り、二人の少年はその前の椅子《いす》に腰を下ろした。父親は少し前かがみになると、ポケットからかなりの厚みの札を取り出した。その中から一ドル札一〇枚を選び取ると、再度同じ動作を繰り返した。そして二つの一ドル札一〇枚をそれぞれ二つ折りにすると、少年たちに一つずつ手渡した。

手に一〇ドルの金を握りながら、二人は父の顔を見つめた。「いいかい、金をもち歩くときは折り畳んだうえ、必ず左のポケットにしまいなさい。ほら、やってごらん。その金はそのまま持っていっていいから」

少年たちは言われるまま、折り畳まれた金を左ポケットに納めた。「いいかい、金のありかを知るスリは、札入れの納まった後ろポケットにねらいをさだめてやってくる。あるいは背後から近づき、右ポケットから金をスリとろうとする。なぜ右のポケットかというと、大半の人間が右利きだからさ。お前たちもこれまでそうしていたんじゃないか?」

兄弟はそれぞれうなずいた。

父親はさらに続けた。「よし、これからは左ポケットの奥深く折り畳んだ金を入れるようにするんだ。仮にスリが左ポケットに手を突っ込んできたとしても、股間《こかん》の急所近くに手が進めば、すぐ危うさに気付く」

少年たちはお互いに顔を見合わせた。

「くれぐれも金を落としたり、奪われたりしないように、いいな。これが今日の話のポイントなんだ。金は急所近くに納めること、そしてその付近にはだれも近寄らせないことだ」

リバモアの資金管理の法則の第一は、「『金、資金を失うな』だ。元手の金をゼロにしては何にもならん。現金のない相場師は、在庫のない商店のおやじと同じだ。現金は相場師の在庫、盟友、命綱と思え。元手をなくせば、このビジネスはやっていけない。絶対に一定資金を守ることだ。

手持ち資金のすべてを一度に投入するのは危険だし、間違っている。それにまず、どれだけの株式を対象に取引するつもりなのか決めなければならない。たとえば最終的に一〇〇〇株の取引をすると決めたら、次のような配分で株式の取得を進めていくのだ。

目指す銘柄のピボタル・ポイントを見いだしたら、まず二〇〇株を購入する。その株が予想どおり上がっていくようなら、ピボタル・ポイントの範囲内にある間に二〇〇株を買い増しする。

そして、なお値上がりが続くと確認されたら、もう一度二〇〇株を買い増しする。そして様子を見る。その後さらに値を上げたり、あるいは反落の後、上昇軌道に乗ったりした場合、最後の四〇〇株購入に踏み切る――こんなパターンで行くべきだろう。

追加株の購入は、それまでの価格より高い水準で実行されるという点を忘れてはならない。このルールはもちろん、売りから入る場合にも当てはまる。五分の一ずつを前回の売り値より低い水準で売っていくわけだ。

このロジックの基本は極めて簡潔だし、分かりやすい。すなわち、トータルで一〇〇〇株という最終目的に向かって、それぞれの買い、売りごとに、少しずつにしろ利益を上げていくということだ。それぞれの段階で利益があがるということは、その取引全体に対する当初の判断が間違っていなかったという証しであり、正しさの生きた証明ということができる。逆に言えば、資金が失われる状況になった場合、初めの判断が間違っていたと解釈するべきである。

買いから入る場合に、段階ごとにその前のとき以上に資金を投入しなければならないという買い方は、特に経験の浅い投資家にとって、つらいものがあろう。なぜ苦痛を感じるかというと、だれにも安い買い物をしたいという心理が働くからである。相場の世界で心理的に強く生きるということは、事実と必死に闘うことでも、期待感にしがみつくことでも、テープとツノ突き合わせることでもない。テープは絶対的に正しいのであり、人間の期待、推測、恐怖、欲望、その他もろもろの思いを汲《く》んでくれるほど甘くはない。テープはつねに真実を語るが、人間による解釈の奥底にはしばしば、ご都合主義がひそんでいる。

最後に、先に紹介した配分方法であるが、場合によってはその比率を変えてもよいであろう。たとえば第一段階で全体の三〇パーセント、次の段階でさらに三〇パーセント、そして最後に四〇パーセントの投入という割り振りにするのだ。それぞれの投資家が自分にとって最適な比率を考案し、実行すればよい。間違ってもすべての資金を一度に投入してはならない。自分の当初の判断、予測の正しさを確認する必要がある。前段階の買い値より高い価格で同一銘柄の株を購入するというのは、大半の投資家が抵抗を感じるところだろう。しかし、克服しなければならない。

また、取引を開始する前に、自分は合計何株の規模で勝負しようとするのか、しっかり認識しておく必要がある」

リバモアの資金管理の法則その二。

「取引を開始するに当たり、トータルでどれだけの株式を購入するつもりかターゲットを設定しなければならない。そして、それをどんな比率に分割し、どんな状況下で活用するか、また目標とする株価をどんな水準におくか、などについても最初に決めておく必要がある。それと同時に、次の点についても事前の用意を整えておかなければならない。すなわち、

『価格変動が、自分の判断と逆向きに進んだ場合、どこで手持ち株を売り払うか、換言すれば、どの時点で取引を終了するのか、つねに明確な基準を持っていなければならない』

このルールは、定めるだけでなく、厳密に実行していかなければならない。決断を先延ばしにしてごまかさないことである。わたしが決めているルールは、一〇パーセント以上の損を抱え込

まない、ということである。

繰り返すが、予想に反した動きを示す手持ち株をいつ手放すか、あらかじめ明確な基準をもつと同時に、それを厳しく守ることが重要だ。損失の規模が、投下した資金の一〇パーセントを超えたら即切り捨てなければならない。いかなる損であれ、ロスを取り戻すには二倍の出費が必要となるのだ。

このルールの重みを、わたしはバケット・ショップ時代にたたき込まれた。あのころは一〇パーセントの証拠金で相場を張ったものだが、ロスが一〇パーセントを超えると有無を言わさずそのゲームは打ち切りになった。したがって一〇パーセント・ロス・ルールというのは、わたしの体にしみ付いた最も重要な資金管理の法則といえる。このルールは同時に、タイミングを決めるルールでもあるわけだ。

取引を開始する以前にどの時点で手じまうか厳密に決めておかなければならない。投入金額の一〇パーセントを超える損失を決して抱えてはならない。なぜなら、『五〇パーセントのロスを取り戻そうとすれば、その後一〇〇パーセントの利益を確保しなければならない』からだ。

わたしがしっかり学んだ今ひとつのポイントは、株価が値下がりした結果、委託証拠金の追加、いわゆる追い証が必要だとブローカーから告げられたら、その取引は手じまいする必要があるということだ。五〇ポイントで買った銘柄が四五ポイントに下がると、平均購入価格を下げるために買い増す向きがあるが、わたしは、そのようなナンピン買いには賛成しない。値上がりすると判断して購入した株が下がったのだから、最初の判断が間違っていたと納得しなければならない。さっさと損切りし、その銘柄と決別する方が賢明だ。

『くれぐれも証拠金請求に応じないこと、損害の平均的拡散を許容しない』姿勢が必要だ。

ロスが一〇パーセント・ラインに届く前に取引を終了するという経験を、わたしは何度もしている。問題の株が最初から見込み違いの方向に向かっていると思ったからだ。そんなときしばしば、〝内心の声〟がささやくんだ。『JL、この株はグズでノロマだ。自分の向かって行く方向が分かってないみたいだ』とね。鳥の羽音を聞いただけで手じまいするというのが、わたしのルールなんだ。

『内心の声』というのは一言で言えば『直感』のことだが、わたしは、自分が過去何千回となく観察してきた現象や事実の本質、その積み重ねからにじみ出た無意識のシグナル、わたしの脳細胞に記憶された値動きのパターンから導き出された潜在意識の声だと解釈している。それがどう説明されるにしろ、わたしの思考世界には市場の動きにかかわる大小無数の知識、長年にわたる経験が満々とたたえられており、そこからの声、呼びかけは十分信頼に足るものと思っている。

わたしはまた、株価の動きは必ず繰り返すと思っている。わずかなバリエーションはあるものの、繰り返し循環するパターンと呼んで間違いないだろう。価格パターンがなぜ循環するかといえば、人間が株価を動かすからだ。そして人間の本音というのは、そうそう変わるものではない。

わたしはこれまで、合理的観点からすればいかにも無理のある、あるいは完全に間違った行動に走る投資家を大勢見てきた。彼らは下がっていく株に手を出し、損が嵩《かさ》んでも売ろうとしない。

株を握りしめることに終始し、ひたすら近いうち値上がりに転じるだろうと一縷《いちる》の望みをつなぐ。人間は本来的にこうした動物であるがために、一〇パーセントルールが不可欠となる。臨機応変に、身軽に対応するためにも、損は早々に切らなければならない。たとえ、言うは易く行うは難し、であるにしても」

リバモアの資金管理の法則その三。

「相場で成功しようと思ったら、つねに予備の現金を確保しておかなければならない。有能な将軍が全軍の一部を予備部隊として手元に残すのと同じである。こうした将軍は、満を持し、死活的に重要な戦況と見るや、予備軍を一気に投入、絶対的勝利をものにするはずだ。

市場におけるチャンスというのは永遠になくなることはない。たとえチャンスを逃したと思うことがあっても、しばらく我慢し、待つことだ。また別のチャンスが姿を現すことだろう。決して無謀な取引に手を出してはならない。どんな市況にあっても利益を生む取引の芽は存在する。しかし、『全く休みなく相場に張りつくという姿勢は感心しない』」

リバモアはこの問題をカード・ゲームになぞらえ、述べている。つまり、ポーカー、ブリッジ、いずれにも当てはまることだが、カード・プレーヤーは一手ごとに必ず意味のあるプレーをしなければならないという衝動にかられる。しかし、この「つねに意味のあるプレーを」という意欲は、投資家の大敵の一つと位置づけられている。この問題に対する備えを怠ると、若いリバモアが何度か味わったように、すべてを失う羽目に陥る。

「だれであれ株で利益を得ようとするなら、資金を遊ばせる時期を設けなければならない。ときにはすべての資金を引き上げ、再度〝船出〟する時期を待つのだ。時間と金は全くの別物であり、時間は時間、金は金という意識を忘れてはならない。

あそんでいた金が時を得、チャンスに恵まれると、突如として大活躍し、大層な獲物をもたらすというケースは稀《まれ》ではない。ここで必要とされるのは忍耐、忍耐、忍耐である。忍耐こそ成功のカギであって、決して先を急ぐことはない。時間は、その価値と正しい利用法を知る相場師の最良の友だ」

「賢明な相場師は、忍耐の意味を知り、つねに予備の現金を用意している」

リバモアの資金管理の法則その四。

「株価が健全な歩みを続ける限り、あわてて利益の確保に乗り出す必要はない。株価が健全に動くということは、当初の目論《もくろ》み、判断が間違っていなかったということであり、わずかであれ、利益が得られているということだ。基本的に懸念すべき部分はないと判断されたら、そのまま成り行きに任せてよい。市場全体が激しく揺れる事態、あるいは当の銘柄に突如とした異変でも生じない限り、先々楽しみな利益を生み出してくれる可能性がある。自分の信念を信じる勇気をもつべきだ。そのまま走らせろ！

わたしの場合、自分が利益を得ている取引については、何の不安も感じることはなかった。単一銘柄で何十万株の売買をしようと平然としていられたし、夜も安眠することができた。何百万ドルもの資金がかかりながら平常心でいられるというのも、すでにその株で十分な利益が確保されていたからだ。競馬でよくある、それまでに得た配当金で次のレースの勝負をやるようなものだから、たとえ手持ちの株券の価値がゼロになったとしても、そうだな、最初からその金がなかったと思えば、あきらめもつく。

順調なときは放っておいていいが、逆の場合はそうはいかない。わたしは、自分の購入した株が思惑《おもわく》からはずれた場合、すぐに処分するようにした。間違った方向への値動きが始まると、どうしてだろうとだれもが原因究明に乗り出したくなるものさ。しかし、最も重要なのは『その時点での状況』だ。すでに判断の間違いに議論の余地はないのだから、老練な相場師なら即座に手じまうだろう。

利益の出ている取引は放置しておいてよいが、損が出た場合は即断即決が必要だ。

ただし、順調に推移する取引を成り行き任せにするということと、思いつきで購入した株を永久に保有するという手法とを混同してはならない。わたしはこれまで、やみくもに株を買い、長長と持ち続けたことはない。遠い将来の相場など、だれに予想することができる？　この世のすべては変わるものだ。人生も変われば、人と人との関係も変わる、健康状態も、季節も、子どもたちも、恋愛感情ですら変わる。市場の基本的条件だけが不変だとなぜ言い切れるのだ？　優良株だからとか、人気株だから、景気が健全な状態にあるから、などの理由で株を買い、先を楽しみにするやり方は、金の自滅に手を貸すものとわたしは思っている。

地力のある株を見つけ、危険シグナルが点滅し始めるまで、思い切り走らせることだ」

リバモアの資金管理の法則その五。

「いずれかの取引で十分と思える成果が得られたら、特に投入資金の二倍にまで資金規模が膨らんだ場合、その五〇パーセントを別のところに取り分けておくよう強く勧める。銀行の別口座に預けても、貸金庫その他を利用してもよいが、それを取引資金以外の特別の金と意識しておく必要がある。

カジノで幸運が続き、チップが積み上がった場合、その一部を時おり現金に換えておくというまいやり方があるが、株の売買でも満足のいく利益が得られたら、これをやっておくことだ。現金は、弾倉の中の弾丸であり、備えあれば憂いなし、を忘れてはならない。

若いころのわたしは、このルールに十分な注意を払わなかった。今でも悔やむことがあるが、その代償は実に大きかったよ」

リバモアと、無敵のギャンブラー、無二の友人であるエド・ブラドレーとは、「タイミング」「資金管理」、その次に来る重要要素は「感情の制御」であるという点で一致を見ていた。自分自身の心理、内面をコントロールすることの難しさを指摘したものである。この分野には今一つ、何をする必要があるか認識することと、実際にそれを実行しようとする意欲とは別物であるという問題がある。こうした点での難しさは、株取引の難しさであると同時に、よき人生を送っていく上での難しさでもある。この問題を語らせたら、ジェシー・リバモア以上の適格者はいない。

彼は息子たちに次のように語っている。

「わたしは、一度ルールを決めたら、それを守り通そうとする決意、姿勢が極めて重要と思っている。明確で具体的、立証済みのルールをもたない相場師が、偶然でない成功を実現させるのは絶望的だ。なぜかというと、投資計画の全体像が見えていない相場師は、戦略をもたない、つまり実行可能な戦術をもたない将軍と同じだからだ。筋の通った明確なプランをもたない投資家たちは、その場その場の状況に反応し、右往左往する。市場のあらゆる方向から飛んでくる矢玉に賢明に対応することができず、結局大損を被り、去っていくわけだ。

これはわたしの得た結論だが、相場で成功する技というのは、純粋な理論ではなく、一種の職人芸だと思う。成功獲得のメカニズムが純粋な理論であれば、すでにだれかがその筋道を解明しているはずだ。市場には多面的な性格が備わるために、ここに参加する相場師、投資家は自分がどの程度のストレスに耐えられるかあらかじめ分析し、結論を得ておかなければならない。一口に相場師、投資家といってもそれぞれが別の人格であるし、精神も性格も異なっている。だれもが自分なりの個性というものをもっている。相場に手を染める前に自分の心理的限界を見極めておけ、というのがわたしからのアドバイスだ。実は、どんな性格の人間が相場で成功するのかとよく聞かれるんだよ。自分の投資金の先行きが心配で夜も眠れないというなら、その取引は心理的限界を越えているということだ。安心して眠れる額まで規模を小さくするべきだろう。

他方、頭の回転がよく、性格的にも極めて健全、株取引に必要な時間が十分確保できる人物であれば、ウォール街で成功する可能性は高いと思われる。株式市場を相手とする商売も、他の商売と本質的に変わるところはない。

株式市場の運動、うねりを支配する力学、途方もないエネルギーには、磁力のような抗しがたい力が備わっている事実をすべての相場師、投資家は知っておくべきだと思う。そうした知識をもった上で、相場の動きに目をこらす必要がある。それから世界情勢、政治経済情勢と株価変動を結びつけ、将来を読み取ろうとする向きがあるが、問題がむやみに複雑化するだけで努力が実を結ぶことはないだろう。株式市場というのは現在の状況、情勢をベースに運動しているわけではなく、これから起こること、将来をにらんで動いている。つまり、現状より前を進んでいることに気づかなければいけない。株価はしばしば、われわれの常識、世界の出来事を裏切る形で上下する。その様相はあたかも、市場自体に意思があるかのようであり、人間や時代をあざ笑うかのように見える。しかし、そこに潜む真実が後になって現れ、変動の理由が納得される場合も少なくないのだ。

したがって、時事問題や経済ニュース、全米購買部協会指数、国際収支、消費者物価指数、失業率、戦争勃発《ぼっぱつ》のうわさといったものも含め、各種の経済統計、情報などをもとに株価の先行きを予想しようとするのは愚かな試みと言うしかない。なぜならこれらの要因はすでに、株価の動きに織り込まれているからだ。誤解のないように触れておくが、わたしがこうした要因に無知だったということでも、これらをことさら無視したということでも決してない。むしろその逆で、手に入れられる限りの新聞各紙を若いころから購読し、目を通してきた。世界情勢にも、政治情勢にも、経済の動きにも注意を払ってきた。しかし、こうした要因によって市場の動きをとらえ、予測しようとしたことはなかった。昔から、相場が動いた後には、多くの学者、専門家たちが細かな分析をおこない、上昇下落の理由づけをおこなう。あたりに立ち込めたホコリが静まると、そのときの経済的実態、政治的真相、世界情勢がどうであったか、それに市場がどのように反応したかなどが明瞭《めいりょう》となる。しかし、利益の確保を図るにはそれでは遅いのだ。

市場が波動する明らかな理由を見いだそうとすると、大変な混乱、苦渋に見舞われる結果となろう。なぜなら市場はつねに経済ニュースの先を進んでいるからで、社会の動きに同時的に反応するわけではない。ある企業が良好な業績を発表したとたん、その会社の株価が下落するというケースがある。なぜかというと、そうした良好な結果はすでに株価に織り込まれていたからだ。

経済情勢、経済情報に深くかかわりすぎると、それに足を取られ、失敗するケースも生じてくる。そうした情報やニュースは、接する者の気持ちに大小の影響力を与え、特定の暗示を当人の心理に、つまり市場を見る目に与えることになるからだ。

この関係をわたしはゴルソ・コースで目の当たりにしたことがある。あれはユナイテッド・フルーツのエド・ケリー、ウォルター・クライスラー、それからわたしの三人でゴルフ・ゲームに興じていたときのことだ。場所は拙宅の裏のレーク・プラシッド・ゴルフ・コース。週末のことで二人ともうちに遊びに来ていたんだ。その日も、いつものように一ホール一〇〇ドルから二〇〇ドルを賭け、勝ち負けを争っていた。

エド・ケリーはわれわれ二人の上を行く力をもっていたから、わずかだがハンデを負っていた。で、一五番ホールまで進んだとき、わたしはケリーに言った。『エド、君のゴルフの腕はわれわれ三人のなかで一番だ。一七番ホールのフェアウェー左手にある大岩まで飛ばそうと思ったことはないかい？』とね。

するると、彼は答えた。『そりゃあ、いくら何でも無理だよ。あの近くまでだって飛んだことはないんだ。あいつに命中させてるのはいつも君じゃないか、ＪＬ』

『うん、二、三度だけだけどね。でも、今日は君のボールが飛んでいきそうな気がする』

『よせやい、ＪＬ』と言って彼は笑った。

『いや、エド。今日の君のボールなら大岩にぶつかってその向こうの湖にまで飛ぶんじゃないか。そんな気がする』

『君ならいざ知らず、到底だめだよ』

その後、プレーが続いたが、もう大岩の話は出なかった。しかし、一七番ホールのティーアップのとき、わたしはまた言った。『エド、わたしのカンがよく当たるのは君も承知だろう？　今もやっぱり、あの岩まで飛んでいくような予感がするんだ。どうだ、賭けるかい？』

『ＪＬ、いくら金儲けがうまいからって、金をドブに捨てるようなことをしちゃいかんよ。だけど、いくら賭ける？　一〇〇？』

『いや、エド、三〇〇だ。大岩の向こうの湖に飛び込んだら三〇〇ドルいただく』

『やれやれ、後で後悔しても始まらんぜ』と彼は言った。

『うん、ひょっとすると、そうなるかもしらんが、老婆心で言えば、くれぐれもあの岩には当てないことだ』わたしは笑って一歩下がった。エドはアドレスに入り、すごいスイングで球をひっぱたいた。小球は虹のようなアーチを描くと問題の大岩を直撃、コントロールを失った玉突きの玉のように激しく左右に揺れ、湖に飛び込んでしまった。

エドはわれを忘れて怒鳴り声を上げたよ。『JL、とんでもないやつだ！　あれはわたしのせいじゃないぞ。これまであの近くまでさえ打ったことはなかったんだから！』とね。

『わたしのせいでもないさ、エド』とわたしは応じた。『それが暗示の力というもんだよ。君の中の無意識のパワーが炸裂《さくれつ》したんだ。君が有能な実業家だということは知っているが、相場には手を出さん方がいいぞ。株の世界では四方八方から暗示のタネが降り注いでくるんだ。その影響から逃れることはだれにもできん。わたしも何度かやられたよ。だけど、簡単に暗示にかかる君のようなタイプは、もっとも危険だ』

『わかったよ、JL。よくわかった』

『ちっぽけな教訓だが、今日の経験には心底感謝しても損はないぜ、エド』

『ああ、JLの言うとおり、どんなに困っても相場にだけはかかわらんことにする。今日の出来事を知らずにいたら、財産をなくしていたかもしれん。三〇〇ドルなど安いもんだ』

その言葉にみんな大笑いしたよ」

「今もってよく分からんのだが、なんで株で金を儲けることが簡単だなどとだれもが思うのだろうか。それに、だれもが何らかの仕事に従事しているわけだが、わたしはエド・ケリーにフルーツ・ビジネスで絶対儲かる秘訣《ひけつ》を教えてくれとか、ウォルターに自動車ビジネスの神髄を明かしてくれなどと言った記憶はない。だれもがそうだと思うんだが、相手が相場師のわたしとなると、まるで様子が違ってくる。口々に『どうすれば株で濡《ぬ》れ手に粟《あわ》の儲けをつかむことができるんだ?』と迫ってくる……。

そんなときは決まって冗談で返事をはぐらかしたものさ。『あなたが株でどうすればいいか、あなたでないわたしにどうして分かるんです?』とね。どうすれば株で儲けられるかという質問は、どうすれば脳外科手術で金儲けができるか、どうすれば殺人犯の弁護で金儲けができるか、と医者や弁護士に聞くのと同じことだ。自分の経験から思うんだが、たとえこうした質問に正面から答えようとしても、相手の感情や心理に左右されざるを得ない。なぜなら、だれもが自分の立場、信じることを無意識のうちに守ろうとするからだ。人の気持ちなど翌日にだって変わる。相場しだいでどのようにでも変わると見なければならない。

しかし、マンハッタン島のストック・マーケットが無尽の富の源泉、世界に冠たる金鉱脈である事実を知るのは決してわたし一人ではない。そしてこの金鉱への扉はだれにでも開かれているんだ。日々いくばくかの資金を手にした鉱夫がやってきて、うまくいくとわたしのように一輪車何杯もの金の延べ棒を運び出していく。毎朝取引開始のベルとともに金の延べ棒をめざした掘削が始まり、金満家のプリンスから食い詰め者のやくざまでがツルハシをふるう。しかし、終業のベルとともにくっきりと明暗が分かれるのだ。やまぶき色に輝く黄金を手にした者と、破産を余儀なくされた者と……。それが毎日繰り返されるのがストック・マーケットという世界だ。

毎日が綱渡りのような修羅場にあって、感情のたれ流しは相場師の大敵だ。足手まとい以外の何ものでもない。どんなに押さえ込んでも消し去ることのできない希望、不安、欲望、恐怖などは、われわれの精神の辺縁にとどまり、機会があればどっと中心部に押し寄せようとすきをうかがっている。

そんなこともあって、わたしは『強気《ブル》』とか『弱気《ベア》』といった相場用語を絶対口にしないようにしている。こういった表現を使うと、言う方も言われる方も、相場の先行きについて固定観念を抱くことになるからだ。相場を張る者の心の目が曇ると言ってもいい。その言葉の魔術に惑わされ、いつの間にか長期的に、たとえ市場の状況が変わってもなお、その言葉の示す方向、トレンドに従っていたりすることになる。

わたしは、だれにでも理解できる明示的トレンドというのはそれほど長く続くわけではないと信じている。だから、市場の現状を聞かれた場合、現在は『上向きのトレンド』にある、『下向きのトレンド』にある、『横ばいのトレンド』にある、などの言い方で答えている。『最小抵抗ラインは上を向いている』あるいは『下を向いている』などの言い方もする。しかし、それ以上のコメントは一切しない。

そうすることでわたし自身の頭脳、考え方に柔軟性が維持されるから、相場の変化に容易に追随していけることになる。それからわたしは、株価の先行きを洞察しようとか、予想しようとか思ったことは一度もない。わたしはひたすら、市場が自らの振る舞いを通じてわたしに伝えてくる情報に対応していくだけだ。

株価や相場が次にどんな事態となるか、それを告げる糸口は必ずどこかにあるとわたしは信じている。そうした糸口は株価の動き、市場の振る舞いの中に埋もれている。いかなる事態が生じるかを予言するのではなく、現時点での様相をわずかに表すのだ。したがって相場師は、ある意味で名探偵のような目を持たなくてはならない。与えられた材料から真実を求めるわけだが、推理すると同時に証拠も必要となる。場合によっては確認作業もしなければならない。こうした一連の分析的作業を進めるに当たって、人間的感情はひどく邪魔になる。

それからわたしは、自分が株価の動く方向を全く気にしない例外的相場師の一人と思っている。相場を張る場合ひたすら『最小抵抗ライン』をめざして進むだけだからだ。わたしが意を注ぐのは、与えられた状況下での〝マーケット・プレー〟であって、株価がどちらに向かうかはさして重要ではない。わたしがウォール街のグレート・ベアと呼ばれる理由の一つは、他の大部分の相場師たちが下落局面の株価について確固とした自信の念を持ち得ないからだ。

株価が下がるときはあっという間だが、この現象は恐怖によって引き起こされる。逆に株価の上昇を支えるのは希望という心理だ。株主たちは、株価が先々上がっていくと思えば売りを手控えるが、株価が下がるという恐怖にかられれば、どさっと売りに出す。こうした投資家心理から、株価の下げ足というのは一般に急調子だ。したがって空売りをしている場合、急激な動きを示す相場に素早く対処しなければならない。

良い株、悪い株という呼び方があるが、わたしは、あるのは〝金になる株〟だけと思っている。したがって取引にも良い方向、悪い方向というのはない。どんな方向でも、金をつかむのに適した方向なのだ。観察から得たわたしの結論は、人間の本性というのは基本的に楽観指向であり、したがって空売りは人間の本性と対立する取引手法だと言ってよい。そんなこともあって、空売りによって相場を張る相場師は全体の五パーセント以下だろう。もちろん空売りは極めて危険だ。その潜在的損失に天井はないからだ。そのため、空売りをする場合、並大抵でない感情の制御が必要となる。

しかし、これはずっと以前に気づいたことなんだが、株式市場というのは大体、三分の一が上昇相場によって占められ、三分の一が逆の下降相場によって、残りの三分の一がどちらでもない横ばいによって占められる傾向にある。ということは、強気相場だけで商売をしたのでは、残りの三分の二は手持ちぶさたをかこつことになる。のみならず、いらいらしながら待ったり、希望を抱いたり、あれこれ思い悩んだりといったことが起こってくる。わたしはよかれあしかれ、首を長くして待ったり、何かの到来を期待したり、思い煩ったりするのが苦手なんだ。それよりプレーをしていた方がよい。勝てるチャンスも増えるわけだしな。

わたしは長らく株式相場の世界で生きてきたが、片手間に相場を張る人間は何百万といても、相場を張るという〝技〟を磨くことにフルタイムで取り組む者は数えるほどしかいない。もちろんわたしの場合、株式取引をフルタイムの仕事としている。というより、関与する者は大勢いても、成功者の栄冠に輝ける者は一握りでしかない〝職人芸〟と言った方が適切かもしれない。

相場師がうまく処理しなければならない心理面の最大の課題といえば、〝有力情報〟にかかわる対応だろう。わたしは山の手の五番街にオフィスを移したが、その大きな理由は、わたしに『確実な話』『だれも知らない内部情報』をもたらしてくれる〝親切な〟人々、情報源からの逃避だった。その内容いかんを問わず〝有力情報〟〝内部情報〟の類《たぐ》いにかかわるべきではない。

こうした情報というのはあらゆるルートを伝って相場師の耳に到達する。わたしがかつて経験したエピソードを一つ紹介しよう。その〝情報源〟はアメリカの某有名大企業の会長で、グレート・ネックの拙宅で開いたディナー・パーティーにやってきた人物だった。

『ビジネスは順調かね?』とわたし。

『最高さ。今、組織の大改革を進めてるところでね。大改革といっても問題が起きているからじゃなく、社内組織をすっきりさせ、ビジネスをさらに飛躍させようというねらいなんだ。現に、来週うちの四半期決算が発表されるが、注目を集めること請け合いさ』

わたしは彼が好きだったし、彼の話も信じられた。だから翌日、彼の会社の株を試みに一〇〇〇株ほど購入した。決算内容も確かにすばらしく、株はどんどん上がっていった。その後の3四半期の業績にも文句はなく、株価も着実に値上がりしていった。わたしは実にいい気分だったよ。

ところが上り調子だった株価がハタと止まると、見る見る値を下げていった。

会長に電話して尋ねたよ。『すごい下がりようじゃないか。不安になってるんだが、何かあったのかい?』とね。

『ああ、株価が下がってるのは知ってる。だが、社内では通常の調整だということで意見が一致している。何といっても、一年近く上がり続けた株だ。反落もあるよ』

『業績はどうなんだ?』

『うん、売上がわずかに落ちてる。そのことがどこからか漏れたらしい。情報を握った弱気筋が激しい売りに出ている。空売りして値を崩しに出てる気配なんだ。だが、反騰で思い知らせてやる。なあＪＬ、一緒に連中を痛い目にあわせてやろうぜ』

わたしは、『社内の株が売られてる気配はないのか？』と応じた。

『そんなことは絶対ない。うちの会社以上に安全な投資先がほかにあると思うかい？』

しかし、調べてみると案の定、業績不振の風を感じた〝インサイダー〟たちが株価の下落を見越して売っていた。そのとき業績の悪化を知るのはまだ内部の者だけだった。市場で捌《は》けるうちにと大量の株を売りに出したわけだ。

わたしは怒る気になれなかった。元はといえば、自分の愚かさ、貪欲《どんよく》さに端を発した話なのだ。そしてそのとき、企業の経営幹部などというのは結局チアリーダーなのだと悟った。つまりプラス面を明るく演出し、調子のよいニュースだけを発信していかなければならないのだ。彼らは、株主や競争相手に会社の影の部分を悟らせてはならないという宿命を負っている。〝厚化粧〟された彼らの話を聞き、ピエロのような姿を見ると、いつも笑いが漏れてしまう。組織の防衛本能が幹部たちにそうした姿勢を取らせているのが透けて見えるからだ。

しかし、わたしにとって真に重要なのは、経営陣のマンガのような姿ではなく、わたし自身、わたしのもつ資金の防衛にほかならない。相当高い授業料を払ってからだったが、わたしは会社の内情を知るインサイダーたちに、ビジネスがどんな具合だなどという話はしないでくれと頼むようになった。

たとえ半分は本当の話だとしても、弱点の隠された不正確な見通しを聞かされても、臆面《おくめん》もなく大ぼらを吹かれても、時間の浪費にしかならない。株価の振る舞いに注目した方がよほど生産的だ。どのような事情も、株価の意味を読み取ることで明確にとらえることができる。真実はテープの中にあるし、万人に公開されているのだ。

わたしは、相場に関心をもつ人たちに、メモ帳をもち歩き、気になった材料を書き留めておくよう勧めてきた。そうした情報を蓄積させ、自分なりの取引戦略を構築するようにと言い添えるわけだが、もう一つ、そのメモ帳のトップに『内部情報、あらゆる形の内部情報に警戒せよ』と書いておくよう強く言っている。

相場で成功しようと思ったら、ひたすら精励することだ。努力し、頑張り続けるしかないと言ってよい。株で容易に金が儲かるなら、だれもわたしのところに儲け話をもってくるようなことはしない。自分でやればいいのだから。わたしが一番興奮するのは、相場や株価にかかわるナゾを解き、株式市場の鼻を明かしたときだ。金儲けも悪くないが、それが相場をやる第一の理由ではない。株式市場というのは、人間が作り出した最も複雑なパズルだ。そのうえ時に、見上げるような利益がいきなり転がり込んでくるからこたえられない。

しかし、しっかり記憶しておかなければならない点が一つある。それは、競馬場で一レースや二レース当てることはできても、全レースで勝つことができないのと同様、いくつかの銘柄で勝利することはできても、ウォール街で全戦全勝するのは不可能、だれにもできないということだ。

わたしを知るだれもが、わたしのカンはすごいと言う。ユナイテッド・パシフィック、サンフランシスコ地震にまつわる話など特におおげさになっている。しかしわたし自身は自分の第六感が特別すぐれているとは思わない。年期の入った相場師のカンも、わたしの父のような農民のカンも大した違いはない。カンという話で言えば、農業に携わる人たちというのは世界最大のギャンブラーだと思うよ。彼らは小麦、トウモロコシ、綿花、大豆などを毎年植えるが、その売り値がどうなるか、まさにギャンブルとしか言いようがないじゃないか。毎年どの穀物を植えるのが有利か、気候はどうか、虫害はどうか、需給はどうか——どれを取ってもバクチ的要素が強い。しかし、先行きが予想不能なのは農業生産に限らない。あらゆる事業について回るものだ。だから小麦やトウモロコシの栽培、肉牛の育成、自動車・自転車の製造に二〇年、三〇年、四〇年と携わっているうちに、自分の扱う商品分野についてはおのずと第六感が働くようになる。長年の経験を元にしたひらめきが得られるのだ。決してわたしだけが特別というわけじゃない。

他の大半の相場師たちとわたしの違うところは、そうだな、自分がここだと思ったら、つまりどこから見ても間違いないと結論を出したら、わき目もふらずとことん押していくところだろう。一九二九年の大暴落のときがその典型と言っていい。あのときわたしは、一〇〇万からの株を売り込んでいた。一ドル上がっても下がっても、一〇〇万ドル単位でわたしの方にはね返ってくる正念場だった。だが一世一代の大勝負をしたあのときでさえ、わたしを突き動かしたのは金じゃなかった。世界の碩学《せきがく》、驚異の頭脳をもってさえ屈服させ得ない市場のエネルギーに勝利することであり、全体像を見せないパズルのふたをこじ開けることだった。ウォール街の相場師、株式取引にかかわる老若男女すべてを翻弄《ほんろう》してきた最大のナゾ、不可解に、ダイナミックに、変幻自在に姿を変える魔物のような相手に戦いを挑み、一撃を与えることこそわたしの飽くなき闘争心の根源だった。

わたしはあのとき、実戦に臨む戦闘員のようなものだった。ありったけの力を振りしぼり、全身全霊を傾けて戦いに挑んだ。全感覚が極限までフル回転していたと思う。

わたしは相場師に向いており、この分野で成果を上げたが、だれにも向き不向きがあるのであり、自分の得意とする仕事にとどまるべきだと思う。わたしにも、ウォール街で得た稼ぎの一部、何百万ドルという資金を失った経験がある。フロリダの土地、航空機産業、石油掘削事業、それに夢の発明にもとづく奇跡の新製品などという事業にも膨大な資金を投じたが、どれ一つものにならないまま終わった。

厳しい自己管理、明確な戦略策定、分かりやすい達成目標を欠いた相場活動は、早晩行き詰まらざるを得ない。なぜなら市場の荒波にもまれ、方向感覚を失った投資家は、感情という落とし穴に簡単にはまり込むし、次から次と無意味に銘柄を買い替えたり、手放す時期を見失って損失額を雪だるまのように膨らませたりしてしまう。だれの中にもある欲望、不安、いらだち、希望などの精神的な要素も、自らの主導権をねらって暴れ、〝主人〟を振り回すことになろう。そんなことで二度、三度と手痛い敗北をこうむると、たいていの相場師は恐れをなし、しっぽを巻き、すっかり打ちのめされて舞台を去っていく。つまり、市場が潜在的に差し出してくれている富の前を、肩を落として素通りしてしまうのだ。

株式相場に対する自分なりの戦略、取引手法をもつとよい。そのために必要な助言、有用な提案は、これまで歩んできた道のりがおしえてくれる。感情の落とし穴に足を取られないようにするにはどうするのがよいか、その程度のことなら、いつでも力になれる。
ただし、最終決断を下すのはいつも、君たち自身なのだ」

第一三章　意欲喪失――別離と寂寥と絶望と

「戦争で、勝利に優る物は存在しない」

――ダグラス・マッカーサー将軍

いつものように月曜日の晩、リバモア邸で高額の金を賭《か》けたブリッジ大会が開かれた。メンバーもいつものとおり、ウォルター・クライスラー、アルフレッド・スローン、イーライ・カルバートソン、それにジェシー・リバモアの四人だった。閉じられた読書室のドアにノックの音があった。

「どうぞ」とリバモアが言った。

リバモア家の執事が入ってきた。背後には、首のまわりにブルーのネッカチーフを巻いた乳牛が一頭、したがっていた。執事と牛が入室した後、ドロシーが入ってきた。「お邪魔じゃないといいんですけど」と彼女は言った。

「いいや、邪魔というわけじゃないが、ダーリン、ブリッジをしているこんなところに生きた牛を連れてきて、邪魔かと聞かれても困ってしまうね」

「ねえ、JL、これにはわけがあるのよ。今、コーヒー・ブレークの時間でしょ？　あなた、いつもおっしゃるじゃない。クリームが新鮮じゃない新鮮じゃないって。朝六時に一人で朝食を召し上がるときなんか特にそうだわね。だから、この雌牛ならお役に立つと思って……」

男たちはゲラゲラ笑い出した。ドロシーと執事はコーヒーを出すと、去っていった。後には牛が残された。男たちはまたブリッジに戻り、自分の手札に見入った。だれからも関心を払われなくなった牛はあたりをノソリノソリと歩き回った。やっとウォルター・クライスラーが注意を促した。「JL、こいつをここから連れ出した方がよくはないか？　畜生のことだ、そのうちフンをする。フンまみれじゃ二万ドルのペルシャじゅうたんもカタなしだぜ」

男たちはまた笑い出した。リバモアは立ち上がると自分で手綱を引き、招かれざる客を読書室の外に連れ出した。そして大声でドロシーと執事の名を呼んだ。

ドロシーは、リバモアとは正反対の性格だった。リバモアの個性を逆にするとドロシーの性格にピッタリ当てはまるともいえた。彼はそのことをよく知っていた。リバモアは慎重だったが、ドロシーは思いついたらパッとやる方だった。彼女の場合また、すべての思いが即座に口を突いて出たが、リバモアの胸の内はだれにも量れなかった。対照的な性格の二人だったために、友人知人の輪はお互いに補いあう形で大きく広がった。二人はそのことも知っていた。

家庭人としても相場師としても、リバモアが燦然《さんぜん》と輝いた時期は一九二〇年から一九三〇年までのことだった。

彼は大きな期待とともに一九三〇年代に踏み込んでいった。しかし徐々に深刻な家庭問題に苦しむようになった。ドロシーの深酒はいっそう進み、二人のいさかいは絶えなくなった。子どもたちは年中学校に、そしてサマー・キャンプに送り出された。彼らは両親から疎んじられ、遠ざけられているように感じた。

ジェシー・ジュニアは、ととのった顔立ちの血の気の多い少年だった。大人びてくるにしたがい、やっかいな問題を起こすようになった。学校でトラブルを起こすだけでなく、夏になり、家に帰ってくると、父母と激しく衝突した。

ジェシー・シニアの方は、相変わらず美女に目がなかった。ショー・ガールが彼のアキレス腱《けん》だった。彼の方にもカネ、力、神秘性と、女性を惹《ひ》き付けてやまない〝説得力〟があった。女性たちは誘蛾灯に群がる夏の虫のように彼に引き寄せられた。女優、ショー・ガールに弱い彼は、彼女たちをデートに誘い、楽しい時間を過ごし、たいていすぐに忘れ去った。そしてまた新たな関係を求めた。

しかし、彼の女遊びは逐一ドロシーの耳に届いた。彼女はそれを憎んだ。彼女がリバモアと結婚したのは一八のときで、リバモア以外の男との経験もなかった。彼女はひどく傷つき、いらだった。彼は彼女の人生のすべてであり、彼女の命といってもよかった。その彼が、自分からゆらゆらと遠ざかっていくような気がした。

しかし、ドロシーがきわめつきの二枚目、財務省調査官のJ・ウォルター・ロングコープと知り合って、一転火を噴く事態が招来した。ドロシーは、この禁酒法違反摘発のプロのもとに走ったのである。ロングコープは一九二七年、ニューヨーク市で展開された秘密工作で名を上げた男だが、ゲーリー・クーパーを若くしたような甘いマスクの持ち主だった。

彼は、徴税の任務を負う秘密捜査官の一人で、遊び好きの学生グループの一員という役割を担っていた。彼らの〝豪遊〟の成果が、一九二〇年代に名をとどろかせた驕奢《きょうしゃ》な女性、テキサス・ガイナンの逮捕だった。彼女はニューヨーク一の規模を誇る酒類密売店を経営していた。

ドロシーは離婚訴訟を起こすとともに、ウォルター・ロングコープと暮らす仮りの住居をネバダ州リノに定めた。一九三二年九月一六日金曜日、彼女は夫の「配偶者としての義務の放棄」を理由に世紀の金満相場師と離婚した。一九一八年一二月二日に結婚した二人の結婚生活は一四年間だったことになる。二人の子どもの面倒はドロシーが見ることになった。

裁判官席に座ったのはトーマス・F・モラン判事だった。離婚の成立には、ジェシー・リバモアが証言台に立ち、一九三一年七月一五日に妻に対する義務を放棄したと認める必要があった。彼は証言しながらドロシーの方を見た。昔ほど若くはなかったが、まだ美しかった。モラン判事は離婚の判決を下した。

リバモアとドロシーはその数分後、法廷を後にした。並んで歩いたが、言葉は交わさなかった。彼女は最後に彼の方を見た。二人は裁判所のロビーにいた。お互いに顔を見合わせたが、やはり何も言わなかった。リバモアは頭を一つ振ると、歩き去った。

ドロシーは急いでウォルター・ロングコープのもとに歩み寄った。彼は部屋の隅に立っていた。彼女は彼の腕を取ると、再び法廷に向かった。ドロシーはモラン判事に微笑を投げた。判事も微笑を返し、結婚のセレモニーが始まった。後に彼女は息子たちに、自分が独身でいたのはほんの二〇分ほどの間だったと語った。

リバモアは、いやでもリノでの最初の離婚、ネティ・ジョーダンと別れた日のことを思い出した。離婚の翌年の一二月二日にドロシーと結婚したのだった。歴史は繰り返す、とリバモアは思った。

彼は前回と同様、裁判所の調停案に黙ってしたがった。土地、家屋、宝石、ドロシーならびに二人の息子のための信託基金一〇〇万ドル、彼が厳選した一〇〇万ドルの株式ポートフォリオ――すべてをドロシーに与えた。

リバモアはいつものように、自分の金ならいつでも稼げると思っていた。彼に必要なのは、市場で取引するためのそこそこの現金だけだった。〝女たち〟が望むものすべてを提供しても何の不都合もなかった。

ロングコープとの結婚後、ドロシーがまず手をつけたのは、リバモアが選んで彼女に与えた一〇〇万ドルの価値をもつポートフォリオの売却だった。彼女は怒っていた。途方もなく怒っていた。酒量も増大した。株を売り払った金で〝安全な〟鉄道債を購入したが、やがて全くの無価値となった。リバモアが彼女のために選んだ株の方は、一九五〇年代には五〇〇〇万ドルを上まわる価値を有していた。しかし彼女は気にしなかった。彼の金など、なくなってしまえばいいと思っていた。しかし、彼の影がドロシーの人生から姿を消すことは決してなかった。彼女は終生、一日に一度はリバモアのことを話した。

リノからニューヨークに戻ったリバモアは石の塊のように沈んでいた。彼は暗い絶望の淵《ふち》深くに身を隠した。これまでも彼の人生についてまわっていた冷え冷えとした暗雲が、今や彼をすっぽり包み込んでいた。

離婚後しばらくしてリバモアは、ネブラスカ州オマハ出身のハリエット・メッツ・ノーブルと出会った。二人をひき合わせたのはアレクサンダー・P・ムーアで、ニューヨークでのムーアが主催するカクテル・パーティーで知り合った二人は、互いに惹《ひ》かれ合うものを感じ、すぐ夜のデートを楽しむようになった。二人がよく利用したのはストーク・クラブという店で、リバモアはそこの顔だった。オーナーとも友人で、シャーマン・ビリングズレーといった。ストーク・クラブは、見知らぬ者同士の顔合わせの場という一面があった。一九三〇年代のニューヨークに特有の社会的要請の産物だった。

ある晩遅く、リバモアとハリエットがこの店で飲んでいるときだった。司会を業とし、言葉のやりとりにかけては抜群の冴《さ》えを示すジョージー・ジェッセルがやってきた。この人物は人を驚かすことでも人後に落ちなかった。この晩も、とびきりの美女、それも見上げるような背の高さの黒人女性を同伴していた。タワーのような背丈は、ジョージーの身長を軽く三〇センチは越えていた。しかし、黒人の入店はストーク・クラブのタブーだった。ジョージー・ジェッセルはこの不文律を知りながら、ボーイ長に近づき、席を頼んだ。ボーイ長はすぐオーナーのビリングズレーのところに行き、指示をあおいだ。

ビリングズレーはテーブルを立ち、ジェッセルと同伴者のもとに歩み寄った。

部屋の空気が緊張し、ぎこちない沈黙があたりを支配した。「ジョージー、予約を取ってから来たのかい？　ボーイ長は取ってないと言ってるが」

ジェッセルは連れの腰に手を回すと、応じた。「いやあ、シャーマン、そんなはずはないぞ。このストーク・クラブの予約はちゃんと取ってある。申し込みはかなり以前だが、重要人物から連絡があったはずだ」

「だれだい、その重要人物というのは？」

「アブラハム・クソッタレ・リンカーンといってな、彼が予約申し込み者の名前だよ」

店中が爆笑の渦に包まれた。リバモアは席を立つとジェッセルのところに行った。グレート・ネックのリバモア邸で催されたパーティーに彼は何度か顔を見せており、リバモアも彼を知っていた。

「しばらくだな、ジョージー」とリバモアは声をかけた。「わたしたちのテーブルに空きがあるんだ。よかったらその背の高いご婦人と一緒に来ないか？」

「それは申し訳ない。せっかくだからご一緒させてもらうよ。いやあＪＬ、まことにすまんね」

これで一件落着し、店の雰囲気は元に戻った。

その翌日、シャーマン・ビリングズレーがリバモアに電話をかけ、おかげですべてが丸くおさまり感謝していると礼を述べた。

ハリエット・メッツ・ノーブルは、一族がオマハのメッツ醸造所を所有する裕福な女性だった。実力派の歌手である彼女は、ニューヨーク社交界の名流婦人でもあった。半年の交際を経て、二人は結婚の意思を固めた。

一九三三年三月二八日、リバモアはイリノイ州ジェニーバで三八歳のハリエット・メッツ・ノーブルと結婚した。ハネムーンはなかった。ハリエット・メッツ・ノーブルはリバモアと結婚するまで、四度の結婚を経験していた。

そして彼女の前夫は四人とも、自殺していた。

新婚夫婦は早速、セントラル・パークを隔てて五番街に立つシェリー・ネザーランド・ホテルに新居を構えた。ワン・フロアをすべて借り切った美しいスイート・ルームで、内部は豪華なリビング・ルーム、ダイニング・エリア、ライブラリー、二つのゆったりしたベッド・ルームという間取りだった。

一九三三年五月三〇日、新証券取引法案が議会を通過した。翌一九三四年には証券取引委員会（SEC）が設立された。その委員長にはジョセフ・P・ケネディ（ジョン・F・ケネディの父）が任命され、SEC規則の制定にあたった。時の試練に耐える法律案をというルーズベルト大統領の要請に応えてのことだった。

大統領は笑いながら、ケネディに次のように語ったと伝えられる。「ジョー、株式市場の新規制法をまとめるのに君以上の適任者はないと思っている。君は証券取引所を〝金のなる木〟に見立て、ここで思いつく限りの手管《てくだ》を利用してきたんだろう?」と。このときの尽力の見返りとして、ジョセフ・ケネディは後に駐英大使に任命された。駐英アメリカ大使という肩書きは極めて格式の高い、誉れあるポストだった。ケネディは鉄鋼王アンドルー・カーネギーを信奉していたが、そのカーネギーは、「第二世代に至れば汚れた金も浄化され、正当化される」という言葉を残している。ケネディはそれを自分の代、初代で実現させようとした。彼は数人の息子をもち、彼らを大統領に押し上げようとしたが、それに先立ち〝浄化〟を必要とする莫大な金を蓄積したのだった。

証券取引所を規制する新しいルールは、株式市場の様相を変えた。株式の発行者はこの新ルールの枠内で行動しなければならなくなった。政府のねらいは、株式購入者の保護にあった。しばらくすると株式市場の性格は変わったが、投資家やトレーダーの意識は一朝一夕に変わるものではなかった。リバモアは、新しい法律が施行されるとともに、自分の取引戦略に変更を加えなければならないのではと危惧《きぐ》した。しかし細かく検討した結果、「新ルールによって特に大きく変えなければならない部分はない」という結論を得た。

正確にはドロシー・ロングコープとなったドロシー・リバモアは、離婚後、エバーモアの邸宅になんか二度と戻らないと豪語していた。エバーモアの美しい環境、豪華な屋敷でこれ以上何かをしたいという希望はなかった。思い出は彼女にとって拷問でしかなかった。しかしドロシーは戻ってきて、しばらく住んだ。彼女は小型犬を数匹飼っていたが、広大な敷地の戸外に連れ出すことを拒んだ。犬たちが最高級のペルシャじゅうたんをフンや尿《にょう》で汚そうと一切気にかけなかった。やがてじゅうたんに染みができ、悪臭を放ち始めると、床からはがしてロール状にし、がらくたとして投げ捨てた。

邸宅の上屋を支える土台に七、八センチほど沈んだ箇所ができ、その上の部屋の床が傾いてしまった。ある日、ドロシーと執事はその部屋に入ると、家具の脚の部分を適当にノコギリで切り落とし、傾斜を補正した。しかしこの家具たるやいずれもアンティーク家具の逸品で、中にはルイ一四世が愛用したという一〇万ドルは下らないデスクも含まれていた。

結局、彼女はごく一部の家具、調度、カーペット、美術品、身の回りの捨て切れない品々をまとめ、ニューヨークのアパートに運ばせた。

保有資産にかかる税金の納入期日が過ぎてもドロシーは納税に応じようとしなかった。彼女はJLに手紙を送り、税金を払うようにと督促した。しかし、彼はそれを無視した。納税がない場合、家屋敷も内部の資産も競売にかけられるという通知がほどなく送達された。

彼女は次のように答えた。「それがどうしたというの？　あの人たちのいいようにすればいいんだわ。あの家も、中のものも、みんなわたしにはいやな思い出でしかないんだから」

家の内部はアンティーク家具の宝庫で、国内随一のコレクションといってもよかった。その収集のためにリバモアは数百万ドルという資金を投じていた。こうした家具を除く土地家屋は、一三五万ドルと評価された。リバモアは屋敷周辺の整備、造園だけで一五万ドルをつぎ込んでいた。銀の食器は合計一〇万ドルと見積もられ、ヒスイの装飾細工が三〇万九〇〇〇ドル、手編みのレースのすだれが一万ドル、特別注文によるマウスィーの自家用車、漆黒のロールス・ロイスが二万二〇〇〇ドルと評価された。

しかし一九三三年六月二二日に開催された競売で、土地家屋は一六万八〇〇〇ドルにしかならなかった。レースのすだれは八〇〇ドル、ニューヨークのグッゲンハイム夫人に競り落とされたマウスィーのロールス・ロイス、ドアの部分に「DL」の金文字が浮き彫りされたコンバーティブルは四七五〇ドルだった。土地、建物、家具調度を含めても、売上総額は二五万ドルにしかならず、何とも気分の滅入る結末に終わった。

その翌日の朝早く、リバモアはオフィスの椅子《いす》にどっかと腰を下ろし、競売の結果を載せた新聞記事に見入った。記事を読み終わると、彼は深く吐息をつき、折り畳んだ新聞をくずかごにほうり込んだ。椅子に預けられたままの体は動かず、生命がないかのようだった。ボードに向けられた視線が、多様な意味をもつ秘密の記号をとらえた。これまで彼に典雅な音楽を感じさせ、シンフォニーの楽譜のように思えたボードの数字や記号の集まりが、今はただの無意味な落書きに見えた。

彼は窓の外、目を覚まし始めたニューヨークに視線を投げた。リバモアの二つの目にはかすみがかかっていた。また深く息をついたとき、ドアが開いた。ハリー・エドガー・ダシェとチョーク・マンの一人が入ってきた。二人はボスに軽く会釈した。チョーク・マンは無言のままアルパカの上衣を着用し、ヘッドホンを装着した。そして足場に上り、ロンドンとパリの市況をボードに書き始めた。両都市とも、ニューヨークより数時間早くマーケットが開く。リバモアはボードから視線をはずし、くずかごに投げ込んだ新聞を再び拾い上げた。

そう、彼にはまだ息子たちがいた。輝くばかりの美少年二人が――。

グレート・ネックの不動産が競売に付された直後、使用人でありながらドロシーの親しい友人、腹心の男でもあるフランス人、ルシアンがニューヨークのアパートに呼ばれた。彼が一六気筒エンジンを積んだライト・グレーのキャデラック・コンバーティブルを駆っていくと、アパートメントの入口に待っていたドロシーが後部座席に転がるように乗り込んできた。手にはピクニック・バスケットとウィスキーのボトル数本を抱えていた。

「ルシアン、サンタ・バーバラに行くことにしたの」

「それ、どこです？」

「カリフォルニアよ」

「それで、いつ？」

「今からすぐがいいわ、ルシアン。さあ、レッツ・ゴー！」

「どうして今なんです？」と彼は尋ねた。

「あのクソおやじのジェシー・リバモアから離れた土地へできるだけ早く行くの。子どもたちを育てるのだって、クソおやじや淫売《いんばい》女たちから遠いところの方がいいに決まってるでしょ」

リバモアとドロシーは子どもたちの親権をめぐり、ドロ沼の対立を続けていた。ジェシーは、ドロシーの大酒が子どもによい影響を与えるわけがないと考え、ドロシーはドロシーでジェシーの女性に対するだらしなさが子どもの精神の健全性をそこねると信じていた。

「分かりました」二人のいさかいを知るルシアンはギアを入れ、車を発進させた。

「それにね、ルシアン、お友だちに聞いたんだけど、サンタ・バーバラって、ちゃんとした人たちにとってはとても面白いところらしいわよ」

ルシアンはどこまでも、ただひたすら運転を続けた。そしてついに、本当にサンタ・バーバラに到着した。ドロシーは道中、後部座席からほとんど動かず、ほぼすべての事柄を意のままにした。ルシアンが道順を確認して運転する間、ドロシーはピクニック・ランチをほおばり、ウィスキーをのどに流し込んだ。目的地に着くと、彼女は車を不動産屋に直行させた。そして、そこで借りられる最も大きい物件を選んで、賃貸契約を結んだ。モンテシオのその建物は、外壁がピンクのしっくいで、バカでかくて悪趣味な家だった。

さらに悪いニュースがリバモアの元に届いた。ある私立探偵が知らせてきたもので、ボストン・ビリーがリバモアをはじめとする強盗の被害にあった金持ち連中を逆恨みし、復讐《ふくしゅう》を企てているという情報だった。ボストン・ビリーは、強盗の被害者たちが「ビリーを二度と牢《ろう》から出すな、強盗や脅迫を働くほかの悪党どもの見せしめにしろ」と判事に強く訴えたため、必要以上に長い刑に服する結果になったと思い込んでいた。

リバモア自身は判事に何も話していなかった。しかし、被害を受けたほかの富豪たちについてははっきりしたことはわからなかった。

一九三三年九月二三日、ボストン・ビリーの件とは無関係に見える殺人事件が、カリフォルニア州ロングビーチ沖三マイルの地点で起きた。イカリを降ろした賭博船《とばくせん》「ジョアナ・スミス」のキャビンでのことだった。若いギャングとして悪名を馳せていたビューエル・ドーソンと、ボストン・ビリーの同房者で最近出所したばかりのジェームズ・ウォルシュが船内で激しく口論、拳銃を抜いたジェームズ・ウォルシュがビューエル・ドーソンを撃ち殺したのだった。警察の調べによって化粧室で凶器が発見され、ウォルシュが逮捕された。殺人現場を目撃した数人の証人もあった。

本格的追及を受けたウォルシュは、悪巧みの意見の食い違いがいざこざに発展し、拳銃の発砲にまで至ったと述べ、そもそものきっかけは、カリフォルニアの石油成り金E・L・ドヘニーとジェシー・リバモアをどうやって誘拐するか、その悪事をめぐる相談だったと白状した。

そのニュースはリバモアを身震いさせた。またしても彼の望まない難題が向こうから勝手に飛び込んできた。

さらに一九三三年一〇月二七日、婚約不履行を理由にジェシー・リバモアを相手取った民事訴訟が、ニューヨーク最高裁に起こされた。訴えたのは美貌《びぼう》の女優ネイダ・クラスノバで、二人の関係は長期に及んでいた。彼は慰謝料として二五万ドルを要求された。

この訴訟に新妻ハリエットは激怒した。彼女は二人の関係について全く知らされていなかった。彼女は生来、独占欲の強い、嫉妬《しっと》深《ぶか》い女性だった。リバモアと関係をもつ女性が現れたことで、家庭内に険悪な空気が生まれた。ネイダとの「不潔な関係」についてほぼ毎日蒸し返され、言い争いが繰り返された。結局ハリエットは夫に、彼がどこにいようと、何をしていようと正時《しょうじ》ごと、つまり一時間ごとに電話を入れるよう申し渡し、夫もその条件を受け入れた。彼は彼女の信頼をぶち壊しにしていた。彼女は彼女で、本当に夫を許せるのだろうかと危ぶんでいた。

リバモアの人生で今一つ明確に理解できないのがこの点だった。新妻がいながら、彼はなぜこの時期に愛人を必要としたのだろう。このときに限らず、ドロシーと結婚していたときにもなぜ多くの女性を必要としたのだろうか？　彼の人生を満たし得ないものは何だったのだろうか？

そしてリバモアは、しだいに株取引に必要な勝負勘を失っていく自分に気づいた。彼の注意力、エネルギー、自分を律する力は弱まってきていた。相場に立ち向かっていく覇気、意欲にも陰りが生じていた。それがなぜなのか彼には分からなかった。ドロシーとの離婚のせいだろうか？　頻繁に息子たちに会えなくなったからだろうか？　新妻のせいで気持ちがふさいでいるからだろうか？　一九二九年の大成功で、株式市場への関心が失せたのだろうか？　成功と無縁の身になってしまったのだろうか？　一九〇七年のあの破産と没落に再度見舞われるのだろうか？　この陰鬱《いんうつ》な気分、うつろでやり切れない気持ちはどこから来るのだろうか？　いつもどこかに暗さと絶望を感じていたが、その原因はどこにあったのだろう？　空虚な魂を暖かく満たし、心の平安と充足をもたらすものはないのだろうか……？

一九三三年一二月一九日、ジェシー・リバモアは精神的に行き詰まり、極度に打ちのめされた。彼は当時、パーク・アベニュー一一〇〇番地のアパートに住んでいたが、午後三時にこのアパートを出た後、姿を隠してしまった。ハリエットは警察に電話し、「主人はどこにいても一時間ごとに電話をくれることになっています。主人の身に何か起きたに違いありません」と訴えた。

一二月二〇日午前二時三二分、「著名金融富豪」の行方不明を告げる極秘捜索指令が打電された。その内容は、リバモアの年齢、身体的特徴が中心で、それ以上詳しいものではなかった。後に警察が得た情報によると、当日の午後リバモアはウォルドーフ・アストリア・ホテルで友人と会う約束をしていたが、この友人に会わないまま、外で待っていたお抱えの運転手にもう用事はないから帰ってよいと告げ、自分はタクシーで市の中心部に向かった、ということだった。

リバモア行方不明のニュースはあっという間にウォール街に広まった。連邦政府、州政府、市当局それぞれの警察組織が、記憶喪失、自殺、誘拐とあらゆる可能性を念頭に、捜査に乗り出した。もし誘拐されたのであれば、身代金の要求があるはずだった。誘拐の恐れもあるということから、FBIも調査に加わった。

リバモアの顧問弁護士ジェームズ・オゴーマンは記者団の質問に答え、「わたし自身のスタッフも全力で捜索に当たっている。リバモア氏は二四時間以内に発見されるだろう」と語った。

その日の夜六時一五分、リバモアは八九丁目のプライベート・エントランスをくぐり、自宅に帰ってきた。失踪《しっそう》から二六時間が経過していた。アパートメントの入り口付近には記者が群れていた。リバモアは一言も口をきかず、彼らの間をすりぬけ、まっすぐ自宅に戻っていった。内部には刑事たちがおり、ハリエット・リバモアと話していた。彼の顔面は蒼白《そうはく》で、やつれており、震えがとまらなかった。それでも椅子《いす》に腰を下ろすと、語り始めた。

「新聞でわたしが捜索されているのを知ったんだ」と彼は言った。

「あなた、どこにいらしたの?」ハリエットが尋ねた。「本当に心配してたのよ。誘拐されたんじゃないかと思って」

「いや、ホテルにいたんだ」

「どこのホテルですか?」と口をはさんだのはルイス・ハイアムズ警部だった。

「ホテル・ペンシルバニアだ」彼はそう言うと、カギをつかみ出し、妻にわたした。ハリエットはそれを警部に手渡した。

「ホテルまではどうやって？」とまた警部が尋ねた。

「タクシーだ」

「どうしてそんなことしたの？」妻がじれたように声を上げた。

「わからん。きのう家を出てからずっと頭がボンヤリしていた。今日午後になって目が覚めたんだが、やはり頭がボーッとして、考えのまとまりがつかん。ドアの下にはさみ込んであった新聞を見てみんなが捜してるとわかり、すぐに戻ってきたんだ」

「記憶は確かだったんですか？」と警部は尋ねた。

「わからん。よく覚えてないんだ」

後に記者会見に臨んだハイアムズ警部は、どのような疾病《しっぺい》からジェシー・リバモアが失踪することになったか分からないと述べた。そして、「リバモア氏はわれわれが捜索に当たっている事実を知らなかったと言い、それが分かった時点でまっすぐ自宅に戻ったと述べている」と説明した。

警察はリバモアを乗せたタクシーを突き止めた。事情聴取を受けた運転手のエイブ・カマリックは、車内に乗り込んだ時点からリバモアは気分が悪そうで、後部座席で激しく吐いたと証言した。リバモアの顔からはあぶら汗が流れ、両方の手はブルブル震えていた。彼は運転手に、掃除代だと言って「信じられない額」の金を置いて去ったという。

警察はホテル・ペンシルバニアについても調査をおこなった。リバモアはJ・L・ロードが借りたスイートに宿泊していた。J・L・ロードというのは、ホテルの永続顧客で、年間を通して部屋を確保していた。警察はこのJ・L・ロードなる人物について身元割り出しの捜査を進めたが、徒労に終わった。そして事件の幕は下ろされた。何はともあれ、リバモアが無事に帰ってきたからである。

しかし警察がもう少し粘り強い捜査をしていたなら、J・L・ロードというのがリバモアの別名であり、彼が数年以上にわたりこの部屋を借りていた事実を見いだしたはずである。リバモアがドロシーとの家庭を維持しつつ、他の女性との密会に利用したのがこのホテルだった。グレタ・ガルボの凄艶《せいえん》さを備えたネイダ・クラスノバもそうした女性の一人だった。

リバモアから生命力と、通常の人格が失われていった。人柄が変わった。友人たちでさえ、ウォール街のグレート・ベアもキバを抜かれた、とささやき合った。彼はセミの抜け殻のように見えた。思考は焦点が定まらず、脳内全体に霧がかかったようだった。株式相場に対する燃えるような好奇心もすでに萎縮《いしゅく》していた。彼はオフィスをブロードウェー一二〇番地に移すと、ボードへの書き込みに携わる従業員を解雇した。エド・ハットン、ウォルター・クライスラー、エド・ケリー、アレクサンダー・P・ムーア、ウィリアム・デュラントといった親しい友人たちとも会わなくなった。

あれほど好きだったメトロポリタン・クラブでのブリッジ・ゲームにも参加しなくなった。ポーカー、バックギャモンにも関心を示さなくなった。身だしなみにも小さな変化が現れた。スタイリッシュであるという点で特に変わりはなかったが、以前のように流行の先端を取り入れるといった積極性が見られなくなった。さらに、視線にはうつろさが目立つようになった。遠くを見るような目つきが友人たちを困惑させた。だれかと話しているときにも、目に輝きがなかった。

長男ジェシー・ジュニアが引き起こす問題も彼に深刻な打撃を与えた。この美しい少年は年齢より大人びた雰囲気をもっていた。父親が目に入れても痛くないほど可愛がっていたこのジェシーが、ドロシーの友人を含め、グレート・ネック周辺の数人の女性たちと性的関係をもっていたことが明らかになったのだ。こうした女性たちとの関係は、ジェシーが一四歳になるころから始まっていた。

ジェシー・ジュニアは学校でもトラブルを起こしていた。そして母親がカリフォルニア州サンタ・バーバラに引っ越したことを憎んでいた。ドロシーはドロシーで、サンタ・バーバラに越した後、「あの男からこれ以上遠く離れた場所はないものか」と友人にこぼしていた。

ジェシー・ジュニアはニューヨークが好きだったし、父親の近くにいたがった。父親は息子が望むものなら何でも与えたし、いつでも二つ返事だった。リバモアはジュニアを溺愛《できあい》した。しかし、この甘い態度が息子をダメにした。そうした原因と結果を知るドロシーは、何とかしてリバモアが息子たちに会うのを妨げようとした。

こうした骨折りはリバモアの新妻ハリエットにも好都合だった。ハリエットは二人の子どもをひどく嫌っていた。リバモアの自分への関心を二人の息子が奪っていくからだった。次男のポールは、やはりハンサムだったが、激しい性格の兄と違い、デリケートな神経ともの静かな気質をもっていた。何事につけ兄は抜け目なく立ち回り、周囲をてこずらせたが、弟の方は広大な屋敷内で一人で遊び、満足するすべを身につけていた。一家でパーム・ビーチに出掛けても、ホテルの前のビーチで兄と戯れることができれば、それで十分だった。彼は祖父に似て、すぐれた工夫の才と手先の器用さをもち、身の回りのものならほとんど何でも組み立て、修理することができた。

ポールはまた、いつも兄一人が周囲の寵愛《ちょうあい》を受け、それを当然とする態度に付き合わされてきた。しかし、それを特にうらやましいとも思わなかった。彼は彼で、自らの中に満足を見いだしていた。

彼は兄に対し、いささかの畏敬《いけい》の念すら抱いていた。両親の間にかかる細い糸の上を、どうすればあんなふうに巧みに行き来できるのだろうと思った。ジェシー・ジュニアは両親の緊張関係を、また双方と対立する自分の立場を巧みに利用し、父母の鼻面を引き回した。彼はまた、一四のときアルコール類の入ったキャビネットを見つけ、酒が自分の心身に及ぼす刺激を好むようになった。

リバモアのやることなすことのすべてがうまくいかなくなった。彼の保有する資産は、見る見るしぼんでいった。各紙が次々と司法上の争いにおけるリバモアの敗訴を伝えるようになった。その皮切りは、一九三四年一月一〇日付ニューヨーク・タイムズに掲載された記事で、ニューヨーク証券取引所会員ジョン・J・ティアニーに対する一万三一三〇ドルの支払いを命じる判決が出たというものだった。続いて同年二月二日、ベンジャミン・ブロック社に九万八四〇ドルの支払いを命じる判決が下された旨の記事が登場した。リバモアの友人であり、株式ブローカーであるベン・ブロックが起こしたこの裁判で、リバモアは自らの主張を全くおこなおうとせず、略式判決により全面敗訴となった。

一九三四年三月五日、リバモアはついにひざを屈した。連邦裁判所に破産申請を提出したのである。代理人サミュエル・ギルマンは次のような声明を発表した。「三件の係争事件いずれについても敗訴を余儀なくされたリバモア氏は、このたび、債権者すべてに一〇〇セントを支払い、破産宣告を受けるにいたった。わたしは、氏が今回の試練を乗り越え、勝利を再度手にされると信ずるものである」ネイダ・クラスノバによる「婚約不履行」の件もここに含まれ、すべての司法問題が落着することとなった。だれも知らなかったことだが、リバモアは友人のアレクサンダー・P・ムーアを通じ、ひそかに五〇〇〇ドルをネイダに届けた。彼女はその後カリフォルニアに移住した。

弁護士の助言により、リバモアは妻のハリエットから一〇万ドルを借りていた。その債務保証は、彼の一〇〇万ドルの信託基金から生じる利息が負う仕組みとなっていた。この信託基金は厳格な規定のもとに設定されており、設立者であるリバモアといえどもその元金に手をつけることはできなかった。しかしだからこそ、彼が破産に直面しても差し押さえを免れることができたのだった。

一九三四年三月七日、ジェシー・リバモアのシカゴ穀物取引所会員としての資格が、破産とともに自動的に抹消された。

五年前の巨額の利益、一九二九年の大暴落に伴うケタはずれの収入がどのように費やされたのか、この間に何があったのか、だれにも明かされることはなかった。しかし、リバモアはそのすべてを失った。

リバモアは失意の底、方向感覚喪失の淵《ふち》をさまよっていた。人格崩壊の瀬戸際まできていた。一九三四年一二月一日、彼はイタリアン・オーシャン・ライナー「レックス」の船上にいた。出帆間際、彼は記者団に次のように語った。「遅ればせながら、これはわたしと家内への結婚プレゼントだ。次の復帰に向け、ヨーロッパの商品相場を研究してくるつもりだ」

「今回の破産の後、復帰できるとお考えですか、リバモアさん?」一人の記者が尋ねた。

「わたしは過去に何度か這い上がってきた。しかし今回の場合、より長い時間が必要になるかもしれない。なぜなら世界的に相場の状況が思わしくないからだ」と彼は応じた。しかし、彼がここで本当に言いたかったのは、自分の両足でしっかり立てるようになるまで〝より長い時間〟がかかるだろうということだった。その背後には精神的バランスの喪失があった。そうした状態から自分が立ち直れるのかどうか、彼にも自信はなかった。

「どんな銘柄をお考えですか?」別の記者が尋ねた。

「小麦を始め、いろいろな商品だ」


リバモアにまつわる物語、うわさはとどまることなく生まれ、消えていった。新聞記者やウォール街のゴシップ好きにとって、リバモアは、ネコにマタタビのような存在だった。ウォール街で広く語られた話に〝黒猫物語〟というエピソードがある。一人の株式ブローカーが言い出したもので、彼はリバモアが二九年の大暴落を察知した秘密を知っていると言い、この話を切り出した。このブローカーが黒猫を見つけ、家につれ帰ったのが事の発端で、その後すぐ、マーケットから利益が転がり込んでくるようになった。この猫に子どもが生まれたとリバモアに伝えると、彼はそれまでのポジションを逆転させた。それ以降子猫が生まれるごとに、売りから買いに、買いから売りにと、ポジションを変更したという。

「この黒猫がリバモアに大儲けをもたらしたのは間違いない」と彼は胸を張った。「ところが一年前、この猫が死んだんだ。その後だよ、リバモアが破産して、無一文になってしまったのは」

そしてリバモアは、「ウォール街のグレート・ベア」という針のムシロに座らされ続けた。すなわち一九二九年大暴落の元凶の一人だと非難され続けた。しかし彼に言わせると、これほどばかげた言い掛かりはなかった。人間一人、あるいは仕手グループであろうと、そのもてる力は大河のごとき市場の潮流に比べれば何ほどのものでもなく、彼の力が株価下落にかかわったとする説は噴飯ものというよりほかなかった。それでも世間のリバモア悪者説は静まらなかった。時には公衆の面前で罵声《ばせい》が飛んだ。

彼はまた、途中でぐらつく場面があるにしろ、最終的に重要なのは売上高と利益、つまり企業の財務内容だと見抜いていた。

リバモアは尋ねられるたびに、「利益をあげている企業の株価は確実に上昇する」と述べた。プロでない市場参加者、すなわち一般投資家の視線の向こうには、つねに気になる、しかしつかみどころのない「彼ら」が存在した。「彼ら」は今日、スチールになだれ込んだだの、ゼネラル・モータースの背後には、今週「彼ら」がいて株価を押し上げているだの、「彼ら」はスタンダード・オイルに売り浴びせるチャンスをねらっているだの、上げ相場が終わったと見た「彼ら」は、大量の小口売りに出ているだの、「彼ら」は例のジェシー・リバモアとその仲間たちにいいようにされているだのと、称されるわけである。

一般投資家は、株式市場にはトレーダーの親玉、あるいは仕手グループが率いる集団があり、こうした集団の思惑が相場を動かしていると信じていた。こうした仕手集団のリーダーとして、ジェームズ・キーン、〝一〇〇万ドルの〟ゲイツ、バーナード・バルーク、ウィリアム・デュラント、アーサー・カトン、ジェシー・リバモア、フィッシャー兄弟などの名が取りざたされた。そしてリバモアなど莫大な資金を動かすトレーダーは、思うように株価を操作した。その結果、カモにされ、オモチャにされるのはこうした小口の素人投資家たちだった。

しかし一般投資家たちは相場の動きに対し、かたくなな見方をもっていた。いかなる材料であれ、値上がりにつながる材料は〝プラス要因〟、値下がりを引き起こす材料はすべて〝悪材料〟であり、〝マイナス要因〟だった。

この考え方の根底にあるのは、株価の上昇は文句なしに善であるという無邪気な上昇肯定論だった。株価が上がれば、ブローカー、顧客、企業の経営陣、株で差益を得た一般大衆、だれもが満足する。これら〝利益集団〟の目からすれば、株価の下落に関与し、その落差を利用して私利を図る者など、投資家の風上にも置けない存在、あるいは〝国賊〟だった。

リバモアに言わせれば、「売り方」に向けられるこうした態度は子どもじみており、こっけいでしかなかった。市場で実際に生じる客観的事実を無視しているからだった。そして主張の背後にあるのは、個々の銘柄はおろか、市場全体をすら押しつぶすことのできる怪物のような無敵の相場師、スーパー・ブローカー、スーパー資本家など、いわゆる「彼ら」がつねに水面下でうごめいているとする思い込みだった。

リバモアは次のように述べた。「一般大衆は、一部エリート・グループには、どんな銘柄であれ、その基本的な価値を大きく割り込むまで株価を押し下げる力があると思っている。そして彼らは、スーパー相場師、スーパー・ブローカー、スーパー資本家と逆方向に関心の目を向け、果敢に行動する者がいることに気づこうともしない。特定銘柄が必要以上に〝痛めつけられ〟ていないか、本来的に備わっている真の価値を割り込んでいないか、絶対的安値になっていないかどうか、自分の一切をかけて見守っている連中がいるのだ。そしてここぞと思う時点でひそかに歩を進め、値下がりした株の手当てに動き出す。そうした点に一般投資家は思いを馳《は》せようとしない」

「熊《ベア》」の鋭いツメを抜き去り、永久にオリに押し込めてしまえば、株価は下がることなく、右肩上がりでどこまでも上昇していくと堅く信じる人々がいた。

しかし一方で、株式の空売りが市場に損害を与えると実証し得た者はいない。多くの投資家はむしろ、大量の空売りによって大規模な潜在的購買力が蓄えられると信じた。なぜなら空売りされた株式は早晩、買い戻さなければならないからである。

また、「逆張り理論」という理論も存在する。この論は、大部分の投資家は株価の先行きを見通す点で、ほとんど例外なく間違いを犯す、という命題を前提としている。したがって、たとえば空売りへの関心が一定水準以上に高まった場合、この理論を信奉する相場師たちは、それを買いに向かうべき確かなシグナルと解釈して行動を起こすのである。

これに対し、リバモアは孤高の理論家だった。株式市場というのは本来的に、大部分の市場参入者を裏切り、ほとんどのケースについて、参入者の資金を巻き上げる存在だと規定していた。そして、相場の方向、あるいは特定銘柄の値動きを一貫して支配し得る人間など存在し得ないと信じていた。市場を自在に操れる魔法の杖《つえ》が存在するなら、その持ち主はたちまち地上の富の大半をわがものとすることができよう――。

リバモアはまた、政府規制を最小限にとどめた自由主義市場を理想とし、次のように述べた。

「自由主義経済のもとで株価は間違いなく変動する。値上がりする一方でもないし、値下がりする一方でもない。それが株式市場のよき姿なのだ」

こうしたリバモアの主張にもかかわらず、一般大衆の「空売り」攻撃、大暴落は彼のせいだとする非難はやまなかった。リバモアはヨーロッパに向かう準備をととのえた。病んだ心身の回復が必要とされた。

しかしこの後、彼は衝撃的悲劇に見舞われることになる。苛酷《かこく》な運命の到来を、豪華客船の人リバモアは知る由もなかった。

第一四章　険悪な関係——ドロシー、息子を撃つ

「彼は哀れなジュリアンと、ジュリアンの夢のような憧憬を思い出した。そして、そのきっかけとなった物語を。

『あの金持ち連中はぼくらと人種が違う』

『ああ、確かにうなるほど金がある』」


——アーネスト・ヘミングウェー『キリマンジャロの雪』

一九三五年一一月二九日、その日は感謝祭だった。夜もふけていた。二人とも酔っていた。二〇歳には見えたが、まだ一六歳のジェシー・ジュニア、背丈のある彼が反抗的態度でリビング・ルームに立っていた。酔いのため足元がふらつき、体が揺れていた。褐色のズボンに白いシャツという姿は運動選手のように見えた。白のテニス・セーターが肩のあたりにかかっていた。カウチに身を預けたドロシーも、酔眼朦朧《もうろう》としていた。

ドロシー邸で感謝祭のパーティーが終わった後だった。そこは、グレート・ネックの居宅が競

売にかけられた後、彼女が移ってきたサンタ・バーバラの賃貸邸宅、ピンク色のしっくいを塗りたくった建物だった。ドロシーはすでにその年の八月、ロングコープとは離婚していた。いま彼女の側にいるのはD・B・ネビル、ロングコープ同様にハンサムでチャーミングな、金目当ての男だった。彼女の何人かの男友だちはあからさまに彼女から盗みを働いていた。

ジェシー・ジュニアもポールも休暇で家に帰ってきていた。しかし二人とも、数日後には学校に戻らなければならなかった。ポールは、規律のこの上なく厳しいコネティカット州ノースウェストの寄宿学校ホッチキス・スクールへ、ジュニアは、上流階級の子女のみが受け入れられるラグーナ・ビアンカへ移る予定だった。ポロ競技のために全校生徒が各自専用の馬を飼うことになっていたチョート校を離れ、この学校への入学許可を得ていたジュニアだったが、彼はどんな学校であれ学校というものを毛嫌いしていた。すでに数年前から、父も母もこの長男についてはサジを投げていた。両親からもう少しきちんとするようにと小言を受けても、ジュニアは笑っているだけだった。

ジュニアは母に、学校はいやだがヨーロッパにならば遊びに行きたいと言った。パーティーの後、彼は一六気筒のクライスラー・コンバーティブルを持ち出した。二本の排気管を備えたタイプで、マフラー部分は取り外されていた。運転席のジュニアは完璧《かんぺき》なハンドルさばきを見せながら、マフラーのないエグゾースト・パイプを思い切りふかした。酔いが回る回らないにかかわらず、彼のドライビングは滑らかであり、すばやかった。腹にひびく爆音が静かなサンタ・バーバラ近郊に響き渡った。この最新式のスポーツ・カーは父親が友人のウォルター・クライスラーに頼んでカリフォルニアに送らせたものだった。最愛の息子ジェシー・ジュニアに対しては、分不相応な品など何もなかった。

感謝祭のパーティーの後、ドライブに出掛けたジュニアは、女の子と会い、ビルトモア・ホテルで二、三杯ひっかけた。彼女を家まで送り、まっすぐ帰宅した彼の顔は赤くテラテラ光っていた。時間は真夜中過ぎ、リビング・ルームではドロシーが男友だちのD・B・ネビルとまだ飲んでいた。

リビング・ルームにやってきた息子を見てドロシーが言った。

「お前、また飲んでるんだね」

「あんたこそ酔ってるじゃないか。酔っ払いにそんなこと言われたかないね」

ジュニアはバー・コーナーに歩み寄ると、ウィスキーのボトルを持ち上げ、ラッパ飲みを始めた。「本当の男はな、女なんぞに飲み負けやしないんだ。今見せてやるぜ」

カウチからとび起きたドロシーは、ボトルを彼の手から奪い取った。「飲んだくれて死ぬ息子を見るくらいなら、わたしの手で殺してやりたいわ」

ジュニアは部屋を飛び出すと、離れになった小さなゲストハウスに向かった。そしてすぐに、ショット・ガンを振りかざしながらリビング・ルームに戻ってきた。彼は銃床を母親の方に向け、それを受け取るように仕向けながら言った。「ほら、やってみろよ。おれを撃ち殺したいんだろ。やるがいい！」

D・B・ネビルがカウチから跳ね起きると間に割って入った。そしてドロシーともみ合いながら、銃をその手からもぎ取った。彼はショット・ガンをどこかに隠そうと、すぐ部屋を出た。ジュニアはその間に身をひるがえすと弟の部屋に逃げ込んだ。

ポールはまだ起きていた。いきなり駆け込んできた兄に彼は言った。「一体、どうしたの？」

「お前のおふくろがおれを殺そうとした」

「なんで？」

「理由なんかどうでもいい。お前のライフルはどこだ？」

「クローゼットの中さ」

「弾薬は？」

「一緒にあるよ。二二口径のロング・タイプだ」そう言いながらポールは兄の様子をうかがった。兄はすばやく弾丸一発をライフルの弾倉に滑り込ませた。そしてロックした。手動式の遊底をもつ単発式ライフルだった。リバモア家のだれもが射撃の名手であり、あらゆる銃器に通じていた。兄は部屋のドアのところで振り返り、言った。「ゆっくりネンネしな、ポール。おれはこれから一仕事だ」

酔った母と兄が激しくぶつかる姿を見るのは、ポールにとってこれが初めてではなかった。戸口の横のスイッチを切り、兄が去った後、ベッドのポールは体を丸め、カバーを頭の上まで引き上げた。

ジェシー・ジュニアは螺旋《らせん》階段を駆け降りた。手にはライフルがあった。

階段の下に母が立っており、息子を見上げた。息子は銃をくるりと一回転させると、銃床を母に向けて突き出した。銃器を扱い慣れた彼女の右腕に銃床がするりと収まる瞬間、小さな人差し指が反射的に引き金にからみついた。

「さあ、おふくろさんよ、今だぜ！　おれを殺す絶好のチャンスだ！　それとも何か、引き金を引く根性はないってのか？」引き金に指のかかったライフルの銃身をやにわにつかむと、彼はそれを自分の方に向けた。その瞬間、銃口が火を噴いた。弾丸はジェシー・ジュニアの肝臓を突き抜け、心臓から一インチそれた位置、背骨の近くで止まった。彼は階段から崩れ、フロアを鮮血で染めながら転がった。

そのときショット・ガンを始末したD・B・ネビルがリビング・ルームに入ってきた。階段の下に少年が崩れ込むところだった。

半狂乱になったドロシーが悲鳴を上げ、同じ言葉を繰り返した。「ああ、神様、息子を撃ってしまいました。自分の息子を撃つなんて！　ああ、神様、息子を撃ってしまいました。ああ、神様、息子を撃ってしまいました！　ああ、神様！」

ポールはライフルの轟音《ごうおん》でとび起きた。そして階段を駆け降りていった。そこで目にしたのは、血まみれになってうずくまる兄の体だった。彼は離れのゲストハウスに向かって走った。そこにはフランス人のルシアンが寝《やす》んでいた。起こされたルシアンとポールは急いで事件現場に戻った。ルシアンはすぐ医師に電話した。医者が屋敷に到着するとともに、ジャック・ロス保安官代理もやってきた。二人が着いたときにもなお、ドロシーは狂ったように同じ言葉を繰り返していた。

「ああ、神様、自分の子供を撃つなんて、神様、ああ……」

医師と保安官代理が到着する直前に救急車がやってきた。ジェシー・ジュニアはすぐコテージ・ホスピタルに搬送された。救急車に収容されながら、彼は苦しい息の下から救急隊員にささやいた。「大丈夫だ。こんなの何でもない。母さんは悪くないんだ……」

病院でも、彼はなお酩酊《めいてい》状態だった。そのうえ激しい痛みにあえいでいた。激痛を和らげるため大量のモルヒネが投与された。薬で意識を失う前、彼は警察の質問に「あれは事故だ。ぼくが言いたいのはそれだけだ。もう話す力がない……」とだけ答えた。

ジェシー・リバモアはこの知らせをミズーリ州セントルイスで聞いた。かたわらにはニーナ、つまり彼の新妻ハリエット・メッツ・リバモアがいた。彼はロサンゼルスまで飛行機をチャーターした。ロスの空港には運転手つきのフォードが待機していた。そしてフル・スピードでサンタ・バーバラまで彼を運んだ。ロス空港に待ち構えていた記者団に、彼は歯を食いしばり、「息子に万が一のことがあったら、ただではおかん！」と述べた。

サンタ・バーバラのパーシー・ヘックンドーフ州検察官、およびジャック・ロス保安官代理は、二時間にわたりドロシーの取り調べをおこなった。しかし、激しいショックを受け、意識が混乱したドロシーから意味のある供述を引き出すことはできなかった。彼女は病院の個室に連れていかれ、鎮静剤をうたれ、そのまま深い眠りに落ちた。目を覚ました彼女は逮捕され、郡拘置所に収監された。そして改めて事件についての尋問がおこなわれた。

翌日、病院の担当医からコメントが発表された。「ジェシー・リバモア・ジュニアの容態はやや改善したといえる。しかしこの先数時間は、このままの状態が続くものと思われる」

ヘックンドーフ検察官も声明を発表した。「被害者である少年の状況を確認したうえで、母親は殺人未遂の罪で起訴されることになろう」と。このとき検察官はこれ以上コメントしなかったが、ジェシー・ジュニアが死亡すれば、その時点でドロシーに殺人罪を適用する考えでいた。

リバモアはサンタ・バーバラに入るや、すぐに医師団と面会、ベッドに眠る息子と対面した。父親は息子を見下ろすと言った。「頑張れ、ジェシー・ジュニア……。頼む、わが息子よ、頑張ってくれ。わたしはお前のそばにいる。わが息子よ……」

一九三五年一二月二日、ジュニアはなお生還のための闘いを続けていた。当面の敵は、初期肺炎であり、ショック症状だった。一方同じ日にドロシーは、殺人目的によって凶器を使用、実の息子に重傷を負わせた容疑で法廷に立たされた。

彼女は有罪を認めなかったため、次の月曜日に予備審問がおこなわれる運びとなった。そして彼女の保釈金は九〇〇〇ドルと決まった。検察当局は、たとえ自分が撃った相手であるにしろ、被疑者が自分の息子の近くから離れることはないだろうと判断した。

アメリカ中の報道機関が、事件をセンセーショナルに伝えた。「突撃小僧」「ウォール街のグレート・ベア」の名前が、再び人々の口の端に上るようになった。しかしこれまでとは違って、今回は悲しみに暮れる悲劇の主人公として取りざたされた。

ジェシー・リバモアは、サンタ・バーバラの中心街に建つエル・ミラソール・ホテルにチェック・インした。

拘置所から釈放されたドロシーは一直線に病院に向かうと、医師団に嘆願した。「わたしの息子に会わせてください。あの子にぜひ会わなければならないんです」

しかし、外科医たちの返事は「ノー」だった。

「ほんのちょっと、一目でいいんです」彼女は食い下がった。

「いえ、ほんのちょっとでも、今はいけません。息子さんはとても危険な状態にあるのです」医師団は答えた。彼らは検討の末、この時点での手術は無理と決めていた。背骨近くに止まった弾丸を取り出さなければならないが、手術は、体力の回復を待っておこなわれることになった。弾丸は心臓の間近を通過していたのだ。

事件のニュースは野火のように広がった。ドロシーの元にエドワード・J・ライリーから電話が届いた。リンドバーグ誘拐事件の被告ブルーノ・ハウプトマンの弁護に当たった有名な弁護士だった。彼はドロシーの法廷代理人となることを望んでいた。しかし彼女の弁護は、カリフォルニア弁護士協会副会長ハリソン・ライオンが担当することになった。ライオンは、ドロシーとのリノ離婚に際してリバモアが依頼した弁護士で、今回も費用はリバモアがもつことになった。

リバモアはライオンに、ドロシーは自分の息子を殺そうとしたとして有罪になるのだろうか、と尋ねた。これに対しライオンは即座に答えた。「ミスター・リバモア、あなたが前の奥さんの弁護に関心をもち、再度わたしに事件の処理を依頼されたことで、弁護活動に対するあなたの積極的関与が明らかになっている点を忘れてはいけません。これがすべてを何よりも雄弁に物語っていますよ」

カリフォルニアでライオンは極めて有能な弁護士だった。自分とリバモア氏はすでに、ドロシー弁護のための法廷戦略を練り上げたと語った。「彼女は弾丸の〝装塡《そうてん》されていない〟ライフルを撃ったのだ。わたしとリバモア氏の目からするなら、あの発砲が全くの偶然であることは明白だ。夫人が故意に撃ったわけではないことが法廷で証明されるだろう。あの凶器に弾丸が装塡されていることを夫人は全く知らなかったし、そんなことは夢にも思わなかったのだ」

ジェシー・ジュニアの治療に当たる医師団も、彼が次のように発言したと発表した。「わたしは今、父にも母にも会いたくありません。ここに横たわりながら一週間かそこら、いろんなことを考えてみたいと思っています。それから、検察官にも会いたくありません」

こうした流れに、州検察官も歩調を合わせた。「被害少年の心中を尊重し、また少年の治療に当たる医師団の助言に従い、尋問の延期に同意したいと思います。現場における発砲の詳細について、さらに二、三日事実の収集に当たる所存であります」

ジェシー・リバモアは自らの思いを実行に移した。レーク・プラシッドに航空機を送り込むと、銃創の権威ジョセフ・ダビニオンに来てもらった。またドロシーの召喚は、クリスマスと新年の休暇の後と決定された。そして最後に、ジェシー・リバモアが二人の息子の養育権を取り戻す訴訟を起こしたと発表された。仮の措置として、ポールは即座に彼に引き取られることになった。

一九三五年一二月六日、発砲事件に関連して小さな記事が掲載された。

一九三五年一二月六日付　ニューヨーク・タイムズ

「一六歳の少年ジェシー・リバモア・ジュニアが受けた傷は銃弾による傷だけではなかった。これまでの報道によると、不幸にも同少年は激しく衝突する大人二人の間にはさまれ、精神的にも追い詰められていた」

ウォール街ではこのほか、事件から派生したさまざまな記事や物語が流布された。

その後、ジュニアの容態が急に悪化する事態となった。一二月一六日の記事は次のように伝えている。

一九三五年一二月一六日付　ニューヨーク・タイムズ

「コテージ・ホスピタルに入院中のジェシー・L・リバモア・ジュニアの容態が『危険な状態にある』と伝えられている。母親との言い争いを発端として銃弾を受け、治療を受けていた同少年は、一週間前からわずかながら、しかし着実に健康を回復しつつあった。しかし、昨日急激に容態を悪化させ、今日は酸素テントによる治療を受けている。他方、新しいX線写真を点検しつつ医師団は、胸郭下部の傷口から取り出した排膿《はいのう》の病理テストを実施した」

ジェシー・ジュニアの危機脱出は、一九三六年一月六日になってやっと発表された。しかしなお数カ月にわたり、一日おきの排膿処置を欠かすことができなかった。医師、もしくは看護婦が彼の病室を訪れ、感染症を防ぐための処置をおこなうのである。後年ジェシー・ジュニアは妻のパットに、彼のところにやってきた医師、看護婦らは、綿棒を使って傷口を広げ、排膿処置と消毒をおこなったと語った。そのたびに彼は、両肺の上部における激痛に悲鳴を上げ、自分を撃った母親に呪《のろ》いの言葉を吐くとともに、前半生を顧みてくれなかった父親に罵声《ばせい》を浴びせたという。彼の場合、モルヒネは役に立たなかった。

一九三六年三月五日、アーネスト・ワグナー治安判事の前に進み出たドロシー・ロングコープ・リバモアは、起訴容疑すべてを解かれ、無罪放免を宣告された。一月の予備審問後、殺人未遂の容疑でドロシーの起訴を命じていたのは、ワグナー判事だった。

ジェシー・ジュニアは、自分の飲酒をめぐる母との争いがきっかけの傷害事件であり、発砲の責任はすべて自分にあると証言した。長期に及ぶジュニアの健康回復に当初から貢献したネビル・アッシャー医師は、事件当時夫人はアルコールの影響下にあり、言われるような叫び、発言の内容を記憶できる状態ではなかったと証言した。

ドロシーが「わたしは自分の息子を撃った！　わが子を撃った！」と繰り返し叫んだと言われるがと、具体的に質問された際にも、地域の尊敬を集める同医師は、彼女がそんなことを叫んでいた記憶はないと応じた。

三月二五日になり、脊柱《せきちゆう》近くに止まっていた弾丸がやっと摘出された。ニューヨーク市ポスト・グラジュエット病院主任外科医ジョン・ムーアヘッドの執刀による手術だった。ようやく一命をとりとめたジュニアだったが、このときの傷跡とかすかな脊柱湾曲は、彼は必死に悟られまいとしたが、一生残ることになった。また、この後遺症のため、第二次世界大戦勃発《ぼつぱつ》による徴兵を免れることとなった。

二人の少年に対する恒久的養育権がジェシー・リバモアに与えられた。

一九三五年、彼は五番街のシェリー・ネザーランド・ホテルに移転していた。セントラル・パークの向かいに建つこの瀟洒《しょうしゃ》なホテル・アパートメントは、世界の富豪中の富豪のための建物だった。リバモアは上層階の一フロアを借り切った。このスイートは広々としており、リバモアと新妻の趣味による高価な家具で埋められていた。間取りは、キッチン、リビング・ルーム、ダイニング・ルーム、リバモアの書斎、そして二つのベッド・ルームという配置——ベッド・ルームの一つはポールのために用意されていた。しかし彼がこの部屋を使うことはほとんどなかった。コックを兼ねるメードが毎日通ってくるだけでなく、ホテルのルーム・サービスが生活のための必要事をすべて満たしてくれた。

ポールは、寄宿学校が休みのとき、あるいはサマー・キャンプのないときだけ、この住まいにやってきた。彼はここに住むことを毛嫌いし、ハリエットを「クソババア」と呼んでいた。ハリエットの暗く陰気な性格が疎まれるだけでなく、リバモアの関心を自分にだけ向けさせようとするその独占欲の強さが兄弟の反発を招いた。ポールも自分たちは彼女に嫌われていると感じていた。

ある日の午後、寄宿学校で彼はサッカーに興じていた。そのとき友人の一人が近づき、「ポール、あれ、お前のおふくろじゃないのか?」と言った。父のロールス・ロイスが車道を進んでくるところだった。ドロシーがよくその黒いロールス・ロイスを借り、専属運転手の運転でコネティカット州レイクビルにポールを訪ねてきていた。

ポールが車に駆け出したとたん、継母のハリエットが降りてきた。いきなりの学校訪問だった。継母を恐れていたポールはサッカー場を横切り、悲鳴を上げながら自分の寝泊まりする建物に駆け込んだ。

後に父親が怒りの電話をよこし、ハリエットに謝罪させた。それでも彼女に対するポールの恐怖は収まらなかった。リバモアの関心を独り占めしようとする彼女は、ポールにサマー・キャンプへの参加を執拗《しつよう》に勧めた。そうすれば夏の休暇の間、リバモアと自分の間に邪魔者が入らずにすむのだった。ポールはポールで、どうしても父のアパートに泊まらなければならない場合、必ず学校の仲間を連れてきた。友人が継母と自分を隔てる〝絶縁体〟になってくれたし、仲間がいれば、アパートで一人で過ごさなくてもすんだ。

一九三六年七月三一日、ドロシー・ロングコープ・リバモアがニューヨークの裁判所にジェシー・リバモアを訴え出た。リバモアに召喚状を出し、発砲事件以降病院が必要とした費用をリバモアに支払うよう裁判所から命令を出してほしい、というのがその求めだった。担当判事は召喚状の発行を拒否するとともに、他の手段を講じるよう夫人に忠告、訴えを却下した。

その話を伝え聞いたリバモアは、理解できないと頭を振るばかりだった。

ジェシー・ジュニアの傷が完全に癒えると、父は息子の望みだったヨーロッパ旅行を彼のために用意した。

自分はニューヨークにとどまった。

リバモアが次に直面した〝敵〟は内国歳入庁だった。アメリカの徴税機関である同庁はリバモアに、八〇万ドルを納入するよう求めてきた。リバモアは歳入庁と折衝の末、年内に問題を解決した。

この年の夏、彼は久々に海釣りの用意をととのえた。沖釣り用のレーンジャー型フィッシング・ボートをチャーターし、モントーク岬から呼び寄せた。当日の午後早く、ロングアイランド水道にやや入ったポイント、モントーク岬の沖合でリバモアは大型のメカジキを釣り上げた。専用の椅子《いす》に腰を下ろして一時間以上、三六ポンド用テスト・ラインを操りつつ彼はこの怪魚と格闘を続けた。敵は猛烈なスピードで突っ走り、ジャンプするかと思えば、水中深くもぐり込んだ。恐ろしいパワーをもち、いくらでも船を引いて走った。ベテラン船長ジョン・スイーティングが舵輪《だりん》にしがみつき、船の安定を図った。船上の人間と海の魚が五分で渡り合った。

獲物はやっと、釣り船の横腹に引き寄せられた。港まで曳航《えいこう》した後、滑車とロープで吊《つ》り上げられた。その結果分かった重量二二〇キロという釣果は、ロッドとリールによりモントーク沖で仕留められたメカジキ中、現在でも歴代二位の記録を保っている。

二年後の一九三七年一一月一四日、一八歳のジェシー・ジュニアはイブリン・サリバンと結婚した。ボクシング懸賞試合の興行師であり、ボルティモアでバーを経営する〝ヘン〟ブレッツァーの娘だった。イブリンの年齢は二〇歳、四年前に一度結婚した経歴があると報道された。ドロシーは長男の結婚を祝福するだけでなく、結婚証明の確保に尽力し、式の立ち会い人となった。ジュニアは翳《かげ》のある父の妻、陰気で愚痴ばかりこぼしているハリエットから離れられることを喜んだ。

父のジェシー・リバモアは結婚式に出席しなかった。しかし、結婚祝いとしてコネティカット州一帯のペプシ・コーラ・ボトリングのフランチャイズ権を息子にプレゼントした。

一九三八年、一九三九年とリバモアの気分の落ち込み、重苦しさは悪化していくばかりだった。株式市場で取引はしていたが、もはやかつての面影はなかった。最盛期の彼には市場のすべてを読み取ろうとする激しい熱意、一刻も流れを止めない市場に負けまいとする強烈なエネルギーが渦巻いていた。この闘志は穀物市場、その他の商品市場に向かう場合でも、変わるところはなかった。

一九二〇年代の喜びに満ち、生命力に満ちた人生、躍動感はすっかり消えうせていた。自分の内なる活力を彼は自堕落な情事の数々によって切り刻んでしまった。確かにドロシーが酒を飲み始めたという事情があった。しかし彼女の深酒は、夫の女遊びが耳に入るごとに、そして屈辱にまみれ、自分は捨て去られていると思い知らされるごとに、進行していったのだ。

なぜだろう? 人はなぜお互いに傷つけ合い、お互いを破滅に追いやり合うのだろうか?

ドロシーの性格、行動はリバモアの対極にあった。リバモアが感情抑制型、論理重視タイプだったのに対し、彼女は何ごとにつけ開けっぴろげ、感情全開型だった。それに、彼女は美しかった。年月を経るごとに彼女のいない寂しさが募っていった。ドロシーが側にいたとき、生きることがどれほど明るく楽しく笑いに満ちていたことか。彼の人生は今、冷え冷えとしていた。

リバモアの人生にかつてなかった〝悪夢〟が忍び寄り、彼を執拗《しつよう》にさいなみ始めた。

一九三九年も押し詰まるころ、ジェシー・ジュニアが父のもとを訪れ、株式市場や商品市場で彼が体験したこと、必要なテクニック、アドバイスなどを本にしてはどうかと勧めた。この勧めによってリバモアは、自分の人生に一瞬の輝き、使命感、生きる目的を取り戻した。彼はさっそく執筆に取り掛かった。これをきっかけに往年のはつらつさが彼に戻ってくる可能性があった。リバモアのこの本は一九四〇年三月、『株式をいかに売買するか』というタイトルを付され、上梓《じょうし》の運びとなった。

しかし、売れ行きはかんばしくなかった。すでに第二次世界大戦が始まっていたし、株式市場に対する一般的関心も低くなっていた。また、彼の取引手法は独創的で新しかったため、だれにも推薦される〝良書〟とはならなかった。当時の大物相場師による評価も二分された。

そして現在においても、議論は激しく分かれ、評価は定まっていない。

人の内面を研究対象としたジグムント・フロイト、あるいはカール・ユングの開拓的業績同様、リバモアは自分の理論もこれから始まる研究の土台をなすものだと語った。彼は次のような発言を残している。「わたしが提起した事柄、問題点を後の人々は、さらに新しい、さらに高度な理論を築く踏み台として利用するだろう。しかし、わたしがそれに嫉妬《しっと》を抱くことはない。わたしは彼らの成功を強く願っている。『復讐《ふくしゅう》に向かう者よ、わが屍《しかばね》を乗り越えて進め』と鼓舞したウェルギリウスにわたしは一〇〇パーセント同意する」

カール・ユングは論文の中で自らの性格にふれ、次のように描写している。「わたしは知的で内省的であるとともに、直観によって物事を理解するタイプの人間だ。神秘的夢想性の傾向もある。わたしは極めて特異、斬新な思想を見いだしたが、それが他者に理解されることはほとんどなかった。わたしは自らの感情を強く抑制するし、つねに自らのプライバシーを守る鎧《よろい》を必要としてきた」

ユングとリバモアは、性格的に双子の兄弟だった。

第一五章　死に神の到来

「死に神という名の刈り人、
鋭利な大鎌を手に
豊かな実りを一気に刈り払う。
畝の傍らに咲く花々をもまた――」

――ロングフェロー『死神と花々』

一九四〇年一一月二七日水曜日、六三歳のジェシー・リバモアと、ニーナと愛称されるようになったハリエットは、彼の気に入りの「ストーク・クラブ」にいた。店の専属カメラマンが近づき、写真を撮ってもよいかとジェシーに尋ねた。

「いいとも。遠慮なく」と彼は応じつつ、「ただしこれが最後の機会になると思うよ。明日には遠いところに旅立つ身だからな」と付け加えた。

その言葉に不吉なものを感じたニーナは夫に尋ねた。「ローリー、それ、どういう意味ですの？」

「なに、ただの冗談さ。気にすることはない」彼は妻に微笑を返して言った。

フラッシュがたかれた。何人かの知り合いがやってきては、しばらく同じテーブルで談笑し、去っていった。ニーナは相手によってはフロアに出て一緒に踊った。それを遠くから傍観するリバモアの目は、うつろで力がなかった。目の前の料理には全く手がつけられていなかった。食欲をなくしてからすでに長い期間が過ぎていた。彼はやせて顔色が悪く、ひどくやつれて見えた。

翌一一月二八日正午、五番街七四五番地スクイブ・ビルに置かれた自分のオフィスを後にしたリバモアは、その足でシェリー・ネザーランド・ホテルに入った。マネージャーのユージン・ボイトを見つけると、ちょっと立ち止まってあいさつをした。パーク・アベニューに移る以前、リバモアはこのホテルに数年居住していたのだ。最近も仕事の帰途ここに立ち寄り、カクテルを楽しんだりしている。

一二時三〇分、彼は一人でランチのテーブルについた。これも特にめずらしいことではなかった。ホテルのスタッフで彼を知らない者はいなかった。リバモアはこのホテルのバー、レストランの上得意だった。バーの近くに席を占めた彼のテーブルにオールド・ファッションドがほとんど間をおくことなく運ばれた。バーテンダーは彼の姿を見かけると、即座にこのカクテルを作る習慣になっていた。リバモアはだれにも話しかけず、黙って食事を口に運んだ。ウェイターの目から見た彼は打ちひしがれ、どこか思い詰めた様子だった。

食事中の彼は、革張りの小さな手帳を取り出し、同じく愛用の金のペンをベストのくさりの先からまさぐり出し、メモをつけるのが常だった。この日の彼も一、二ページ、何ごとかを忙《せわ》しげに書き留めていた。その姿からは、書きたいことは山ほどあるのに思うに任せないもどかしさが見てとれた。書き終えると、そのたびに彼は手帳をポケットにしまった。これを食事中に何度か繰り返した。彼はまた、そのテーブルにいる間、次々とタバコに火をつけた。午後二時三〇分、リバモアはホテルを出ると、オフィスに戻った。

午後四時三〇分、彼は再度シェリー・ネザーランドに姿を現すと、自分の気に入りの場所である、バーの近くのテーブルにまっすぐ向かった。いつものとおりこのときも、彼がテーブルにつくとすぐ、オールド・ファッションドが供された。リバモアはウェイターに笑みを向けたが、何も言わなかった。彼はその席に一時間ほど座っていた。手帳を取り出し、何ごとかを記し、またポケットにしまい込んだ。彼がこの席にいた一時間ほどの間に、もう一杯オールド・ファッションドが所望されていた。

リバモアはテーブルから突如立ち上がるとバーを出て、ロビーに向かった。

ホテルの男性用化粧室に行くには、いったんロビーに出、一二〇フィートほど歩く必要があった。途中にスイング・ドアがあり、見通しのきかないこのドアを抜けるとトイレに行けるほか、宴会場、クローク・ルームに行くこともできた。

五時三三分、このスイング・ドアを通り抜けた彼は、静まり返って閉じられたドア、無人のクローク・ルームのドアを押し、身をすべり込ませた。部屋の隅のスツールに腰を下ろしたリバモアは、三二口径コルト・オートマティックを取り出し、銃身を背後にすべらせた。そのタイミングで弾丸が弾倉に装着、弾倉内部は弾丸で満たされた。彼はこの拳銃を一九二八年、エバーモアにいたとき購入していた。右の耳の後ろに銃口をあてがうと、リバモアは引き金を引いた。弾丸は彼の脳髄を引き裂いた。ジェシー・リバモア、六三歳の死だった。

その数分後、アシスタント・マネージャーのパトリック・マーレーが、自らの持ち場につくべくクローク・ルームのドアを開けた。彼は、椅子《いす》の上に崩れるように座っているリバモアを目にした。最初彼は、リバモアは眠っていて、邪魔をしてはいけないのではと躊躇《ちゅうちょ》した。しかし次の瞬間、フロアに広がる血の海と、その中に転がっているコルトが目に入った。

パトリック・マーレーはフロントに駆け戻ると、すぐ警察に電話した。リバモア死亡の事実はまたたく間に知れ渡った。新聞社から記者と写真部員がホテルに押しかけ、ロビーにひしめき合った。ラジオ中継車も二台、正面入り口にすべり込んできた。四人の制服警官がホテル入り口とロビーで部署についた。捜査を陣頭指揮するパトリック・J・ケニー警視が東六七丁目署のエドワード・マリンズ警部を伴い、覆面車両で到着した。一応の検分を終えたケニー警視は、パーク・アベニューのリバモア宅に電話をいれた。リバモアがピストル自殺した旨を夫人に伝えるためだった。

「何ですって？　今、何とおっしゃいました？　主人は最近具合が思わしくなく、多分そのために……」

「奥様、誠に申し上げにくいのですが、ご主人は弾丸による頭部損傷で死亡されたものと思われます」

電話口の向こうに死のような沈黙が落ちた。そして彼の耳に、何か重いものが倒れるような、低いひびきが聞こえた。練達のケニー捜査官はその音が何を意味するかすぐ理解した。リバモア夫人が受話器を握ったまま昏倒《こんとう》したのだ。彼は夫人の安否確認のため、パトカーを急行させた。

父親の死を知らせるため、警察はジェシー・リバモア・ジュニアにも電話をかけた。ジュニアは六時四五分、タクシーで現場にやってきた。全身を震わせ、ひどく取り乱していた。リバモアのオフィス・マネージャー、ハリー・エドガー・ダシェが付き添ってきていた。遺体はまだクロークルームにそのまま置かれていた。その現場にジュニアは案内された。部屋の奥に進んだ彼は、スツールからずり落ちそうに果てている父の姿を見た。フロアの血だまりの中に拳銃が転がっていた。その人物が間違いなく自分の父であると認めた瞬間、彼は足元から崩れ落ちた。警察官とハリー・ダシェが急いで彼を助け起こした。

息子はまだ父をその場から連れ出すことができなかった。彼はロビーで検死官の到着を待った。検死官レイモンド・O・マイルズは九時に到着した。検死官による詳細な実地検分を経て、やっと遺体の搬出が許されることになった。マイルズ検死官は、自殺による死であるとする警察の見方を受け入れ、それを正式に確認した。

すぐにハリー・ダシェが遺体を動かす手配をととのえた。ジェシー・リバモアはマジソン・アベニューと八一丁目の交差点、キャンベル葬儀チャペルに移されることになった。

その日の夜八時三〇分、ポール・リバモアはコネティカット州ホッチキス・スクールの自室で机に向かっていた。ドアにノックがあり、生徒の一人が「ポール、校長室にすぐ来いってさ」と伝えた。

ポールは長い廊下を伝って校長室に向かった。ドアをノックするとすぐ、「お入り」という返事が返ってきた。

部屋の中で彼は校長の前に立った。一七歳の肉体は引き締まり、スポーツ、勉学いずれにも秀でた健全な男子生徒がそこにいた。そして何より、兄同様映画スターのようにハンサムだった。実際その後、彼は映画俳優となり、数々の映画、テレビ・シリーズに出演した。「用件は何でしょうか?」と彼は尋ねた。

「実は、君に伝えなければならない話がある。とても残念な話だ」校長はデスクの向こうで立ち上がった。「とても言いにくいことだが、お父上が今日の夕刻、ニューヨークで自殺された。ピストル自殺だということだ。車と運転手が君を迎えに来ている。すぐにお父上のところに行ってあげなさい」

ポールは一瞬、体全体の感覚が抜けていくように感じた。そして、プロ・ボクサーの強力な一撃を腹に食らったかのように、体を二つに折り曲げた。めまいがし、片膝《かたひざ》がフロアについた。続いて、吐き気が突き上げてくる気がした。彼はかろうじて校長のデスクの端をつかんだ。デスクの縁を回るようにやってきた校長がポールを助け起こした。そして冷たい水をグラスに注ぎ、手渡した。一息つく間もなくポールは校長に促され、玄関口で彼を待つ車へと向かった。車内には運転手のフランクが待っていた。私服のままのフランクがポールを助け、後部座席に座らせた。

車は、ニューヨーク市街に向けて疾走した。ポール・リバモアは暗い後部座席にひとり身を預け、道路わきの照明が次々と背後に流れ去るのを凝然と見つめた。混乱もめまいも通り越した心身はマヒしたように働かず、悲しみの叫びを上げることすらできなかった。

警察は、リバモアの手帳に手書きの遺書が八ページにわたって書き残されていたと発表した。プレスからその内容の開示を求められると、担当者は事務的に応じた。

「遺書が見つかったのは革製の手帳で、リバモア氏のポケットから発見されたものです。名宛人《なあてにん》は奥様になっています」警察のスポークスマンはその文章を読み上げ始めた。「『最愛のニーナへ。いよいよどうにもならない事態になった。何もかもがどん詰まりのところまで来た。これ以上頑張ることができない。もうだめだ。わたしにできることはこれ以外にはない。わたしは君の愛に値しない人間だ。わたしは落伍者《らくごしゃ》だ。本当に申し訳ない。しかしもうどうすることもできない』リバモア氏の遺書はここで終わり、『愛を込めて。ローリーより』との署名がなされています。ローリーというのは多分、氏のミドル・ネームにちなんだ愛称と思われます……」

この落伍、疎外感、絶望というテーマは、残された手帳の中で、何度も繰り返し使われている言い回しだ、と警察当局は付け加えた。ただ、繰り返しはあっても、内容に一貫性は認められず、明らかにリバモアは情緒不安定であったことが読み取れるとコメントされた。

その夜一〇時過ぎ、パーク・アベニュー一一〇〇番地リバモア・アパートメントの専用エレベーター・ホールに一台の車がすべり込んだ。フランクが呼び鈴を押した。

「フランク、あなたなの?」ニーナ・リバモアが尋ねた。

「はい、そうです、奥様」

「ポールも一緒なの？」

「はい、ここにおられます」

「じゃあ、上に上がるようポールに伝えてちょうだい。あなたはそこで待ってて。二、三分で降りていくから」

インターホンに向かい、彼女は忙しげに指示を出した。

ポールの目に、すっかり身繕いし、アパートの中をせわしなく行き来するニーナの姿が映った。ドアの側には紙袋が三つ置いてあり、いずれも現金が目いっぱい詰め込まれていた。現金には銀行の帯封がかかったままだった。

彼を認めたニーナが足を止め、「お帰り、ポール」と言った。彼女の両手には札束がいくつも握られていた。

「こんにちは」と力のない声が応じた。

「ポール、こちらへいらっしゃい。さあ、このカウチに座って」彼は継母の言葉にしたがった。

「お父さんのこと、学校で聞いたわね？」

「ええ」

「よく聞いてね、ポール。わたし、お友だちの弁護士に相談したの。そしたら、だれかが自殺した場合、警察はしばしば、まず殺人事件として捜査するんですって。さっきも制服の警官がここに来たわ。わたしが無事かどうか確認に来たと言ってたけど。またやってくるかもしれないし、家宅捜索をされるかもしれないわ。いろいろ聞かれても、わたしには整然と答える自信がないの。

あなたのお父さんが大変なお金をここに保管していたという事情もあるし、わたし、今晩はここにいないことにしたの。今は頭の中がすっかり混乱してるけど、しっかり考えなきゃならないこともあるし、頭を冷やす必要があるのよ。分かるわね？」

「ええ、もちろん……」

「じゃあ、いいわね、わたし急いでるの。警察の人が、いつ来るかしれないんだから。わたし、遠くに行く気はないの、どこかのホテルに泊まるだけ。でも、もし警察が来たら、お友だちの家に行ったと言ってちょうだい、いいわね？　わたしをホテルまで送らせたら、フランクに今晩ここであなたと過ごすように言っておくから」

「ぼくのことなら心配いりません。一人で大丈夫です」

「本当？」

「ええ」

「じゃあ、そうなさい。わたし、まだすることがあるの」

継母はリビング・ルームの金庫を開くと、中の宝石、装飾品を二の腕まで使ってかき出し、紙のショッピング・バッグにジャラジャラと移した。次にベッド・ルームに場所を変え、同じ動作を繰り返していることが、その音から察せられた。ポールの耳に、化粧台やクローゼットを開け閉めする音、金庫のときよりも大量の宝石がやはり紙袋に移される音が届いた。彼女は袋の半ばまで達した宝石類のうえに、目隠しのセーターを詰め込み、ベッド・ルームを後にした。

「ね、ポール、いいアイデアでしょ。こんな紙袋なら、中に何が入っていようとだれも怪しまないわ」彼女は言った。「明日の朝にはちゃんと片付けるつもりよ」

ポールは継母を送って玄関口まで行った。彼女はそこでコートに袖を通すと、全財産を詰め込んだ紙袋をいくつも下げて出ていった。そして、専用エレベーターで運転手の待つ階下に向かった。

ポールは後に、このとき彼女は、三〇〇万ドルほどの現金、それに一〇〇万ドルは下らない宝石を手にアパートを出たと推測した。そのほとんどは彼とジェシー・ジュニアの相続財産だった。しかし、相続問題が話し合われることは決してなかった。ポールはその夜、一二室のアパートで一人過ごした。

翌朝、一一月二九日、ポールが一〇時ごろ目覚めたとき、ハリエットはすでにアパートに戻っていた。

「おはよう」彼女はポールに言った。「一二時にキャンベル斎場の方でお会いできるようジェシー・ジュニア、アレクサンダー・ムーア、クロスランド師の皆さんにお知らせしておきましたからね」ポールは彼女の顔を見た。到底承服しかねる話だったが、彼にはうなずくしかなかった。

一行はキャンベル斎場から直接、ニューヨーク州ハーツデールのファーンクリフ火葬場に向かった。火葬場に着くと、殺風景な小部屋に通された。リバモアの棺《ひつぎ》が霊柩車《れいきゅうしゃ》から降ろされ、台車でこの部屋に運ばれてきた。台車は、天井から床まで届く黒のクレープ・カーテンに覆われた壁の前で止まった。

エドガー・クロスランド師が聖書を手に立ち上がり、閉じた棺に向かって何ごとか短くつぶやいた。棺の側でポールとジュニアが鉄の椅子に並んで腰を下ろし、二人の向こうにハリエット・メッツ・リバモアとアレクサンダー・P・ムーアが座った。

クロスランド師の言葉が終わると、係員が黒のカーテンを引き上げた。背後から火葬炉の鉄製扉が現れた。鉄の扉が開かれると、炉の内部の炎が目に入った。二人の少年は軽いショックを受け、お互いの顔を見合った。次に何が起こるのか彼らには予想もつかなかった。参会者が立ち上がると、係員二人が棺の把手《とって》をもち、コンベアのコロにそって移動させ始めた。棺はそのまま炉の入り口をくぐり、音を立てて燃えるガスの炎の中に進んでいった。

棺が炎にふれると、ガスの燃える音が一層高く激しくなった。リバモアの横たわる棺が炉の中に完全におさまると、鉄の扉が重い音とともに閉じられた。アレクサンダー・ムーア、ジェシー・ジュニア、ポールは、言葉を奪われ、凍りついたようにその場に立ち尽くした。「不世出の投機王」「ウォール街の一匹狼」「突撃小僧」ともてはやされた傑物が、ひとり永遠の世界へと旅立っていった。一九四〇年一一月二八日水曜日、一発の弾丸によって自らの命を断った彼は、翌日の正午過ぎ、わずか四人の見送りを受けながらひと握りの灰になろうとしていた。

一時間後、ポールとハリエットはパーク・アベニューのアパートに戻っていた。彼女はポールに二〇ドル札を差し出し、「はい、ポール、これ」と言った。彼はあっけに取られた。「ブルックリンのあなたのお母さんから電話があったわ。あなたに会いたいそうよ。それから、今後あなたと一緒に住みたいそうなの。わたしもいい考えだと思うわ」

「分かった」ポールは言った。

「じゃあ、これで取引終了ね。フランクが下で待ってるわ。ブルックリンまで送ってもらいなさい」

彼女は彼をドアまで送り、さよならと言った。ポールは母親ドロシーのところにまっすぐ向かった。彼女はブルックリンのアパートで彼を待っていた。ドロシーは葬儀に招かれなかった。いや彼女を始め、すべての友人知人がカヤの外におかれた。彼はドロシーに会うと、ものも言わず母親の胸に飛び込んだ。二人は一緒に泣いた。父の死後ポールが流した初めての涙だった。

一九四一年二月一日、ジェシー・リバモアの遺産が清算され、そのあらましが『ニューヨーク・タイムズ』に掲載された。遺言執行者はハリエット・メッツ・リバモアただ一人だった。ジェシー・リバモアの遺産総額は、現存資産が一万ドルと評価される一方、負債額が三六万一〇一〇ドルと発表された。リバモアが残した一〇〇万ドルの信託基金、ハリエットが持ち出した紙袋、いずれについても言及はなかった。

ポールはホッチキスでの勉学を続け、同校を卒業した。その後、空軍で兵役に就き、やがて完《かん》璧《ぺき》なフランス語を話す才能を見込まれ、フランス軍のパイロットにP－五一ムスタングの操縦法を教える部署に配属された。空軍を除隊した彼のもとに、重要な話があるからぜひ来てほしいという知らせが、ハリエットから届いた。

ハリエットは彼に、すべての財産を譲るから一緒に生活してほしいと頼んだ。「わたし本当に一人ぼっちなの」と彼女は訴えた。

しかしポールは、自分の人生をそんなことで終わらせたくないと申し出を拒絶、その後ハリウッドに向かった。ここで俳優の道に進み、何本かの映画、テレビ・シリーズに出演した。そしてハワイでマーガレット・シーリーと出会い、結婚、二人の息子チャド・リバモアとスコット・リバモアを得た。後にマーガレットとは離婚した。

ホノルルでナイトクラブ兼レストラン『エンバーズ』を経営するようになったポールは、美しいクラブ歌手、アン・マコーマックと出会い、結婚した。マコーマックはフランク・シナトラ、トニー・ベネット、多くのビッグ・バンドなどと歌ってきた実力派で、現在も二人は幸せに暮らしている。

しかしジェシー・ジュニアの方は、異なる人生の道を歩んだ。

パトリシア・シュナイダー・フライベルグは、すらりと背の高い、ブロンドの美しい女性だった。ニューヨーク社交界の華であるだけでなく、高い教養を身につけていた。父親はオハイオ州シンシナティで大手の不動産開発会社を営んでいた。

ジェシー・リバモア・ジュニアに初めて会った彼女に、友人のティミー・ヒューストンはささやいた。「パット、ジェシー・リバモアはニューヨークでも指折りのプレーボーイなんだ。悪いことは言わん。彼にかかわらん方がいい」

しかし、パトリシアはこの忠告を無視した。ジェシーのなすがままに身を任せ、ジェシーに夢中になっていく自分を楽しんだ。最高級レストランでの豪華なディナー、キャンドル・ライトに照らされたロマンチックなテーブルで味わうカクテル、郊外への散策、宝石、ドレス、その他びっくりするようなプレゼントの数々、リバモアという名前に宿る魔法の力（この名前のおかげで、プラザ・ホテル、ストーク・クラブなど一流の社交場ではいつも最高の席に案内された）——何もかもが彼女を別世界にいざなった。

二人の関係はパトリシアの飼い犬、ブラック・プードルの「ヘフナー」がジェシー・ジュニアになつくことでこわいものなしになった。ヘフナーは足を折っており、それだけに気難しい犬だった。しかしジュニアに対しては、彼の訪問のたびに階段を一気に駆け降り、愛想よく迎えるのだった。彼の方も動物が大好きで、付き合い方のコツを知っていた。特にドーベルマンが好きで、つねに一頭は身近に置いていた。

ジュニアはそのころ、最初の妻イブリン・サリバンと別居状態にあった。一九四一年一二月七日には長男ジェシー・リバモア三世が生まれていた。しかしジュニアはこの息子にほとんど会おうとしなかった。

彼は父から、コネティカット州のペプシ・コーラのフランチャイズ権をプレゼントされていたが、需要を大幅に上まわる出店をした末、破産を回避するため、権利を人手に渡さざるを得なくなった。その後チャールズ・レブソンに自分を売り込んだジュニアは、レブロンの販売促進マネージャーというポストに就いた。

彼は毎晩のようにメトロポリタン・クラブに姿を現した。マンハッタンのミッドタウンに立地するエレガントなクラブで、父もここの有力メンバーだった。ジュニアは主としてバックギャモン、ジンのテーブルにつき、しばしば一晩中、高額のギャンブルとアルコールに熱中した。
ジェシー・リバモアは自分が育てられたとおりの暮らしをした。金には全く頓着《とんちゃく》しなかった。彼はつねに金をもち、金はいつでも手に入ると思っていた。彼の父は、最高級の車、極上の生地で仕立てた極上の洋服、そして湯水のような金を与えてくれたばかりか、彼が向かう先のあらゆるドアを開いてくれた。ジュニアはあるとき、父に通知表を見せた。英作文の成績がさんざんだった。

「これはどういうことかね？　どうして作文の点数が悪いのかね？」と、父は尋ねた。

「ぼくはスペリングが苦手なんです。だから、そこに問題があって……」

「そんなのは少しも問題じゃない。お前は将来、つねに秘書を側に置くんだ。そうすれば秘書が正確なスペルを書いてくれる」

一九六五年三月、ジェシー・リバモア・ジュニアはパトリシアと結婚した。イブリン・サリバンとの離婚によって、パーク・アベニューのアパート、手持ちの現金、資産、すべてが失われた。残ったのはジュニア名義の信託基金だけだった。しかしこの管理権は母ドロシーの手中にあった。ちなみにジュニアは父の呼び方にならい、母を「マウスィー」と呼ぶようになっていた。銃弾を受けた後遺症も思わしくなかった。ただパトリシアには、彼の言う痛みが本当に傷の痛みなのか、心身症から来るものなのか区別がつかなかった。彼は時おり激しい胸の痛みを彼女に訴えた。また、脊柱《せきちゅう》の湾曲もまだ残っていた。

ジュニアとパトリシアはイースト七二丁目二一四番地の住まいに引っ越した。

そのころドロシーは、四番目の夫ウィリー・K・トンプソンとロングアイランドのブライト・ウォーターズに住んでいた。トンプソンはマフィアの構成員で、ニューヨーク暗黒街の大ボス、フランク・コステロと直接のつながりをもつ人物だった。このロングアイランドの家を売ったドロシーは、パトリシアとジュニアに電話をかけ、自分たち夫婦は二人の家のすぐ近くに移るつもりだが了解してもらえるだろうかと尋ねた。二人の了解をとりつけると、ドロシー夫婦は移ってきた。しかしほどなく、ウィリー・K・トンプソンは心臓発作に襲われ、死亡した。

結婚してわずか一年、ジュニアの飲酒、暴力ざたが始まった。母親と彼の奇妙な関係も徐々に先鋭化していった。母親はなお息子の信託基金の管理権を握り、彼が暴れるたびにいくばくかの金を与えた。

たいてい母親を交じえての夕食時だったが、ジュニアは金が必要になると、傷がひどく痛むしぐさを示した。顔をしかめ、うめき声をもらし、胸の当たりをつかむとかきむしった。そして椅子の上に倒れ込んだ。彼は、自分を撃った事実を母親は決して忘れていないと計算していた。ドロシーもこんなとき必ず金を与えた。特別の場合には何度か、まだ手元に相当残っていた宝石をいくつか取り出しては、息子に与えた。彼が質屋に持ち込んだ高価な品々が無事請け出されることは決してなかった。ドロシーとジュニアは、愛憎交錯する気持ちをギリギリのところで保ち合っていた。母親から金をせしめたジュニアは、たいてい脱兎《だっと》のごとく家を飛び出していった。

結婚二年目に入ると、ジュニアの女遊びが始まった。ジュニア、ドロシー、パトリシアの酒びたりもさらに進行していった。状況が好転する気配は全くなかった。イースト七二丁目の彼らの住まいは、一階にダイニング、リビング、キッチンがあり、二階には読書室とベッド・ルーム、三階は二つのベッド・ルーム、四階にも二つのベッド・ルームという造りになっていた。

この四階建ての建物にドロシーが越してきて、三階のベッド・ルームを自分の部屋にした。パトリシアとジュニアのベッド・ルームも三階だった。四階のベッド・ルームの一つを住み込みの執事ウィリアムが使っていた。四階のベッド・ルームの一つはスペアとなっていたが、この部屋が結局ジュニアの女遊びの〝巣〟となった。

ジュニアの情事が明るみにでるたびに、事態は確実に悪くなっていった。彼は自分の女遊びを一切隠そうとしなかった。パトリシアに「お前がいなけりゃ、女遊びなんぞちっとも面白くねえ」とうそぶきさえした。

ジュニアが相手にする女たちは、ショー・ガール、社交界の女、女店員、売春婦とあらゆるジャンルにわたっていた。やがて彼は、こうした女を自分の家に、四階の空き部屋に連れ込むようになった。そしてここが彼の通常の寝室となった。

「彼はネコが獲物をくわえてくるみたいに、女を引っ張り込むの……」パトリシアはドロシーに嘆いた。

ある夜、ジュニアはイギリス人の売春婦を連れてきた。彼の気に入りの相手で、それまでにも何度か来ていた。四階の部屋に上がる前、彼はこの女を家族に紹介した。

「おれのイギリス人の友だち、パメラだ。これから四階にしけ込んでよろしくな」

二人が階上へ消えるやドロシーが金切り声を上げた。「バカ息子の人でなしが！　なんて子なの！　もう、いや、あれはわたしの息子じゃない！　ああ、神様……」そして彼女はリビング・ルームで泣き崩れた。

ジュニアの振る舞いはいよいよ暴力的となり、パトリシアに襲いかかるようになった。彼が妻をひどく殴りつけていたある夜、近所から警察に通報がなされた。到着した警察官の前で、二人ともベロベロに酔っていた。

比較的しっかりしていたジュニアが警察官に説明した。「二人で気持ちよく飲んでたんだけどよ、この女がおれに暴力を振るい始めたんだ。だから、おれが止めてただけよ」

「奥さん、ご主人を告訴されますか？」と警官が尋ねた。

「いいえ。でも今晩は姉のところに泊まります」警官はパトリシアを姉の家まで送っていった。彼女と親しい者はこぞってジュニアと別れた方がいいと助言した。しかし、パトリシアにはそれができなかった。どんな彼であれ、彼女はなおジュニアを愛していた。

母親に向けられる彼の怒りも、さらに激しくなっていった。自分の遺産だったはずの広大な家や土地が彼女の浅はかさから無になったと言って責め、なぜ必要な税金を払わなかったのか、なぜせっかくの宝石を二束三文で売ったのか、なぜ父が厳選した一〇〇万ドルのポートフォリオを鉄道債に換え、紙くずにしてしまったのか、なぜ考えもなく金を浪費したのかと次々に気に入らない点をあげつらい、彼女を責め立てた。そしてとどのつまり、自分名義の信託基金が自分の自由にならないと言って怒りを爆発させた。父が残したジュニア名義、ポール名義の信託基金は堅固に守られており、元金を取り崩そうとたびたび試みてはいるものの、母親とモルガン・ギャランティによって一蹴《いっしゅう》されてきた。信託基金の管理会社モルガン・ギャランティは法の規定と父の意志を頑《かたく》なに守り、理不尽な要求をつねにはねつけたのだった。

酒量が増え、バカ騒ぎの度が過ぎるようになり、ジュニアの暴力はエスカレートしていった。パトリシアは一九六七年、夫と一緒になって酒を飲むことをやめた。おかげで一命をとりとめたと彼女は信じている。ある晩、浴槽につかっている彼女のところに、わめき声を上げながら夫が乱入してきた。彼はやにわに妻に飛びかかり、何度も殴りつけたうえ、彼女の頭をつかむと両手で浴槽の中に沈めた。彼女は頭を押さえられ、危うくおぼれ死ぬところだった。

しかし、酔いが抜けた後の神妙な態度、パトリシアへの涙の謝罪はまさに〝神わざ〟だった。アルコールに支配されているときの彼は、凶暴で残忍このうえなかったが、しらふのジュニアはそれを補って余りある思いやり、優しさ、チャーミングさをたたえていた。彼を深く愛するパトリシアはそんな姿にいつもほだされ、許しを与えるのだった。

彼が通常の状態にあるとき、平穏でなごやかな時間が二人の間を流れた。夕食の後には読書室に席を移し、カクテルを飲みながら談笑したが、その時間はしばしば、陽気さと、笑いと、共感に満ち満ちていた。

パトリシアも義母を「マウスィー」と呼ぶようになっていた。そして、こんなに愉快な女性はこの世に二人といないと思った。「だから、ディナー・パーティーなどの集まりの席では、必ず彼女が輪の中心になるんです。あの人がいるだけで、部屋が生き生きし、周囲が明るくなります。そして、マウスィーの一番すてきなところは、自分が〝天性のタレント〟だということを知らないところなんです」

パトリシアはある夜、ジュニアに父の自殺の理由を尋ねた。

「うん、簡単に言えば、ゲームは終わったと親父が悟ったからだと思う。プレーヤーも変われば、SECの規定も、時代も大きく変わったんだ」ここで言葉を切ったジュニアはまた話を続けた。「しかし、親父の気持ちの底には、それだけじゃない何かがあった。多分精神的な行き詰まりのようなものを感じたんだ。精神の健全さを失ったと言ってもいい。犬だってそうだろう？　まともな神経を失えば、もう犬ではなくなる。親父は以前わたしに、何もかもなくしてすってんてんになったのは、自分のルールから外れた道を行ったときだけだと言ったことがある。

彼はいつの間にか、その外れた道に迷い込んだんだ。正しい道に戻ろうにも、頭の中が濁ってうまくいかん。親父にはそれが一番つらかったんじゃないか。おふくろと離婚して、エバーモアを出て、何もかもがおかしくなったんだ。多分おふくろは、親父の幸運の泉であり、源だった。そのおふくろがいなくなって、親父には頼るべき伴侶《はんりょ》も友も、安寧を得る場所もなくなった。

そのうえ、あのニーナという女がとんでもない疫病神《やくびょうがみ》だった。何につけても後ろ向き、陰気な性格が、親父の足を引っ張り、息を詰まらせ、結局破滅に追い込んだんだ。おふくろに撃たれたわたしは、あの女のとこに住むはめになったが、何日もしないうちに『お前なんか死ね、失せやがれ！』とツバを吐きかけてやった。それも一つのきっかけになって親父はわたしをヨーロッパに行かせ、イブリンと結婚することになった。わたしも一人でやっていきたかった。あの女はわたしとポールを憎んでたが、自分と親父の間に入る者はだれかれなく憎んだんだ。そうやって親父を暗闇《くらやみ》へ、深みへ、底なしの淵《ふち》へと追い込んでいった。それに――」

「それに？」とパトリシアは促した。

「うん、それに、おふくろがわたしを撃ったとき、親父は自分の人生の失敗を思い知らされたんだと思う。実の息子に向かって銃を発砲する母親が本当にいると思うかい？　おそらく親父は、一体なぜそんなことが起こったんだろうと考えた。自分が結婚相手に選んだ娘、輝くばかりに美しく、あどけなかった娘が時を経て、自分の子供を血の海に突き落としたんだ。そんなギリシャ悲劇のような世界が目の前で現実に起こって、親父は、惨劇の中心が自分にほかならないと感じたんだ。

それまでも、それ以後も、親父はいつもわたしの味方だった。特にわたしが生死の間をさまよい、苦痛に顔をゆがめているとき、彼は一緒にいてくれた。それと同時に、わたしの苦しみの根源、事件の原因が自分にあるということにも気づいたに違いない。親父はその瞬間に、わたしの本当の味方になった。逆にいえば、それ以外のときは形だけの、まがいものだったというわけさ。

そして最後に、親父は、あの人独自の〝内なる闇〟を抱えていた。親父にはつねに、親子夫婦といえども手の届かない部分があったし、頑として人をよせつけない、超絶的なところがあった。彼は最後に、その自分の中の闇にすべり落ちてしまった。だれにも、何をもってしても救い出すことのできない精神の暗闇だ。彼が一生を賭《か》けた、真の情熱の対象は株式市場だったが、その市場に対する情熱が失われてしまえば、もはや死しかないだろう……」

パトリシアは占星術に関心をもっていた。彼女はジェシー・リバモアに会ったことはなかったが、あるとき亡き義父の星回りを調べてみた。その結果リバモアは、しし座の中でも特にしし座の影響の強い星のもとに生まれていたことが分かった。パトリシアの得た結論は、彼は金のために相場を張ったのではないということだった。ひたすらゲームを求め、勝利を求め、命をすり減らしたのだった。そして、人を破滅させることを望んだのではなく、自らを含め、かかわりをもった人間すべてが最良の結果を得ることを望んだ。特に自らについては、超人的な運動選手が世界から喝采を浴びるように、人跡未踏の高みに上り詰め、ベストを得た者として、世界から注目され、称賛されることを望んだ。リバモアはもの静かで、秘密主義で、決して自信満々に世の中を押しわたっていくタイプではなかった。それでも彼は人々から認められ、高く評価されることを望んだ。ジェシー・リバモアは、かつて例のないベスト・トレーダーだともろ手を上げて歓迎されることを強く願った。かといって、それを政治力や扇動をもって実現しようとはせず、ひたすら世界が自分に目を向け、納得のうえで感嘆の声を上げるのを待っていた。

ジュニアの飲酒、暴力、ギャンブル、女癖は、一九七五年の時点で手の施しようのない状態になっていた。

一九七五年三月二三日、深夜午前一時一五分、彼らの家に引かれた三本の電話の一つにジュニアが電話をかけてきた。パトリシアは知らなかったが、ジュニアはそのとき二日間飲み続けていた。

「やあ、パット、こいつを聞いてもらいたいと思ってな」彼はそう言うと、シェークスピアのせりふを数分間引用し、しゃべった。ジュニアの語り口は極めて明晰《めいせき》で、パトリシアには彼が酔っているかどうか判別がつかなかった。ひょっとするとマリファナを吸引したのかとも思った。シェークスピアが引っ込み、沈黙があってジュニアは言った。「パット、おれは犬を殺してから、自分も死ぬつもりだ……」

完全な沈黙があたりを支配し、電話はカチリと言って切れた。自殺すると言ってジュニアがパットを脅したのはこれが初めてではなかった。二度目の電話が鳴った。「ちゃんと聞いてるのか、パット?」

「ええ、聞いてるわ……」

「いいか、おれは犬を殺してから、自分も死ぬと言ってるんだ」二度目の電話もそこで切れた。受話器が置かれたことを知らせる通信音が、小さく断続的に聞こえた。

そのとき、屋内で二発の銃声が鳴りひびいた。ベッドからはね起きたパットは、急いでローブにそでを通した。ローブのひもを結んでいると、ジュニアが戸口に姿を現した。手には三二口径コルト・リボルバーが握られており、クローム・メッキされた銃口から薄く煙が吐き出されていた。

「チェザレが死んだ。おれの犬が死んだのはお前のせいだ……」アレクシーを連れておれと一緒に来い」

パトリシアはあっけに取られた。しかし次の瞬間、恐怖に体が凍りついた。彼女はホワイト・プードルのアレクシーをかかえ上げ、両腕で抱き締めた。彼女はそのとき、自分もアレクシーも間もなく殺されると覚悟した。ジュニアは戸口をふさぐように、少しよろめきながら立っていた。

酔いのため、目の焦点が定まらず、生気もなかった。彼が酩酊《めいてい》の限界にあるのは明らかだった。それでもそこに立っていた。

「ついてこい。おれはずっと読書室にいたんだ……」ジュニアはそう言うと、先に立って階段を降りていった。読書室は建物の二階に設けられていた。読書室の正面にはバルコニーがあり、その下は広々としたリビングになっていた。ジュニアが読書室の戸口に着き、中に入った瞬間、パットは死に物狂いで走り、一階に通じる階段を駆け降りた。さらにキッチンを通り抜けると、裏口から外へ走り出た。荒い息を吐きつつも、アレクシーをなおしっかり抱き締めていた。

　パニックに襲われながら彼女は、隣りのビルまで走り、居合わせたドアマンの手に恐怖でふるえるプードルを押し付けた。そして早口で電話を使わせてくれと頼んだ。パットが連絡した相手は顧問弁護士のロバート・コーエンだった。

「ボビー、パトリシアよ。ジェシーが自分の犬を撃って、わたしとアレクシーも殺すつもりなの」

「今どこにいる?」

「隣りの建物。ドアマンと一緒よ。ロビーに隠れてるんだけど、ちらりとでもわたしの姿が見えたら、彼、窓越しに撃ってくるわ」

「そこにいろ!　警察に電話したら、わたしもすぐ行く。絶対そこから動いちゃだめだぞ!」

　警官隊とロバート・コーエンはほとんど同時に到着した。警察官たちは六七丁目署からやってきていた。ジョン・ウィークス警部補を先頭とする一〇名の警官隊は、人質を取った立てこもりや自殺志願事件専門の、特殊な訓練を受けたチームだった。

コーエンとパトリシアは警察に頼み、自宅に戻ることを許可してもらった。二人は警官隊に伴われ家に戻ったものの、呼ばれるまでダイニング・ルームから出ないよう、決して姿を見せないよう厳命された。

ウィークス警部補とチャールズ・ブレズニー警察官が最前線に立つことになった。残りの警察官もそれぞれ所定の位置につき、いつでも発砲できる態勢をととのえた。読書室へ続く階段を上がったウィークスとブレズニーは、読書室のドアをはさんで二手に分かれた。ジェシー・リバモアが安楽椅子に投げやりな姿勢で座っていた。足元の血だまりには、体重八五ポンドのチェザレが息絶えていた。そしてひざの上には二挺《ちょう》の三二口径コルト・リボルバーが載っていた。

パトリシアは警官隊に、ジュニアが射撃の名人であることをあらかじめ伝えていた。そして「自分の犬を殺すのに二発撃ったのは、よほど酔っていたからだと思います」と言った。

ブレズニーが合図を送り、読書室に踏み込もうとした。しかし彼が戸口をくぐったとたん、ジュニアの拳銃が火を噴いた。弾丸が壁に当たった。ブレズニーはあわてて元の位置に戻った。警官隊はよく訓練されており、すぐに応射するようなことはなかった。

警察官たちは作戦を変え、他愛ないことを話しかけては、ジュニアの気持ちを落ち着かせようとした。一時間ほどの間に、彼は自殺するつもりだと言い、長々と書き連ねた遺書を読んで聞かせさえした。

たいして意味もないやり取りが一時間以上続いた後、「のどが乾いてきた。あんたの手元のワインを一杯飲ましてもらえんかな?」とブレズニーが気軽に持ちかけた。

「いいとも、お安い御用だ」とジュニア。

彼がグラスにワインを注ぎ始めたとき、二人の男がジュニアに向かって突進した。残りの警官隊も後に続いた。

それでもジュニアは、一挺の銃をつかむことができた。そしてウィークス警部補の胸に銃口を突き当て、引き金を引いた。

「カチリ！」という音がした。

警官隊はすでに、彼の上に折り重なっており、ジュニアは〝鎮圧〟された。乱闘の際、ブレズニーが手首を骨折した。

二挺の拳銃が押収され、ジェシー・ジュニアは、警察官殺害未遂罪、無謀な危険行為の罪、凶器を所有した罪、公務執行妨害、そして自殺未遂罪により起訴された。

ジュニアは危うい立場に立たされた。ロックフェラー・ニューヨーク州知事が、警察官の生命を奪おうとする者は終身刑に処するとする法律を通過させたばかりだった。

警察はパトリシアに、自殺願望をもつ人間が警察官の手で射殺されることを望んで、あえて警察を挑発する場合があると説明した。しかし、ウィークス警部補のわき腹に突きつけられた拳銃に弾丸が入っていたかどうか、またジュニアが警察によって殺されることを望んだか否か、という点は説明されなかった。

それでもパトリシアに疑問の余地はなかった。自分に向けて引き金を引く勇気がジュニアにはなかったのだ。警察に応射させることにより、自分の人生に始末をつけようとした。そうした見通しについては実によく頭の回る男だった。

ジュニアが警察に連行された後、ドロシーが三階の自室から姿を現した。「パット、一体何があったの？」——読書室の真上の部屋にいたマウスィーの第一声だった。彼女は階下の騒ぎの間中、眠っていたと言い張った。

しかしその翌日、事件の現実に正面から対峙《たいじ》できず、ドロシーはフロリダ州ロング・ボート・キーに一人で旅立った。

ジェシー・ジュニアの保釈が申請されたが、裁判所は却下した。彼はライカーズ・アイランド拘置所の独居房に収容された。ジュニアを他の囚人と一緒に一般監房に収容すれば、とどまるところのない彼の横柄な態度が激しい怒りを買い、すぐに殺されるのは目に見えていた。

ニューヨークの警察はジレンマに陥った。万一ジュニアの身に何か起これば、マスコミがこぞってセンセーショナルに取り上げるに決まっていた。そこで一計が案じられ、ニューヨークを離れ、フロリダに居住するのであれば彼の保釈を認めるという妥協案が提示された。「ヤツをニューヨークから追い払え、殺させるならパーム・ビーチのポリ公を殺させろ！」というのがニューヨーク警察の本音だった。裁判の審理がおこなわれるたびに、彼はフロリダから出廷するということになった。

五四日後、ジェシー・ジュニアは拘置所から釈放された。以前とはすさまじい変わりようだった。七〇キロだった体重が五六キロにまで減り、ほおはげっそりとやせこけていた。彼が逮捕されたとき、その様子を尋ねる電話が二〇〇本以上殺到した。しかし、ライカーズから出所したとき、かかってきた電話はわずかに二本だった。彼自身は釈放された直後から、また酒を飲み始めた。

保釈の条件として、彼は二週間以内に荷物をまとめ、フロリダに出発しなければならなかった。依然身の危険を感じるパットは、彼がニューヨークにいる間自宅を出、ニューヨーク州プレザント・バレーの友人宅に身を寄せた。

ジュニアは一人でパーム・ビーチに下っていった。今一つの保釈条件として、彼は精神科医師による診察を受けなければならなかった。母親のドロシーが電話をかけてきて、心配することはない、お前は正常なんだからと慰めた。

「精神科にかかる必要なんか全然ないのさ。お前に今必要なのは休養だけだよ……」

ドロシーのそんなセリフは自らの保身からだとパトリシアは信じて疑わなかった。精神科の治療がすすめば、ジュニアがサンタ・バーバラでの銃撃を生々しく思い出すことを母親は恐れていた。

しかし、精神科医との面接はジュニア保釈の条件の一つだった。彼を診察したパーム・ビーチの医者は、妄想《もうそう》型躁鬱《そううつ》自殺願望アルコール依存症と診断した。この医者はその後、ジェシー・リバモア・ジュニアの今一つの側面、断固とした決断力にも接する結果となった。

公判は彼がニューヨークに来るたびに延期された。ジュニアの弁護士は彼に、この裁判は勝てると話したが、ジュニアは信じていなかった。第一回公判を翌日に控えて、パトリシアはパーム・ビーチの彼から電話を受けた。電話の中で彼は、「刑務所に行くのはいやだ。あんなところに行きたくないよ、パット」と言った。

「弁護士さんは勝てると言ってるじゃない」

「あんな話あてになるもんか。おれは行かないよ……」

彼はパーム・ビーチの友人セント・ジョンとオルレッタ・テレルを訪ね、ショット・ガンを借りた。しかし、その世話になることはなかった。

代わりに、オーブンのドアを開き、ガス栓をひねった。その前に一握りの睡眠薬を服用していた。翌日、ジェシー・ジュニアは死体で発見された。

パットはその日の午後、パーム・ビーチに飛んだ。その翌日、ジュニアの遺体は静かにパーム・ビーチの火葬場に運ばれ、牧師の短い言葉を受け、灰になった。彼に付き添ったのは、パトリシア・リバモアと牧師の二人だけだった。

その後ずいぶんたってから、ジュニアは本当は母親をひどく恐れていたのだとパトリシアは思い当たった。しかし、彼は金と絆《きずな》のために母親を頼りとした。母親は母親で、銃撃事件のくびきから彼が決して逃れ得ないこと、引き金を引いた自分の過ちは何をもってしても償い得ないことを知っていた。二人は苦しみながら、互いに離れられなかった。母親が息子の胸に銃弾を撃ち込んだ結果の、すさまじい業《ごう》と言うしかなかった。

「一発の銃声が三人の人生を破滅に追い込むなんて、あまりにむごすぎる……。こんな悲劇があっていいの？」パットは自らにつぶやいた。

ジェシー・ジュニアの死後、ドロシーはパトリシアのところに戻り、しばらく一緒に住んだ。

しかし結局、彼女はフロリダ州サニベル・アイランドへと移っていった。

一九八五年、ドロシーが病に倒れた。フロリダからポールと彼の妻アンのもとに、ぜひ訪ねてほしいという電話が入った。サニベルに駆けつけたポールとアンを迎えたのは母の看護婦だった。

「お母様から頼まれまして、わたしがお待ちすることになりました」

「それで、母はどこにいるんですか？」ポールが尋ねた。

「二日前に入院されました。そして、申し上げにくいのですが、その日のうちにお亡くなりになりました」

「その後、母はどこに？」アンが尋ねた。

「遺体安置所に安置されています」看護婦はしばらく沈黙し、また口を開いた。「お母様はご自分の死後について細かな指示を残されました。明日の火葬のこととか、葬儀はいらないとか……」

そのときドロシーの飼い猫シーザーがリビング・ルームから現れ、アンの足に体をすりつけ始めた。アンは猫を抱き上げた。ひどく老いた猫だったが、ドロシーに大変なつき、家族の大事な一員として生きてきていた。アンはその猫をひざの上にのせ、一緒に遊び始めた。

「リバモア様、今後のことを思えば、その猫とあまり親しくなさらない方がよろしいように思いますが……」看護婦がアンに言った。

「あら、どうして？」

「亡くなられた奥様は几帳面《きちょうめん》に後々のことを書き残しておられまして、その猫を自分の棺《ひつぎ》に入れ、一緒に火葬にするようにと頼んでおられます」

アンは身震いし、思わずシーザーを抱き締めた。「ポール？」——夫を見つめる彼女の目は、この猫を自分たちで飼い続けようと嘆願していた。ポールもそうしたいのはやまやまだった。しかし、母の遺志を尊重しなければという気持ちがそれを上回った。

ドロシーは怠りなく、すべてに始末をつけていた。遺言状、預金通帳、車のキーがテーブルの上にきちんと並べられ、自分の資産をどう処分するか、葬儀をどうするかについても明確に記していた。その気配りの細かさは、生前のドロシーからは考えられない行き届きようだった。何せ彼女のずぼらさは天下一品だったのだ。後に母親の部屋を整理していた二人は、ドレッサーの背後のすき間から金鎖のついた見事な細工の腕時計を拾い上げた。

「おふくろは、身の回りの貴重品をまるで整理できない質《たち》だった」とポールがつぶやいた。

「それも、その名残りなのね」とアンが応じた。

何年かの間に、ドロシーは五〇万ドル以上の貴金属をジェシー・ジュニアに与え、ジェシーはそれを質屋に持ち込んで無にしていた。

その翌日、二人は母の愛猫を獣医のところに連れていき、安楽死させてもらった。そしてドロシーの棺に、この猫を一緒に納めた。

ドロシー・〝マウスィー〟・リバモアは、シーザーとともに炎に包まれ、夫と長男のもとへと旅立っていった。

付録　ジェシー・リバモア――投資の鉄則

「知ることとは、為すことである」

――ソクラテス

株取引で成功を望むなら、次の点を心しておかなくてはならない。

●**タイミング**――取引をいつ開始し、いつ手じまうか。エド・ブラドレーの言を借りれば、「いつ出撃し、いつ退却するか」というポイントのこと。

●**資金管理**――金を失ってはならない。特に株取引の資金はトレーダーの命綱であることを肝に銘じること。現金をもたない相場師は、在庫をもたない小売商と同じで、相場師としての命脈は保てない。繰り返すが、現金は相場師の在庫であり、生命線であり、最も頼りになる友である。

●**感情の制御**――市場に乗り込む決意をしたら、単純明快な戦略を立て、それをしっかり維持していくこと。株式市場で実際の取引をおこなう前に、自らの心理的傾向に合った緻密《ちみつ》な作戦を立てる。相場師が最も警戒しなければならない相手は、自らの感情であり、心理である。また、株式市場を動かすのは理性や理論、純粋な経済活動などではなく、人間の心理的側面であること、そして人間の本性はいつの世も変わらないと心得ること。実際の行動を起こすまで、だれも自らの判断の当否を知ること

はできない。

●実際に金を賭ける――実際に金を賭けない限り、自らの判断を試すことはできない。それ以外に自らの感情や心理をテストする方法はないからだ。また、株式市場の方向を決めるのは、理性などではなく、感情や気持ちの持ちようだとわたしは信じている。人生の転機となるのが恋愛、結婚、子ども、戦争、セックス、犯罪、情熱、宗教などであるように、理性に導かれて人が動くことはめったにない。

しかしこれは、企業の業績、世界情勢、政治経済、技術革新といった要素が株価に何の影響も与えないということではない。株式市場全体の上昇や下落、個々の銘柄の値動きはこうした要素の影響を受ける。しかし、それ以上に大きな影響力をもつのが市場参加者全体の心理なのである。

わたしは、人生のサイクルにしろ相場の周期性にしろ、サイクルというものを信じている。周期はたいてい極端であって、均衡が取れたケースなどほとんど存在しない。サイクルは洋上の大波のように、景気の状態がよいと盛り上がり、景気が後退すると低い谷間に下がってゆく。こうしたサイクルはまた突然出現するのが普通で、予測することは不可能である。潮の流れを待つ船乗りのように、忍耐や自制によってある程度次の山、あるいは谷を待ち受けることができる。しかし真に腕のよい、そしてどんな市況でも勝負する意欲のある相場師であれば、相場がどちらの方向を向いていても利益を上げる。

わたしは、市場の動きは極めて不確かだということに以前気がついた。株式市場は本来的に、大部

分の人間の思惑を、大部分のケースについて、粉砕する動きをもっているのだ。
わたしの定めた取引・ルールはしばしば、人間本来の意識に反する方向を向いている。
●損失は早期に切って捨てる。
●一気に予定の額を投資するのではなく、事前に自分の判断が正しいことを確認する。
●取引を終了する妥当な理由が見当たらない場合、確保された利益を成り行き任せとする。
●主要銘柄を取引の中心とする。ただし、銘柄は入れ替わるので注意すること。
●取引銘柄数を限定する。人が意識を集中させ、扱える銘柄数には限りがあるからである。
●次々と高値を更新していく銘柄は「買い」である。
●大型株が値を下げるとしばしば、買い得のように見える。しかし、その後反転することはほとんどなく、そのまま下がり続けるケースが多い。こうした銘柄には目をくれないこと。
●「ピボタル・ポイント理論」により、トレンドの変わり目を特定し、新しいトレンドを確認する。
●テープの数値こそ真実であり、そこに示される内容に逆らうな！　相場に関する研究は周期性の研究と思ってよい。トレンドの方向がいったん変わると、勢いが弱まるまで同じ方向に進み続ける傾向がある。方向性をもつ相場のうねりは、その動きをできるだけ持続しようとする。こうしたトレンドに逆らってはならない。テープには無条件に従うこと。
「自由主義経済のもとでは、株価は必ず変動する。右肩上がりに上昇し続けるということもなければ、永久に下がり続けるということもない。この状況は明敏な相場師には好都合である。なぜならこうした相場師は株価がどちらの方向を向いていても、行動することができるからだ」

リバモアは、株取引の要諦《ようてい》は次の三点だと強調する。

1、タイミング
2、資金管理
3、感情の制御

1、タイミングに関するルール

●投下した資金の一〇パーセント以上、損失を出してはならない。
●巨大な利益は「座して待つ」。
●すべての要素が好都合の状態になった時をみすまし、取引する。
●しばしば休みを取り、相場から完全に離れる機会をもつ。
●相場全体、個々の銘柄、いずれについても、トレンドを確認する。相場全体の流れが思惑と逆の方向に動いている場合、状況は極端に不利である。「潮目をみて、流れに逆らわず、強風下には船を出すな」ということわざを忘れてはいけない。
●間違いをおかした場合になすべき唯一の行為は、過ちを止め、正しい道に戻ることである。損失が出たら即座にカバーに入ること。
●個々の銘柄の値動きは、特定の性格を示す。活動的、慎重、神経質、直接的、論理的、先行きの予想が可能、予測不能、といった具合である。それぞれの銘柄に注意深い目を向け、人を観察するように銘柄を見つめる必要がある。この面での理解が進むと、特定の状況下で目的の銘柄がどんな反応を示すか、ある程度読めるようになり、株価が動くタイミングをつかむ上で役に立つ。
●「買い」に入るのに高すぎるということはないし、「空売り」するのに安すぎるということはない。
●処分のむずかしい大量の取引を抱えている場合、一度チャンスを逃すと、痛手をこうむる。
●偶然の幸運にめぐり会ったとき、チャンスを利用しそこなうと、しばしば致命的な失敗となる。
●相場がボックス圏にあって横ばいのとき、市場は本質的に停滞している。そうした場合、相場がいつ、どんな方向に動くかを期待したり、予測したりするのは極めて危険である。相場全体、もしくは銘柄自身が動き始め、横ばいからどちらの方向に抜け出すか、じっと待つ必要がある。現実の動きを確認するのが第一であり、先行きを予測しようとするのは間違いである。
●株価を動かす要因が何か、多大の時間をかけて答えを見つけようとするのは愚かである。それよりもテープをしっかり点検する方が重要だ。最も重要なことは、テープが何を語っているかであり、テープがなぜそうした数字を示すのか、ではない。株式市場における値動きの背後にはそれなりの理由、不可抗力が働いているわけだが、その詳細はたいがい後になって明らかになるだけである。
●相場は、上がるか下がるか、横ばいに推移するか、いずれかである。上昇局面、下落局面、いずれでも利益を上げることが可能である。自分の好みや主観を持ち込みさえしなければ、どちらに向かうかは大した問題ではない。相場が横ばいになり、方向の見定めに迷ったら、休暇を取ること。
●「ワン・デー・リバーサル」は危険信号である。当日の高値が前日の高値よりも高く、その一方で終わり値が前日の安値より低い場合、また当日の商いが前日の商いより多い場合、要注意である。
●取引している銘柄が予想とは逆の方向に進み始めたら、すぐに売り払うこと。これは完全な判断ミスであり、損失を即座にくい止めるべきである。
●種々の要素がなるべく多く好都合な形になるのを辛抱強く待たなければならない。利益確保には忍耐が求められる。
●株価の急激な下落に直面したら、警戒する必要がある。急落直後に反騰しなければ、さらに値下がりする可能性が極めて高い。なぜそうなるかの理由は後に明らかとなる場合が多い。
●相場は将来の状況をにらみながら変動している。その時点での状況はすでに株価に織り込まれているのが普通である。
●「売り」か「買い」かのタイミングとして重要なのは基本的な動きが始まった時点、すなわち「ピボタル・ポイント」である。このトレンド変更ポイントをうまくとらえれば、多大な利益が生まれる。
●「ピボタル・ポイント」は二つに分けられる。第一は「リバーサル・ピボタル・ポイント」で、「基本的な相場の動き、ベーシック・トレンドの変化が始まる完全な心理的ポイント」である。ただしこれが長期的トレンドの底に位置するか、ピークに位置するかは問題ではない。第二の「ピボタル・ポイント」は「コンティニュエーション・ピボタル・ポイント」で、「リバーサル・ピボタル・ポイント」を追認するポイント」である。いずれの「ピボタル・ポイント」もしばしば、商いの大幅増とともに実現されるので留意する必要がある。この「ピボタル・ポイント」は、リバモアのタイミング理論の根幹であった。
●強気相場の終盤になると、恐ろしいほど値を上げる株があるので、ギリギリまで保有し続けること。波に乗った銘柄は、株価収益率が三〇倍、四〇倍、五〇倍、六〇倍でも売ることができる。こうした人気株も波に乗る以前は、拍子抜けするほど安い価格だったということも珍しくない。

●さしたる理由もなく、単に「人気株」というだけで棒上げしていく銘柄があるので注意する。

●「高値更新」はタイミング指標として極めて重要である。高値が更新されるということは、その株の限界的需給バランスが崩れ、最小抵抗ラインが勢いよく上昇していることを意味する場合が多い。しかし多くの人々は、高値を更新した時点で売却し、安い銘柄を物色しはじめる。

●「同一業種の株価連動」もタイミング指標としては重要である。株価は単独では動かない。USスチールが上昇、もしくは下落すると、遅かれ早かれベスレヘム、リパブリック、クルーシブルなどの鉄鋼株もそれに追随する。理由は簡単で、USスチールにとっての好材料もしくは悪材料は、業種全体に影響を及ぼすと見られるからである。

●業種の中で、主力となる銘柄を選ぶこと。

●強気相場になると、多くの銘柄が上昇傾向を示すが、取引の対象を選ぶ場合には相場をリードする銘柄を選ぶ。また、そのような銘柄がつまずいたり、高値を更新しなくなった場合、トレンドが変わるシグナルと受け取った方がよい。

●値動きを追う場合、それぞれの商い日の主要銘柄に限る必要がある。また、各業種の主力株を対象とした取引で利益が得られない場合、その時期のマーケットから利益は得られないと見た方がよい。適正なアクションを取っている限り、利益もまた確保される。

●株価が思惑と逆の方向に動き出したらどこで清算するか、明確なルールを決めておく。そして、このルールに厳密に従うこと!

●最も可能性の高いコースに資金を集中させる。最初は小口の取引から始め、その結果を見て、本格的な勝負に出る。いくら判断が正しいと思っても、一気に資金を投入するのは間違いである。
●予想外の出来事に遭遇したら、即座に反応すること。予期せぬ幸運なら間髪を入れずその果実を得るべきだし、悪い出来事であれば、即座に撤退する。決して躊躇《ちゆうちよ》してはならない。
●長期に及ぶ上昇トレンドの後、大商いが出現し、相場が沸き返る事態となったら警戒すべし。こうした状況は、従来のトレンドが終息する間際にしばしば起こる。この大商いは、建て玉が強者の手から弱者の手へ、すなわちプロから素人の投資家に移動していることを意味する。一般投資家はしばしば、この大商いを市場が活況な証拠と勘違いする。流れが大きく変わるフシ目と見ないのである。
●一般投資家は、インサイダーが保有株式を処分するのは上昇局面だと信じがちだが、これはしばしば錯覚でしかない。インサイダーの大部分が購買意欲の確かさを見て保有株式を売却した結果、高値が更新され、その株が市場にだぶつき始め、乱高下し、ゆっくり下落局面に入り始めたに過ぎない。このとき出来高はピークとなる。しかししばしば、もはや高値は更新されず、必要以上の株が供給され、市場にだぶつくようになる。

2、資金管理に関するルール

●停止ポイントを設定する。株価が思った方向と逆の方向に動いた場合どこで見限るか、明確なポイントを事前に定めておく。一〇パーセント以上のマイナスは抱え込むべきではない。こうした損失をカバーするには、場合によっては二倍のコストを要することになる。

●信用取引の場合、追加の証拠金請求に応じてはならない。

●「評価益」を定期的に「現金」に転換せよ。得られた利益の何パーセントかを、現預金、債券、年金といった安全な資産に換える。現金は、過去、現在、未来、いつの時代にあっても「王様」だ。現金は銃の弾薬であり、一部の現金をつねに取りおいておく必要がある。このルールに従わなかったために、わたしは何度か危うい立場に立たされた。

●タイム・イズ・マネーは相場の世界では成り立たない。なぜならマネーが働かず、利益を生まない「時」があるからだ。タイムはタイムであり、マネーはマネーである。しかし、ただ座っているだけのマネーも、時にチャンスにめぐりあい、多大な利益をもたらすことがある。忍耐、我慢、自制こそ成功のカギである。ゆめゆめ急いではならない。

●先を急いではならない。相場で成功した者で、休みなく取引を続けた者はいない。投資した資金をすべて引き揚げ、休みをとるチャンスはいくらでもある。市場の動向が定かでないときは、しばらく間をおき、確信をもてる状況がきたら再度参入する。

●チャンス到来と思ってもすぐに全力投球せず、打診すること。まず、全資金の二〇パーセントを当て、二回、三回と二〇パーセントずつを投入する。この結果、自分の判断に間違いがないことが確認できたら、最後に残りの四〇パーセントを投入する。株価の動きが思惑と逆の方向を向いた場合、それがどの時点であれ、すべての取引を終了させること。

●「負け」銘柄はすぐに切り捨てる。「勝ち」銘柄は、すべての要因が順風下にある限り、そのまま動きに任せる。

3、感情の制御に関するルール

●株取引において、感情を制御することは最も重要である。

●期待、あるいは予想してはならない。相場から糸口、シグナル、ヒントを待ち、それを確認してから行動する。確認した後にだけ行動することが重要で、期待や予想は落とし穴と心得よ。期待や予想をもとに行動を決するのは自殺行為以外の何ものでもない。相場は明日もある。糸口の発現をじっと待つ辛抱強さがあれば、どう動くかを決める時間も十分もてるだろう。

●株は人間と同じで、それぞれが異なった「顔」をもっている。活力の旺盛な株、慎重な株、激しやすい株、神経質な株、直接的な株、動きが遅い株、古風な株、未来志向の株、論理的な株、非論理的な株と、千差万別の性格をもつ。人を観察する要領でそれぞれの銘柄に目を向けること。それぞれの性格がのみ込めてくると、どんな状況下にどんな動きを示すか、予想がつくことになる。

●ある銘柄がなぜ特有の値動きをするようになったか、その原因究明に多大な時間を振り向けても意味はない。そんな時間があったらむしろ、事実そのものの検討に時間をかけること。重要なことはテープが何を言い、何を示しているかであって、なぜその株価を示しているかではない。そして最も重要な点は、決してテープに逆らわないことだ。

●他人の忠告に耳を貸すと、往々にして、自らの確信が揺らぎ、自分の判断は間違っているかもしれないと迷い出す。悪くすると、優柔不断に陥り、誤った判断を下すようになる。優柔不断は自信喪失を引き起こし、投資金の喪失につながる。

●「ここだけの話」は、親戚、恋人、友人、知人と、あらゆる方向から入ってくる。そうした場合、情報の発信者も多大の投資をおこなっており、他人にも利益を施したいと思っている。もちろん宣伝屋、犯罪者が発信元であるケースも存在する。くれぐれも「危険でない情報は存在しない。すべての情報を排除する」ことを忘れてはならない。

●取引にかかわる辞書から「希望」という文字を排除せよ。株取引が何かをもたらしてくれると希望するのは「ギャンブル」以外の何ものでもない。ある銘柄を売買するのに、確固とした理由が見当たらないという場合には、より論理性のある銘柄を探した方がよい。値上がりしてほしい、あるいは値下がりしてほしいと希望を抱いたばかりに、これまでどれほど多くの投資家が姿を消していったかしれない。希望はまた、つねに貪欲《どんよく》さと一体になって、投資家の周囲を徘徊《はいかい》している。

●気持ちの浮き沈みに振り回されない。多大な儲《もう》けに酔い、自分に自信をもち過ぎるのも問題であるが、損失をこうむり、意気消沈し過ぎるのも感心しない。

●「株式市場はいつの世も変わらない」。株式市場で変化するのは、そこに出入りする顔ぶれだけである。新規参入者は、自分が参入する以前の相場を知らない。一九〇七年の暴落も、一九二九年の大恐慌も、自らの金を賭《と》して経験しなければ、知らないのと同じだ。新参者にとっては初めての出来事でも、相場自体は周期的に動いている。

●自分なりの取引手法に忠実に従うこと。やり方をコロコロ変えてはいけない。自分の性格に合った無理のない手法を考案し、そのルールにしたがうこと。

●株式投資は「安全重視」の預貯金とは違う。投資家の目的は、長い期間をかけ、手持ちの資金を安全・確実に増やすことではない。相場の上昇局面、あるいは下落局面に照準を合わせて投機を仕掛け、利益を得ることが株式投資の目的である。
●単独行動に徹し、自分の資金の行方は自分で決めること。また取引にかかわる行動は内密に、口外しないことが極めて重要。取引についての「勝利」もしくは「敗北」を口外してはならない。
●成功者と称賛される相場師も、一年三六五日、相場を張っているわけではない。すべてを現金化し、マーケットを離れた方がよいと判断される時期は少なくない。市場に方向性が見えないと思ったら、「待ち」を決め込むこと。
●相場が思惑とは逆方向に動き出したとき、冷静さを失ってはならない。それと同時に、成功を手にしたときも、利益を得るのはたやすいなどとうぬぼれてはならない。テープにケンカを売ってはならない。テープ以外に真実はないのであり、テープとの調和を保っていく必要がある。
●すべての点で順調に推移するケースについては、その状態を維持せよ。
●優れた相場師、投資家には少なくとも次の「四拍子」がそろっている。
冷静な観察力――あるがままの事実を先入観なしに観察し、認める能力
明晰《めいせき》な記憶力――重要なできごとを正確に、客観的に記憶する能力
優れた計数能力――数式計算、数学のセンス
独自の体験――過去の体験をうまく次の利益確保に生かしていける能力
●無意識の訴え、一見無意味な衝動も、潜在意識からの働きかけ、すなわち何年にもわたって蓄積された経験や情報が発する声と見ることができる。わたしは時に、その時点で理由が明らかでない場合でも、自分の無意識の声に従って取引をした。アリストテレスの「われわれは皆、過去の体験の集合体

である」という言葉を信じたからである。

●株取引で成功したいと思うなら、以下のような感情を制御しなければならない。

貪欲——必要以上の、あるいは正当と認められる以上のものを求める気持ち

恐怖——人間に理性的でない行動をとらせ、正常な判断力を失わせる感情

希望——つねに貪欲さと手を携えていて、無知、恐怖などと同様、合理的思考を狂わせる

●無知を警戒せよ。学習、研究をしっかりおこなうこと。遊び半分ではなく、本腰を入れて取り組まなければならない。株取引には、楽に金が儲かるといった印象があり、人を魅了するが、愚かで安易な考えから相場に手を出せば、簡単にすべてを失ってしまう。無知の対極にある知識は、大きな力となる。

●相場を人間の手の内に入れることはできない。市場参加者の大部分が負けるようになっている。そのためここに示すルールはしばしば、人の本性に反する内容となっている。

●取引に休みなくかかわってはいけない。生身の人間の精神状態を考えれば、また経済的観点からも、相場から離れるべき時期は少なからず存在する。

●「買う」にしろ「売る」にしろ、相場の動きが自分の思惑と一致しない場合、最適な時期を待つべきである。両者の不一致を知りながら、自分の取引に合理的理由を見つけようとするのは愚かである。

●株式にかかわる「耳打ち」を真に受けてはならない。「強気相場では株価が上昇し、弱気相場では株価が下落する」。これこそが絶対の真理と肝に銘じるべきで、耳打ちの相手に伝えるべき返答である。

●過ちをおかしていると知りつつ、誤った道を行くことは愚かである。自らのルールを破った自分を後

になって悔やんでも遅い。ルールは決して破るべからず。

●下落に向かう銘柄をつかみ、資金を投げやる「投資家」になるなかれ。

●「強気」あるいは「弱気」といった用語は回避すべきだ。なぜならこうした言葉により、相場の動きが気持ちのうえで必要以上に長く固定化する結果となる。相場の状況をどうしても説明しなければならない立場に立たされたら、「上向き」「下向き」といった表現を用いるとよい。「最小抵抗ライン」は現在、上を向いている（あるいは下を向いている）」といった具合だ。

●投機ビジネスは一つの職業だ。どの職業もそうであるように、この分野で成功を得ようと思うなら、勤勉に働き、努力を重ねる必要がある。

「ウォール街に、あるいは株式投資・投機に新しいものは何もない。ここで過去に起こったことは、これからもいく度となく繰り返されるだろう。この繰り返しも、人間の本性が変わらないからだ。人間の知性の邪魔をするのはつねに、人間の情緒であり情動である。

わたしは以上のことを確信する」

ジェシー・リバモア

訳者あとがき

共和政体のアメリカ合衆国だが、近代文明の開花とともに百花繚乱《りょうらん》のごとく王が輩出し、現在なお玉座のにぎわいは去ることがない。かつて鉄鋼王、石油王、鉄道王、自動車王、銀行金融王、百貨店王、コットン・キングなどがアメリカ社会に君臨したが、時代が下るとマクドナルドをアメリカの味にしたレイ・クロックが、ハンバーガー王の地位に就いた。

そうした系譜の中、本書の主人公、希代《きだい》の相場師ジェシー・リバモアは、投機王の呼称をほしいままにした立志伝中の人物である。その一生は破天荒であり、痛快であり、いく度となくどん底からはい上がり、虹をつかむ姿は読む者を魅了する。株式市場を支配する女神と手を結び、あるいはこの女神の寵愛を一身に受けたかに見えたリバモアだが、その最期は痛ましい。ただ、やせても枯れても王者の最後である。静かなすさまじさ、威厳を背に、彼は退場していく。

ジェシー・リバモアは、いわゆる株屋、相場師だったが、その桁はずれの数理能力、ここぞという時の怒涛の攻撃力と瞬発力、市場の究極的真理を窮めようとする不屈の魂、自らの内面を厳格にコントロールしようとする求道的、禁欲的態度、明確に得心すれば金銭に全く執着しない潔さ、そして他人や政治力を当てにせず、ひたすら自らの道を驀進《ばくしん》する雄々しさゆえに、この世界のだれもが景仰《けいこう》して止まないはるかな巨峰であり、人類史の一角に燦然《さんぜん》と名を残す投機王であると言える。

彼はその華々しい活躍、目もくらむような成功ゆえに、ニューヨーク・ウォール街界隈で「グレート・ベア」と呼ばれ、羨望のまなざしを向けらた。マスコミの絶え間ない取材攻勢にさらされ、生前からすでに神格化した存在だった。しかしリバモア自身は、客観性と論理性をとことん重視する、ある意味で学者のような思考回路の持ち主だった。おのれの弱さ、不完全性をしっかり見据えてもいた。そのうえで存在のすべてを傾け、この世の修羅場、株式相場の秘密の一端を知ろうとした。彼は奥へ、奥へと分け入って行った。株式市場の光を見ることで莫大な富を得たが、彼の中でいつしか、富を得ることと光を見ることの位置関係が逆転していった。マーケットの真理を見いだすことが彼の活動の第一義となったのである。リバモアを理解するうえで、見誤ってはならない点である。

そのこととも関連するが、本書は株式売買のための、あるいは金儲《もう》けのための安易なハウツー本ではない。リバモア自身、相場で儲けるにはどうすればよいかと質問攻めに遇い、弁護士や心臓外科医にどうすれば金が儲かるか誰も質問しないのに、なぜ相場師だけが……、と嘆いている。しかし、腰を据えて、自らの道を必死に模索する真摯な投資家、トレーダーには、得るところは多大と思われる。彼はここで、自らが体得した株式売買の神髄を惜し気もなくさらしている。各国証券取引所を接点として広がる世界は広大無辺であるがため、利益追求のアプローチも千差万別であろう。リバモアのアプローチが唯一無二ではない。しかし生涯をかけても頂上に登りつけ

ると は限らないと知りつつ、なお歩を運ぶ戦友同士、通じ合うものがないはずはない。株式売買の根幹を支える真理、リバモアのつぶやきと発見は、ある者にとっては重要なヒントとなり、またある者にとっては大いなる励みとなるであろう。そして、株や相場など他人事でしかないと考える読者も、リバモアの生きざまには文句なく圧倒されよう。ここには、並はずれた才能に恵まれた巨人が、まさに格好の舞台を得て、あくなき苦闘を続け、前進する姿が浮き彫りにされているからである。

彼の才能をうらやまない者、彼の思索と行動に感嘆せざる者、彼の勇気と潔さに快哉《かいさい》を叫ばない者、そして彼の富にあやかりたいと思わない者はいないだろう。しかし、前人未踏の高みにいたった相場師も、美形に対する弱さを克服できず、教育に失敗し、最愛の妻を失った。そして最後には生命的活力からも見放される――。人間存在の悲哀と不可思議さを思わずにはいられない。

二〇〇一年五月

藤本 直

装丁　角川書店装丁室

世紀《せいき》の相場師《そうばし》
ジェシー・リバモア

2001年6月5日　初版発行
2019年11月25日　14版発行

著者／リチャード・スミッテン
訳者／藤本《ふじもと》 直《なおし》
発行者／郡司 聡
発行／株式会社KADOKAWA
東京都千代田区富士見2-13-3　〒102-8177
電話 0570-002-301（ナビダイヤル）
https://www.kadokawa.co.jp/

ＤＴＰ組版／秀英堂紙工印刷株式会社
印刷所／旭印刷株式会社
製本所／本間製本株式会社

Printed in Japan　ISBN 978-4-04-791371-4　C0398

角川書店の単行本

ザ・シークレット

ロンダ・バーン　山川紘矢＋亜希子、佐野美代子 訳

全世界一〇〇〇万部突破の大ベストセラー。ダ・ヴィンチ、シェイクスピア、プラトン、ガリレオ、アインシュタイン……。歴史に名を刻んだ偉人たちが手にしていた「偉大なる秘密」がついに明らかに。

「みんなの意見」は案外正しい

ジェームズ・スロウィッキー　小高尚子 訳

一握りの天才や、専門家たちが下す判断よりも、普通の人の普通の集団の判断の方が実は賢い——。多様な人間が、独立して判断を下す重要性を説き、来るべき未来社会のスタンダードを示す必読書。

脳のなかの幽霊

V・S・ラマチャンドラン、サンドラ・ブレイクスリー　山下篤子 訳

切断された手足の存在を感じるスポーツ選手、自分の体の一部を他人のものだと主張する患者、両親を偽者だと言う青年……。様々な患者の奇妙な症状を手掛かりに脳の仕組みや働きを考え、人類最大の問題「意識」に迫る。